LISTENING TO PEOPLE

A Practical Guide to Interviewing, Participant Observation, Data Analysis, and Writing It All Up

学会倾听

一本关于访谈法、参与观察法、数据分析和学术写作的实用指南

［美］安妮特·拉鲁（Annette Lareau）—— 著

莫晓星 —— 译

中国科学技术出版社

·北 京·

LISTENING TO PEOPLE: A Practical Guide to Interviewing, Participant Observation, Data Analysis, and Writing It All Up by Annette Lareau.
Licensed by The University of Chicago Press, Chicago, Illinois, U.S.A.
© 2021 by The University of Chicago. All rights reserved.

北京市版权局著作权合同登记　图字：01-2023-1609

图书在版编目（CIP）数据

学会倾听：一本关于访谈法、参与观察法、数据分析和学术写作的实用指南 /（美）安妮特·拉鲁（Annette Lareau）著；莫晓星译 . — 北京：中国科学技术出版社，2023.6

书名原文：LISTENING TO PEOPLE: A Practical Guide to Interviewing, Participant Observation, Data Analysis, and Writing It All Up

ISBN 978-7-5236-0246-1

Ⅰ.①学⋯ Ⅱ.①安⋯ ②莫⋯ Ⅲ.①心理交往－通俗读物 Ⅳ.① C912.1-49

中国国家版本馆 CIP 数据核字（2023）第 094935 号

策划编辑	刘　畅　宋竹青	责任编辑	孙倩倩
封面设计	仙境设计	版式设计	蚂蚁设计
责任校对	焦　宁	责任印制	李晓霖

出　　版	中国科学技术出版社
发　　行	中国科学技术出版社有限公司发行部
地　　址	北京市海淀区中关村南大街 16 号
邮　　编	100081
发行电话	010-62173865
传　　真	010-62173081
网　　址	http://www.cspbooks.com.cn

开　本	880mm×1230mm　1/32
字　数	285 千字
印　张	12.25
版　次	2023 年 6 月第 1 版
印　次	2023 年 6 月第 1 次印刷
印　刷	河北鹏润印刷有限公司
书　号	ISBN 978-7-5236-0246-1/C·241
定　价	79.00 元

（凡购买本社图书，如有缺页、倒页、脱页者，本社发行部负责调换）

感谢我在宾夕法尼亚大学、马里兰大学、天普大学和南伊利诺伊大学的学生们,我从你们所有人身上学到了很多东西。本书为你们而写,也为所有希望有一天能自己做研究的新手而写。

目 录

第一章 CHAPTER 1	学会倾听： 研究过程具有"逐渐明朗"的本质	001
第二章 CHAPTER 2	在开始研究工作之前： 意愿与思考	013
第三章 CHAPTER 3	准备工作： 研究的早期步骤	047
第四章 CHAPTER 4	如何进行访谈： 访谈前后的各项工作	073
第五章 CHAPTER 5	如何进行优质访谈： 深度挖掘	111
第六章 CHAPTER 6	学习如何进行参与观察研究： 实用指南	165
第七章 CHAPTER 7	撰写高质量的实地笔录： 细节决定成败	193

第八章 CHAPTER 8	数据分析： 在研究过程中不断思考	233
第九章 CHAPTER 9	写作： 较明确地阐述你的学术贡献	273
第十章 CHAPTER 10	结论： 为什么访谈和参与观察研究是有价值的	315

结束语　　　　　　　　　　　　　　　　　321

致谢　　　　　　　　　　　　　　　　　　323

附录：如何应对 IRB 以及如何管理 IRB 流程　　327

注释　　　　　　　　　　　　　　　　　　335

参考文献　　　　　　　　　　　　　　　　357

第一章
学会倾听：研究过程具有"逐渐明朗"的本质

通过访谈法和参与观察法进行研究能够加深我们对人群、制度及社会过程的认知。使用这些方法，研究人员向我们揭示了日常生活中琐事的意义，展示了人们如何被社会结构的力量所影响。精心设计的研究加上对社会事件活灵活现的描述可以让人有身临其境之感。例如，对受害者的调查可用来记录灾难的规模和范围，而访谈法和参与观察法可以帮助我们了解意料之外的结果。凯·埃里克松（Kai Erikson）的《所经之地的一切》（*Everything in It's Path*）讲述了发生在西弗吉尼亚州的一场灾难。一座年久失修的水坝崩塌导致洪水暴发，致使132名民众不幸遇难。这场灾难加上救灾不力瓦解了这个社区的社会与情感联结。

与此相关的是，民族志学家展示了人们如何生活在不同且相互有交集的社交圈里，以及这些圈子如何以出乎意料的方式相互碰撞。例如，不同机构的专家经常各自为政，制定一些政策，但在制定政策时并没有考虑与其他机构的相互配合，跨机构的压力最终由普通家庭承担了下来。在《迷宫困境》（*Trapped in a Maze*）一书中，莱斯莉·派克（Leslie Paik）描述了禁锢家庭的"跨机构迷宫"（multi-institutional maze）。年长的凯瑟琳太太与侄子和两个处于青春期的孙子同住，她奔波于11个不同的机构之间，而这些机构颁布的政策互相冲突，导致她的生活一团糟。[1] 很多时候，对相关事件进行定性研究，可以从"当事人视角"了解其意义并挑战那些我们认为理所当然的假设。例如，在马修·克莱尔（Matthew Clair）对被告人的研究中，他提到，非裔被告人有时候会自愿选择入狱而不是尝试获得缓刑，这令律师感到惊讶。克莱尔的研究《特权与惩罚》（Privilege and Punishment）陈述了这一现象背后的逻辑：工人阶级家庭的非裔被告人在获得假释回归社区后，会被警方重点监控，被告人认为这样做的风险太大。在其他案例中，研究者展示了迥然不同的人群也会有相似的体验。如人类学家凯瑟琳·纽曼（Katherine Newman）采访了流离失所的家庭妇女、空中交通管制员、蓝领工人和经理人，这些人陈述了他们向下流动的痛苦。[2] 深入访谈和参与观察研究可以揭示社会科学文献中未知或尚未深度发掘的某些社会过程，所以这些方法特别有助于改进我们的概念模型。[3]

很多人都想学习如何进行高质量的深入访谈和参与观察研究。[4] 以我为例，当我开始学习如何进行此类研究时，读到的文献让我感到无所适从。这些书籍的内容过于模式化，我无法在其中找到有用的建议。书里讲到，我应该在访谈中敏锐地进行"探询"（probe），却没有说明"探询"的具体做法，对"探询"过程中的困难也没有足够的认识和解释。这些书中的研究方法附录也令我沮丧，尤其是研究人员描述他之所以能够进入某个地点进行参与观察研究，仅仅是由于机缘巧合。但是当我进行自己的研究，试图进入某个研究地点时，应该如何复制这种"机缘巧合"呢？有关访谈法和参与观察法的书籍让人们以为进行这类研究应该比较顺利，但根据我的经验，事实并非如此。我渴望能读到一本更现实、更实用的书。

我的兴趣是深入了解人们的思维模式、行动模式以及对自己日常生活的感悟，在研究之路上，我曾经拜读过一些优秀但未实现潜力的研究，它们令我震撼。这些研究的作者设计了出色的项目，获得了难得的资源，花费了大量的时间和心血采访多人或写下无数实地笔录，收集了大量的数据并撰写了条理清晰的论文。尽管拥有这些有利的元素，但最终成果还是不尽如人意。这是怎么一回事呢？哪里出了问题？一些情况是研究的数据质量欠佳，不能为读者提供丰富、身临其境的感受。由于数据缺乏深度，读者很难对作者的论据进行评估。有些研究人员直白地要求读者"信任"他们，因为他们收集了大量数据。我不敢苟同这种说法，我更希望这些作者向读者展示他们认为具有说服力的数据。还有些情况是作者提供了大量数据，但论证缺乏重点。有时，即使论点是很明确的，但是研究问题的构思却过于狭隘，甚至作者都没有考虑从不同角度对其论点进行论证。在少数情况下，一个单独的错误（无论是设计、数据收集，还是分析）会产生相当重大的连锁反应，以至于大大拉低这个研究的整体价值。为何类似的研究质量差距会如此巨大？我没能在读过的定性方法论书籍中找到答案。

研究人员目前面对的挑战是涉及方法论的书籍实用性不强，他们缺乏指引，导致有潜力产出精彩成果的研究举步维艰。为了应对这些挑战，我写了这本书。本书中，我给出了具体且实用的建议，帮助你进行各种研究，包括学科作业、论文和书籍。尽管新手研究人员可能会遇到非常棘手的问题，但仍然能够设法产出优秀的研究成果。此外，即使是经验丰富的研究人员也会不可避免地遇到困难，所以我在本书中描述了一个更真实的研究过程，这在许多其他类似书籍中是没有的。我还强调了研究过程固有的不确定性和其他要点，即在进行研究时，不仅应该与他人进行交流，还要虚心听取反馈。正如本书的标题所示，我认为"倾听"是深度访谈和参与观察研究的核心。在收集数据时，必须"倾听"他人的意见；在描述数据收集过程中的心得体会时，必须"倾听"他人的反馈；当深入研究感兴趣的主题的相关文献时，必须"倾听"他人的发现；当你对自己研究的各个方面进行分类并确定优先级别时，必须"倾听"自己的心声。当你以不同的方式"倾听"时，你会发现新的关联，重新考虑假设，发现错误，构思和评估新想法，权衡优先级，考虑新的方向并做出大量调整，所有这些努力最终都将使你的研究更清晰、更有价值。

"逐渐明朗"是在研究的过程中持续思考

在用胶卷摄影的年代，胶卷需要在暗室中进行显影，才能洗出照片。在暗室中，人们用一个设备放大相片，然后将其置于白色相纸上进行短暂曝光，接着将相纸浸入化学显影剂中。起初，相纸是完全空白的，但是不久后，图像开始不均匀地逐渐显现。刚开始，图像是模糊不清的，但是它会慢慢地变得栩栩如生，展现在你眼前。如果图像太亮或太暗，你应该返回机器旁，调整曝光时间，以得到一张光影平衡的相纸，然后把新相纸浸入化学显影剂中，观察图像出现。最后，当你对图像满意时，把它从显影剂中取出并放入定影液中。

虽然洗相片的过程与通过访谈和参与观察研究逐渐形成洞察的

过程有很大不同，但是渐次聚焦的过程是极为相似的。另外，在访谈和参与观察研究的过程中，你需要进行大量调整和改变，尤其是在研究工作的前半段。因此，将有较长一段时间，研究人员也不明确他们具体应该怎样做，这是正常的。这时，你可能会感到困惑和迷茫，思考你的研究对该领域的学术讨论是否有意义，也不确定是否抓住了该领域最新的和令人兴奋的焦点，或者感到巨大的压力，并认为你的研究一团糟。所有这些不确定性和担忧都是正常的。当你开始进行访谈或在研究地点待了一段时间后，还会冒出许多新问题。你必须根据不完整的信息来做出诸多决定——应该探究这个问题还是那个问题？你应该花时间在这个人身上，还是那个人身上？为什么要进行这项研究？你希望从中获取什么？社会生活是复杂的，在任何研究中总是有多条探求学识的途径。所以，你需要"在研究过程中不断地思考"。

正如我在第八章对数据分析的讨论中解释的那样，构建你的研究有多种正确方法。在第八章，我展示了一个学生的案例，他对养狗的人进行研究，面对的难题是在多个合理的研究问题中进行选择。他无法解决所有问题，也曾不确定到底如何选择。不过，又过了一段时间后，他最终做出了取舍，决定了一个研究方向。以我自己为例，当我还是一名博士生的时候，我经常和阿莉·霍克希尔德（Arlie Hochschild）讨论我的研究，当我描述一个新想法时，她会很认真地听，但随后会亲切地说："你知道吗，这是一个很棒的想法！但是你可以将它放在另外一篇论文里。让我们专注于目前的课题吧。"在我学习构建研究重点的过程中，研究的核心思想也变得更加清晰。

为什么有研究重点如此重要？读者（或任何受众）很难吸收由四五个不同的故事合成的故事。当作者的思想从一个观点跳跃到另一个观点，或者作者提出了很多有趣但不太贴合主题的例子时，读者会感到困惑、无聊或不耐烦。作为读者，你可能有这样的体验：你阅读了一篇很长的论文，但没有真正理解作者是为何而写的（这篇文章有中心思想吗？如果有，中心思想是什么？）；你也可能在一篇文章中读到很多不同的观点和案例，以至于很难理解中心论点是什么。不要低估读者理解论点的困难程度。一个明确的重点可以帮助你向读者传达中心思想。

当你第一次开始访谈和参与观察研究时，找到明确的重点并不容易。有时，这甚至是不可能的——即使你非常认真地阅读了其他相关研究，并且在你的课题上花费了大量的心思。通常来说，只有通过收集数据，学习文献，打磨你的问题，然后再收集更多的数据，你的重点才会慢慢形成。与在暗房中洗相片的过程类似，你的重点会随着时间的推移而逐渐明朗。

关于访谈和参与观察研究"逐渐明朗"的本质的另一点：你经常不得不表现得非常自信。为了进入研究地点和接触到研究对象，你必须解释研究目的。此外，负责审查的人员通常希望你能明确告知你的研究目的、研究提案、资金情况、提交伦理审查委员会（Institutional Review Board，IRB）的申请、论文提案等。在此阶段，他们需要知道你的想法，并且需要确保你没有疏忽任何事情。他们可能特别关心的一点是你是否审慎考虑过对研究对象的影响。从定义上讲，申请和提案中所描述的情况具有固有的不确定成分，因为只有在数据收集和分析的过程中，真正的研究重点才能变得明朗。

调整和变化是访谈和参与观察研究过程中不可或缺的一部分。

威廉·斯特伦克（William Strunk），经典英语用法指南《风格的要素》(*The Elements of Style*)的作者，在康奈尔大学执教期间曾这样建议他的学生："如果你不知道一个单词怎么发音，那就大声读出来！"作家 E. B. 怀特（E. B. White）后来修订了《风格的要素》，他同意这个指导意见，并补充道："既然不确定其发音，何必羞于大声试读？"[5] 在准备访谈和参与观察研究的提案或资金申请时，你应当明确陈述初步的研究问题，然后概述计划：你将接触采访对象，收集数据（说明你将使用的方法），列出需要注意的敏感问题以及可能的解决方案。你应该咨询顾问。同样重要的一点是，你应该表现出对这项研究具有极大的热情。这项研究是有价值的！你会收获重要的信息或认知！你知道可能出现的各种困难，而且已经有计划解决这些问题！

尽管在某些方面，撰写研究计划这件事会随着情况的变化而变化，但目前你在能力范围内已经尽力做好。你乐于分享目前已知的信息。随着了解更多的信息，你将对研究进行调整。研究工作"逐渐明朗"的本质也意味着最好早些开始收集数据，无须等待太久。一旦开始这个步骤，许多事情就会发生变化，新的问题将会出现。这一切都是正常和恰当的。理想情况是你在数据收集完成一半左右的时候，就决定好最高优先级的学术问题，将数据收集的重点放在核心研究问题上，寻找合适的数据以支持这个逐渐明朗的论点，认真考虑另一种阐述方法并开始思考你需要哪些数据才能夯实你的论点。正如我将在后面章节中所解释的那样，你的研究问题、对文献的理解以及数据收集的重点都会发展和演变。你应当避免在没有明确重点的情况下进入研究的收尾阶段。但是在一开始，你应该表现得胸有成竹，好像你有明确的计划一样，这个计划就是获得研究许可、开始研究工作并尽力而为。这就足够了。

本书的组织架构

我计划从第二章开始本书的主要内容。尽管采访者和民族志学家之间有极大的不同，但他们都面临许多类似的挑战。我在第二章中将谈到项目早期阶段需要的思考和决策，特别是设计研究、选择研究对象以及做出艰难的取舍。我还提供了研究旅程的概述。第三章是关于准备工作的。在这个章节，我将讨论厘清 IRB 的各种要求以及实际问题，例如在收集数据的过程中解决食宿问题和保证安全。我还要讨论如何为你的研究招募受访者、获取采访资源这类棘手的问题。

然后，我将用两章的篇幅讨论访谈法。第四章是关于"除访谈之外的一切"，包括在访谈之前进行计划，构建访谈指南，确定访谈文件包里的内容和如何对受访者表示感谢。在第五章，我将带领你逐步走过两个真实的访谈步骤，这里展示了两个较长的访谈节选，一个是一位采访新手进行的访谈，另一个是一位经验丰富的采访者完成的访谈。节选旁边有我的点评，我将指出在探询时哪些话术效果很好，哪些话术效果不尽如人意。

从第六章开始，我会用两章的篇幅讨论参与观察法，我讨论了与之相关的一些重要挑战：在研究地点如何向人们介绍自己，定义你在现场的角色，安排实地调查以及避免常见的错误（例如，在前

第一章 学会倾听：研究过程具有"逐渐明朗"的本质

往研究地点之前忘记吃点东西，在访谈结束后的 24 小时内没有补上实地调查笔记等）。我还讨论了其他挑战，例如谈什么话题，参与者请求帮助时你应该如何应对，还有你也许会因懒惰而排斥做实地调查。第七章提供了高质量和低质量实地调查笔记的具体示例，并展示如何大幅地改善一个不尽如人意的笔记。

本书有一个贯穿始终的主题，就是必须在进行研究的过程中不断思考。最好在研究项目中的每个节点进行数据分析，例如设计研究、收集数据、修正研究重点、收集更多数据、编码和撰写结果等。尽管研究工作的性质是持续的，但暂停一下，把数据进行编码并系统地比较和对比，会对后续工作很有帮助。第八章重点介绍了数据分析中正式的编码阶段。第九章转向写作的挑战，我将谈到如何清楚地陈述一个论点，提供充足的数据来支持你的主张，讨论那些与你的论点对立的证据，最后得出你的结论。第十章是这本书的结论。我重温了做这类研究的价值，解释了大多数错误并不会造成严重的影响，因而无须过于忧虑，还谈到新手可能带来的意外之喜。最后，我谈到在整个研究过程中保持信心的重要性。

如何使用这本书

我希望你能从头至尾通读这本书，如果将来你遇到某个特定的任务或难题，还可以重温本书的某个章节。为此，我通常会在每章中简要介绍关键术语，以便读者能够更好地理解其在这个语境中的意义。整本书的重点是通过访谈法和参与观察法进行研究。这两种方法可以说是社会科学中最常见的定性研究方法，不过还有其他相关且交叠的方法，包括焦点小组法、自我民族志研究、文档内容分析、画像分析法、扩展案例法和混合方法等。[6] 由于篇幅有限，本书不讨论这些方法。不过，不同形式的定性研究都具有一些相似的关键要素，例如研究设计、数据收集的某些方面（例如，在访谈中探询）、数据分析和写作等，这些要素也适用于访谈法和参与观察法。因此，我希望本书会对研究者有极大的帮助。

人们鼓励作家"写下所熟知的东西"，所以在后面的章节中，我提供了许多我本人在社会学领域的研究案例。这些研究的主要关注点是社会阶层和种族是如何影响家庭生活的，包括育儿、家庭和学校的关系，以及学校选择等关键方面。我在研究中使用了参与观察法和访谈法。我还参与了富裕家庭、向上流动的家庭和难民家庭的研究。当然，访谈法和参与观察法除了可以用于研究个人，还适用于阐明组织动态、政治团体及更广泛的社会体系。本书一小部分主题涉及人们的日常生活，大部分主题涉及全球各种组织的运作。[7] 我希望你在阅读本书的过程中，能把重点放在与你的专业兴趣相关的主题上。

你会发现，除了社会科学的案例，本书还吸纳了其他领域的研究案例。此外，我还得到了其他学科同事的建议，以及来自学术界之外的有益洞察。我在书中分享了这些技巧和建议。在整个社会科学领域，使用访谈法和参与观察法完成的出色研究不胜枚举，但很遗憾，这里只能列出其中的一小部分。为了扩大可用的资源库，我引用了一些较早期的、不出名但出色的研究，以及少数近期的研究。参考书目还包含一些对我有帮助的有关方法论的研究。该部分是一个有价值的路线图，可以助你找到常见主题及特定的学术讨论。由

第一章
学会倾听：研究过程具有"逐渐明朗"的本质

于本书是一本实用指南，因此我不会深入探讨访谈法和参与观察法的理论根源，也不讨论文献中经常出现的、与这些方法有关的争论。由于理论模型在学科之间各有不同，所以在此我不讨论理论如何能够有效地指导你的研究。[8] 我也不在此讨论访谈法和参与观察法的优缺点。[9] 在公共生活中恰当地使用社会科学研究是业内激烈讨论的话题，但不包含在本书中。[10] 还有一个重要议题也不是本书的焦点，即参与这个研究过程的人来自不同且不平等的社会阶层，这一点是显而易见的，而且肯定会以各种形式在研究进程中表现出来。[11]

在你学习如何使用访谈法和参与观察法开展研究、进行设计、启动项目、收集数据、分析思考及撰写文章的过程中，本书试图成为你的好伙伴。进行此类研究的旅程是令人兴奋的。虽然许多重要的研究都可以在办公室里的计算机上进行，但访谈和参与观察研究的关键环节必须在现场进行，你必须与研究对象交谈或正式访谈才能真正倾听他们的心声。这就像探索新地点的旅行一样令人兴奋，因为你沉浸在另一个社交环境中，进行这项研究可能是一种与你平时生活不同且具有强大冲击力的体验。但是，访谈法和参与观察法有许多具有挑战性的方面，包括研究人员与参与者在权力和地位上的巨大差距。[12] 正因如此，对于开展研究的方式以及该研究将如何影响参与者及他们所属的社区等方面，你需要谨慎对待并保持敏感。正如我在后续章节中所谈到的，民族志工作有时也是矛盾的，你需要在研究的关键环节坚持系统性和严谨性，但在其他方面需要具有敏感性且高度灵活。这项工作很消耗精力，甚至会使你精疲力竭。尽管如此，访谈和参与观察研究有助于加深人们对重要问题的了解，对那些使用这些方法的研究人员来说，这也可能是一次令人难忘且改变生活的经历。如果你打算进行一项研究,我建议你当机立断。你将对自我和他人有更深入的认知。更重要的是,你的研究成果(关于人群、团体、机构和社会过程)有可能改变他人理解世界的方式。

第二章

在开始研究工作之前：意愿与思考

研究的初始选题阶段总是令人兴奋的——此时此刻，所有可能性都展现在你的面前。这也是进行关键决策的时刻。采用访谈法和参与观察法进行的研究从一开始就面临着相似的挑战，本章将探讨在这些初始时刻你可能面对的问题。让自己的想象力天马行空地发挥是非常重要的第一步。当你开始专注于发挥想象力的同时，可以从感兴趣的研究列表中选择一个主题，构建一个初始研究课题，并构思一些重要的设计。在这之后，从现实的角度评估你工作和生活中的其他义务，不失为一个好主意——这些义务可能影响你研究的广度和深度。本章将探讨这些初始的设计决策，并提供一个研究历程的概述。由于你的目标之一是出色地完成研究，因此我还简要讨论了公认的优秀研究的标准。在下一章中，我会介绍将你的计划转化为现实的步骤。

意愿：构思研究主题

首要一点是你的意愿。你打算研究什么主题？你的研究对象是谁？你认为什么样的研究令人满意？你为什么欣赏某些研究？你认为哪些研究不尽如人意？为什么它们有问题？

在回答这些问题时，你可以着手根据现有领域评估你的研究意愿。在这个阶段，只要你的主题是合乎道德的，没有什么是不可行的。即使因为采集信息会受到极大的限制，使你的目标看起来标新立异（例如，跟随一支职业橄榄球队，观察专业的体育新闻是如何产生的），也请你明确你的个人意愿和期待，即内心深处振聋发聩的轰鸣，并给予其足够的深思熟虑，这点是非常重要的。如前所述，倾听有多种形式。在这里，你正在倾听自己内心深处的声音。你还应该与他人交流并倾听他们分享的专业知识。阅读其他人的研究也有助于你"倾听"已有的知识。当你畅想即将开始的研究时，找到一个可以作为榜样的研究会很有帮助，但你也可以尝试成为某个研究方向的第一人。即使你得到了负面反馈，也请记住，反对者并不总是正确的。例如，我的第二个研究项目需要持续一个月每天拜访有低龄孩子的家庭。在研究伊始，同事、朋友和我的研究生等很多人都直截了当地告诉我，这个项目不可行，因为那些家庭不会允许我每天拜访。他们严肃的评价差点让我退缩。但他们错了，我完成了这项研究并出版了《不平等的童年》（*Unequal Childhoods*）一书。同样，当雷切尔·埃利斯（Rachel Ellis）还是一名研究生时，为了完成论文，她打算在女子监狱中进行为期一年的民族志研究，一位著名教授告诉她，这将"非常困难，甚至是不可能的"。[1] 但她做到了。当凯瑟琳娜·赫克特（Katharina Hecht）计划采访伦敦的高收入群体时，她的同事对这个想法嗤之以鼻。但凯瑟琳娜通过与这些高收入人士的私人助理沟通，最终得到了访谈的机会。[2] 如果我对一个潜在的研究主题有激情，就不会让反对的声音影响我。在真正放弃之前，我会尝试三次、四次甚至五次，试着专注于某个关键方面，或者在其他方面进行调整。与往常一样，让你的想象力为你提供一个问题以供研究，并利用访谈法和参与观察法的独特优势来得到问题的答案。这两种方法的优势是理解社会过程以及对参与者的意义。[3]

思考：构建研究设计

在梦幻般的"一切皆有可能"之后，是时候考虑冷酷的现实了。我将在稍后解释，设计高质量的研究有很多权衡，你需要花时间进行实地调查或访谈。不同研究设计的性质各不相同——本科生、研究生与资深学者进行的研究是不同的。虽然关键问题是确定你的研究主题，但还要考虑你有多少时间进行研究，何时需要完成书面报告或论文，从哪个时间点反推研究周期。你还需要权衡访谈法（第四章和第五章将详细描述）和参与观察法（第六章和第七章将详细讨论）各自的优缺点。[4]一个关键决策是选择仅研究一个组还是研究两个或更多组，并比较参与者的体验。[5]

换句话说，研究设计是很有必要的。当你开始琢磨可能的研究主题时，应该审慎考虑自己希望得到什么样的研究成果。例如，你究竟想观察什么，出于什么原因？研究中最重要的事项是什么？你选择拜访某个地点的原因是什么？你希望了解什么？在进行参与观察研究时，你计划花费多少时间参与其中，投入多少时间进行观察？如果进行访谈研究，访谈对象是谁？为何采访这些人？你能从他们那里了解到什么？有什么事情是你不知道的？这些问题通常没有正确或错误的答案，其答案取决于你的目标。一开始，你可能不确定研究目的，只是有一些初步想法。逐渐地，你会找到研究的中心目标。

访谈和参与观察研究的进展几乎总是不可预测的，因此任何研究设计都需要灵活。合理的做法是，先制订一个理想的计划，这对于那些你寻求帮助的人和机构（例如，顾问、资助机构等）是有用的。即便如此，研究启动之后，视情况进行调整也是合理的，因为计划通常赶不上变化。并且，请你一定要按需要做出相应的调整，而不是固执地坚持错误的路线。例如，为了能更好地探索一个重要的、逐渐明朗的研究主题，你可能会在访谈研究的过程中对问卷上的某些问题进行修改，删除那些被证明是"无法引起共鸣"的问题，或者添加新问题。在参与观察研究中，你可能会发现事情的发展与预期截然不同，或者最终的专注点并不是初始的研究目标。无论如何，你已经获得了与这个主题相关的有趣洞察，并赢得了研究参与者的信任。随着研究的推进而进行调整是没有任何问题的，你也无须为此感到难为情，这是再正常不过的。[6] 事实上，访谈和参与观察研究的优势在于你可以根据自己在研究环境中了解到的知识，做出相应的反应和调整。

有时候这意味着，在现实中，你在完成三分之一的家庭采访之后，会想到一个新的问题。显然，这不是理想的情况，但你根据新的洞察进行更深度的分析会得到更好的结果。这是否意味着不是所有受访者都会被问到相同的问题，而当你开始制作表格时，你的数据会不完整呢？是的。这会增加研究难度吗？是的。这种情况能避免吗？不能。正如第一章所讲的，请你牢记，民族志研究的本质是一个逐渐明朗的过程。

决定一个研究重点

选择访谈法还是参与观察法取决于你的研究问题或你想要了解什么。访谈法的特殊价值在于它适用于了解人们对自己生活中重要方面的感悟，而参与观察法则适用于剖析社会机制。当然，有些研究同时采用这两种方法。对于需要双方高度互信的敏感话题，与参与者保持一种持续、稳定的关系（通过参与观察研究）是很有必要的，在某些情况下甚至是必不可少的。[7]

在访谈研究中，研究人员将问题精简提炼，有针对性地招募那些可以为他们解惑的人。通常来说，访谈研究的中心是探明某种意义，例如，人们如何理解自己的社会地位，人们认为自己面临的障碍，人们对子女、工作或健康的担忧，以及自身成就带来的自豪感等。当研究一个组织时，访谈法可以助你理解该组织的成功与失败之处。在选择访谈对象时，你应该选择那些最能帮助你了解你所关心的主题的人。他们必须精通该主题，例如，医生可以熟稔地讨论治疗方法，但他们不适合与你讨论患者的医疗体验。

对于参与观察研究，你应该确保选择一个可以观察到人与人之间互动的研究地点。一般情况下，观察人们看电影不是理想的选择，因为在看电影时，人们通常不会以明显的方式互动（研究一群拍摄电影的人是更好的选择）。如果你对人们如何发展浪漫关系感兴趣，那么在人们约会时紧随其后进行观察是一种研究方式。然而，这种研究方式缺乏边界感，并且很难不影响受访者之间的互动。[8]最好在酒吧、兄弟会①聚会或其他可能观察到浪漫萌芽的场所"守株待兔"。

---

① 兄弟会（fraternity）是存在于美国、加拿大等国家的一种社团组织。——译者注

另外，如果研究人员对研究宗教主题感兴趣，那么参加宗教仪式只是最初的一步。例如，如果你想了解福音派教众，那么在人们传教、为无家可归者提供食物、学习圣经或以其他方式互动时"参与其中"是很重要的。关键的一点是你必须亲临一个人们互动的场所。如果你感兴趣的社交活动并不局限于某个地点，那么最好加入一个群体，而不是只去某个特定地点（你甚至可以跟随该群体的成员去各个地点活动），如加入一个观鸟者群体或各种类别的社团。

研究设计：你的研究及其对学术界的贡献

一项研究不可能包含一切。在启动之前和研究期间，你都需要做出艰难的选择。每个研究项目在初始时都是从宽泛的角度进行构思的，并且都会受到某些特定关键资源（例如时间、资金、允许接近的受访者和进入访谈地点等）的限制。正如我将详细阐述的那样，在选择一组研究对象和研究地点的过程中（至少在最初），你会发现，虽然多个选择条件都很重要，但是"鱼与熊掌不可兼得"。你应该如何决定？我认为，答案在于目前暂定的研究主题。你的研究问题是什么？你希望了解什么？你将采取什么步骤来获得你所寻求的知识？为了厘清这些问题，你需要考虑指导这项研究的那些宽泛想法以及你的理论目标。

不同研究人员与学术界的关系各不相同。在某种程度上，琢磨你所欣赏的研究可以指导自己做这些（艰难）决定。有的人对某个主题或群体的研究表示欣赏。你可能会想，"我想研究无家可归者""我想研究兄弟会""我想研究医生""我想研究工程师"，这些都可以成为研究主题。有些人擅长对某个群体进行深入的、描述性的研究。有很多关于社区或组织的极具影响力的研究，例如安德鲁·迪纳（Andrew Deener）的《威尼斯》(*Venice*)一书，描述了加利福尼亚州一个位于海滩旁的社区；还有戴维·格拉齐安（David Grazian）的《美国动物园》(*American Zoo*)一书，或加里·艾伦·法恩（Gary Alan Fine）研究餐饮行业文化的《后厨》(*Kitchens*)一书，研究辩论团队的《舌灿莲花》(*Gifted Tongues*)一书和研究棒球队的《与小伙子们在一起》(*With the Boys*)一书。这些书中的研究探讨了有关实践和过程的深层次问题，让我们了解了社会团体、社区或组织是如何运转的。这本身就是一个目标。通常来说，这些研究的初始构思较为宽泛，有助于我们了解这些组织运作中的细微差别和流程，尤其是我们在组织中如何达成其使命，或者因何失败等。

其他学者将他们的研究当作跳板（springboard），果断地把精力集中在一个理论问题上。他们认为重点明确的研究有助于发展一种更为全面的社会过程概念。因此，虽然他们通常与其他学者一样，从同一个出发点（即从一个研究主题）开始，但会努力将研究问题缩窄得更精准。他们的最终目标是一个明确定义的、基于理论的研究问题。就像迈克尔·布洛维（Michael Burawoy）在《制造共识》(*Manufacturing Consent*)一书中，询问工人为何为了实现雇主的目标而违反规则。金伯利·黄（Kimberly Hoang）在《欲望交易》(*Dealing in Desire*)一书中描述了越南的工作者在促进全球经贸中的角色。另外，马娅·库基亚拉（Maia Cucchiara）在《营销学校，营销城市》(*Marketing Schools, Marketing Cities*)一书中，探索了为何政府拨款的学校改革项目给学生带来的福利有失公允。卡罗琳·泰森（Karolyn Tyson）在《被打断的融合》（*Integration Interrupted*）一书中，描述了学校的组织动力（特别是天才班中非裔美国人家庭的儿童数量）如何影响这所学校的种族关系。在这些研究中，研究人员先提出一个明确的分析性问题，从不同角度解答这个问题会产生相互冲突的答案；然后，研究人员出于各自的知识立场否定某些答案；接下来，他们使用理论概念，将自己的实证数据与学科中的某一组抽象观念相关联。研究人员采用这种方法来探究这些抽象的概念，凸显了他们对学科的贡献。

阅读如何帮助你选择研究主题

在开始数据收集之前，广泛阅读会有助于你将注意力集中在项目上。这里没有捷径可走，对本科生或博士生的阅读要求在广度和深度上是不同的。对本科生来说，在开始一项课程作业之前可能只需阅读几篇文章。对博士生来说，我通常会建议阅读至少20篇与核心主题相关的文章，以及与你的研究主题相关的其他重要书籍。之后，随着时间的推移，你也应当阅读一些经典作品。当你阅读有关某个主题的文章时，应该熟悉其中引用的大多数文章（尽管你不可能熟悉所有文章）。不过，问题是相关且看起来重要的文章太多了。例如，对我的《不平等的童年》一书来说，有无数与此书主题相关的研究，例如医患互动、教师家长互动、家庭和宗教、课外活动的长期益处及种族社会化的问题等。如果我花时间阅读每一篇相关的文章，就永远不可能完成我的项目。最终，我确定了一个"经验法则"，即阅读两三篇文章：通常是一篇评论文章，一篇经典文章或一篇最近发表的高质量文章。我有时也阅读百科全书或手册中有关这个主题的章节。读完这些之后，即使我掌握的知识还是存在巨大的欠缺，我也会暂时停止。如果将来这个主题的重要性提升了，我会阅读更多资料。正如霍华德·贝克尔（Howard Becker）所指出的那样，你可能会"对海量的文献发怵"。因此，在围绕中心主题进行了深入的阅读并且对次要主题有了一些了解之后，你应该将重点转向收集数据。

如果你在收集数据期间时不时地阅读文献，你会发现研究价值变得更加清晰了；如果你身心疲惫，无法每周都继续阅读文献，那么请每隔几周找出几天，放缓数据收集的速度，停下工作，给你自己一些时间阅读和思考。优秀的研究立足于其他研究的基础之上。当然，有些时候你会为了获取更多的知识而进行更深入的研究。罗宾·莱德纳（Robin Leidner）对麦当劳和保险销售人员进行了参与观察研究。但实际上，她感兴趣的研究角度是合理化的概念。[9]其他人可能从其他方向研究麦当劳，例如，食品消费模式或工作家庭平衡。无论你选择的主题是什么，阅读一些相关文献是必须的——通常是有益的（虽然这可能令人发怵，第九章用更大篇幅对阅读量进行了深入讨论）。根据你的研究重点，有时候你很难在现有文献中找到你的"对话伙伴"，即一个看起来适合的知识辩论点，你也很难在同样杂乱的文献中找到对其的评判。在一本关于定性研究的书中，克里斯廷·卢克（Kristin Luker）把文献想象成一朵"杂乱无章的菊花"，这很有用，她建议人们把与研究有关的各种文献画成一个维恩图。[10]

研究设计决策：研究对象、研究规模及所需时间

在制订研究计划时，你需要做出一些关键的决定，包括你的准研究对象（who），计划研究时长（how long），以及地点（where）。你想研究哪个年龄段？你想研究具有某种经历的人吗？你想研究一个种族还是多个群体？研究对象必须出生于美国吗？研究对象可以是第一代或第二代移民吗？大多数决定都应该根据具体情况具体分析。研究各不相同，所以你需要做出的决定也不同。不过，只要没有特殊的研究要求，设定以下条件通常会对你有所帮助：研究多个种族或民族，将研究对象的年龄区间限制在 5 年（对于 18 岁以下的未成年人）或 20 年（对于成年人），明确研究对象成长的国家及成为公民的国家对此研究是否有影响。有时候，你有充分的理由仅研究一个种族或民族，或者设置其他选择研究对象的条件。一如既往的是，这需要视情况而定。

你还需要考虑收集数据所需的时长。当然，你需要大量有深度的数据。数据收集的目标是达到"饱和"（saturation），正如霍华德·贝克尔在他的《证据》（Evidence）一书中所说的那样："当你发现不再能获取任何新知识，而且这种情况已经持续一段时间时，研究就完成了。"[11] 在参与观察研究的过程中，你应该经常亲赴现场，而且每次都逗留相当长的时间（花费的时间长短取决于你的生活安排）。对本科生来说，一门课的时间跨度只有一个学期，那么他可能需要每周拜访 2 次，持续 2 个月；对博士生来说，可能是每周拜访 3 次，持续 9 个月。在访谈研究的过程中，你需要采访足够多的人，直到你不断地重复听到相同的答复为止。大多数时候，从事此类研

究的人不会有多少经济收益，因此你还需要安排好在此期间的经济来源。此外，你需要花大量时间。你应该在每次访谈结束后的 24 小时内完成现场笔记或访谈笔记，或者找时间或申请资金来转写访谈录音。尽管有些人可以在很短的时间内完成研究，但是在理想情况下，你应该每周至少花费 9 到 15 小时在研究工作上。我建议每周最好能够花更多的时间。因此，你要考虑的第一个冰冷且残酷的事实是，你自己是否有足够的时间进行研究？有时，你可以调整计划"挤出"时间。例如，如果你有孩子，在收集信息这个阶段，也许可以请家人或托儿机构帮你照看孩子。其他许多事情也与研究相关，这些也应该"算作"研究工作的一部分，例如：花在路途上的时间，安排访谈所需的后勤工作，进行访谈或参与观察，写现场笔记，转写数据，写备忘录，以及分析获取的信息。例如，如果每小时的参与观察研究需要花 2.5 小时整理现场笔记，那么 10 小时的现场工作（3 次访谈）将花费 25 小时的笔记时间；这还不算 1.5 小时的后勤和可能需要的 3 小时的通勤时间。你还应该花 3 小时或更多时间写备忘录和阅读文献。因此，10 小时的参与观察研究的实际工作时长可能是 43 小时。访谈法也很类似：你需要安排访谈，进行准备，前往地点，上传录音，写分析笔记，邮寄手写的感谢信等。另外，许多受访者可能会取消访谈，你不得不重新安排。一周能完成 3 次访谈就算是比较高产了。

你还应该考虑研究的目标和持续时间。纵向访谈可以是很有价值的。在密集的数据收集期结束后（例如，6 个月或 1 年后），一些研究人员会进行"回访"或后续研究。鉴于研究主题会在数据收集过程中逐渐明朗，一种常见的方法是你要在收集数据进行一段时间后停下来，尤其是暂停访谈，并且进行数据分析（将在第八章中讨论），然后带着更明确的重点继续进行访谈。

研究设计：研究的规模及权衡事项

在提交 IRB 申请之前，你需要根据研究的目的做出一些重要决定。一项研究不可能包罗万象，你必须限制研究的规模以及研究对象小组的数量。小型、深入的研究可以是非常有价值的。在考虑一项研究的范围时，你可能会面对"希望包罗万象"的巨大压力，而且已经拥有大量样本数据。然而，访谈法和参与观察法研究具有独特的内在逻辑，你对数据的掌握和深刻理解对于研究的各个方面都会有所助益。研究范围取决于许多因素，但是适合本科生（或者参加夏季短期课程的人）进行的研究受到诸多限制（即迷你研究）。你能够进行的访谈数量有限（通常是 10 次以下），并且到访研究地点的次数也有限（通常一个学期只有 1 次）。迷你研究的准备步骤与正规研究相同，但由于截止日期的限制，你能够投入研究工作的时间较少。有些学者可以根据有限的数据产出具有思想深度的文章和书籍。[12]《向陌生人学习》（*Learning from Strangers*）一书的作者罗伯特·魏斯（Robert Weiss）说过自己可以轻松地记住 50 个人的详细信息。为了避免"军备竞赛"的规模越来越大，你需要根据项目的目标决定收集多少案例。就像马里奥·斯莫尔（Mario Small）在极具价值的文章《我需要多少个案例？》（*How Many Cases do I Need?*）中指出的那样。此外，大多数大型研究的背后都有人员和资金支持（例如，我的《不平等的童年》一书就是一项雄心勃勃的研究。我得到了一大笔拨款，还有研究助理帮我收集数据）。

同时，在基于访谈法或参与观察法的研究中，研究人员总是不得不做出各种妥协。你对文献和自身知识的了解有助于决定哪些妥协是"可以接受的"，哪些妥协是"完全不可接受的"。但非常遗憾的是，你可能不得不放弃一些你本来打算研究的样本小组，以便能够聚焦于少数人身上，收集更详细、更丰富的数据。在这里，请回想一下那些你欣赏的研究。你是否认为只研究一个族群是合适的？在你读过并欣赏的研究文献中，是否有类似的设计？对你来说，在研究中做对比是非常重要的吗？当然，此时你并不明确研究对象究竟应该是什么样的人。这并不重要，重要的是你的想法。此外，无论你做出什么决定，都应该与你尊敬的人交流，并倾听他们的忠告（如果你认真倾听，他们可能预料到你的设计会被如何评价，例如，预测在出版过程中他人可能对你如何评估）。你无须与研究对象分享细节，实际上，他们可能并不赞同你的分类（例如，很多美国人认为自己属于中产阶级，因此某些家庭的人如果知道我把他们归于工人阶级，可能会提出反对意见）。在某种程度上，随着研究的推进，你可以进行一些调整，但是有些关键要素必须保持不变，只有这样才能保证研究的系统性和其精良的设计。

在理想情况下，你的研究应该采用合适的、系统性的方法。例如，对我来说，有一种方法具有不可否认的益处，就是比较在不同环境中进行类似活动的人。[13] 在现实世界的约束中，理想的情况是尽可能找到相似的群体并进行比较。这种"苹果之间的比较"① 会增加你对结论的信心。例如，在设计访谈时，一个不太理想的设计是：

---

① 同类相比较之意。——译者注

与一个族群进行3次访谈,与另外一个族群进行2次访谈,与第三个族群进行6次访谈。我个人不喜欢一个类别中只有两三个人;如果一个类别中人数足够多的话,当我在其中发现某些模式时,我会对数据和论证更有自信。因此,如果你构建了一个对比设计,那么它应该具有系统性。当然,最终你的几个研究对象小组中的人数可能略有不同,例如一组有11人,而另一组有13人。在准备期间,你可以创建一个简单的分组表。例如,有3到6岁孩子的白人和非裔美国人家庭,他们分别属于中上层阶级、中下层阶级和工人阶级(见表2-1)。如果你希望避免样本人群中有移民,可以将限制条件设定为全部是美国公民或在5岁前来到美国的成年人。此外,在访谈研究中,理想的方法是你通过对子样本中的每位受访者(例如,大学生的家长或工人的配偶)进行多次访谈来确定分类。你也可以做一个民族志研究,然后对你所观察的子群体进行更深入详细的访谈。[14]

表2-1 传统公立学校或特许学校中,3到6岁孩子的母亲与校方关系的假设性研究

	非裔美国人家庭的母亲	白人家庭的母亲	总人数
中上层阶级	7至11人	7至11人	14至22人
中下层阶级	7至11人	7至11人	14至22人
工人阶级	7至11人	7至11人	14至22人
总人数	21至33人	21至33人	42至66人

除了这些,你还有许多其他决定要做。举个例子,我做了一项关于育儿差异的研究(我的研究助理团队成员来自不同种族),《不平等的童年》一书总结了研究成果。这项研究是基于对2所小学长

达数月的观察；我们对137位家长（来自88个白人家庭和非裔美国人家庭）进行了一对一的深入访谈，观察了很多孩子的行为，还对访谈组的12个家庭进行了持续3周的每日密切观察。这些家庭包括中产阶级家庭、工人阶级家庭和贫困家庭。在招募接受深入观察的家庭时，我面临着艰难的取舍。我请求这些家庭允许我登门拜访，通常每天两三个小时，持续3周左右（参与这项研究的每个家庭都得到了550美元现金的报酬）。在选择研究对象阶段，我面试了数个单亲非裔中产阶级家庭。在观察研究阶段，每次我只招募一个家庭，在完成了对2个白人家庭的观察研究之后，我开始招募非裔中产阶级家庭。为了不混淆家庭结构、种族和阶级，我在选择4个中产阶级家庭进行密切观察时，坚持招募的2个非裔家庭必须是双亲家庭（与已经完成观察的两个白人中产阶级家庭相同）。接受观察的这些家庭来自一所以白人为主、位于郊区的中产阶级公立学校，这所学校每个年级大约只招收3名非裔美国人家庭的儿童。所有有三四年级孩子的非裔美国人家庭都大方地同意接受访谈，但2个双亲家庭拒绝了密切的家庭观察（家庭观察包括近1个月的日常拜访）。因此，我在已完成数月观察研究的公立学校中无法找到符合条件的中产阶级非裔家庭。这意味着，我在公立学校进行的观察不能作为本书的核心内容，还有许多其他事情也被打乱了。这是一个艰难的选择，尤其是考虑到在我完成观察研究的公立学校里，有一个单亲非裔中产阶级家庭，如果我发出请求，他们很可能会同意参加这项研究。虽然我对这个项目一直是围绕学校设想的，但也不想把家庭结构与其他因素混淆，这意味着我需要做出重大调整。这项研究的重点不得不从关注学校生活转向关注家庭生活。简而言之，有时你不得不放弃那些对观察研究非常合适的人或地点，因为你无法进行系统性的比较。在整个过程中，你必须谨记研究重点（对我的研究来说，是种族和阶级）才能"保持其他因素不变"。样本组在关键方面具有可比性将有助于你专注于对重要社会机制的研究，也有助于增强你对研究发现的信心。

此外，你设置的限制条件越多，就越难招募到研究样本人群。在招募的家庭中，孩子必须是家里的老大吗？在我和埃利奥特·魏宁格尔（Elliot Weininger）一起做的一项关于择校的研究中，老大的年龄是一个重要因素，但这在其他研究中可能无关紧要。[15] 在你的研究中，家庭有一个或多个孩子对研究有影响吗？家庭结构对研究有影响吗〔我们没有就这个问题设置招募条件，但我们确保在每个种族和每个阶层类别之下招募双亲家庭（包括混合家庭）以及数量相当的单亲家庭〕？母亲有全职或兼职工作重要吗（我们在研究中，没有将这个因素设为招募限制，但碰巧的是，样本在这方面确实有差异）？接下来，你应该继续考虑其他所有的重要因素，再决定哪些是必须的。通常来说，在一开始，你聚焦在几个关键问题上，随着收集的样本信息越来越多，其他因素也会逐渐明朗。你应该留意参与者之间的其他差异。如果你发现某种模式很重要，那么可以调整采样计划以增加特定类别的参与者数量。

为了满足所有这些难以取舍的条件，受访者的数量很容易迅速飙升。例如，在一项对有 3 到 6 岁孩子的母亲进行的研究中，受访者来自 2 个族群和 3 个社会阶层。在表 2-1 中，如果每个单元格需要 7 人，那么需要的总人数是 42 人，这比每个单元格 11 人，总数 66 人要容易得多。

将一项研究的对象限制在2个种族、1个性别和3个社会阶层是困难的（西班牙裔呢？移民呢？父亲呢？）。此外，从历史上看，对某些（主流）群体的研究比其他同样重要的群体更多。正如埃米·斯坦布格勒（Amy Steinbugler）所指出的："主流群体一次又一次地被选择为研究对象，这会对我们的学科产生持久的影响，主流群体的习惯和经验会被视为惯例。"[16] 当然，你应该尊重未被纳入研究的群体，并且相信如果纳入更多的小组，你的研究效果就会更好。但做出艰难的选择是必要的。你应该避免收集访谈数据，然后弃之不用。数据的意义通常蕴含在研究参与者的语言中。如果只是为了将模式简化为数字，又何必进行深度访谈呢？毕竟样本通常不是随机选择的。根据我的经验，亲自做访谈有助于你进行深入探析，在研究中与他人建立联系并了解更多知识。但一个人所能做的是有限的。在对家庭生活中的阶级和种族差异进行研究时，我会尽量保证一个样本单元中至少包括7到9人。如果每个单元只有3到4人，我会担心这个样本可能恰好足够特殊，不具有代表性。如果每个类别的人数超过9或10人，那么这项研究就会变得难以控制。

我也意识到，实际上，大部分研究都是由刚刚入行的年轻人完成的。他们没有大笔资金支付交通费或转写几十次访谈的费用，他们必须脚踏实地。你很有可能觉得自己的研究不到位。然而，小型研究也可以很优秀。小型研究既合理也务实。小，意味着为了保持一个合理的规模，你需要时不时地限制被研究群体的人数。一项研究能覆盖的内容有限，但多项研究的成果可以互相补充。正如米奇·杜艾伊尔（Mitch Duneier）所指出的那样，最优秀的民族志研究往往是年轻人的博士论文。[17] 例如，许多经典的民族志著作，包括

《我们的亲人》(*All Our Kin*)、《街角社会》(*Streetcorner Society*)、《城市村民》(*Urban Villagers*) 和《泰利的街角》(*Tally's Corner*),最初都是作为博士论文被发表的。[18] 事实上,许多民族志学家一生中只做过一次参与观察研究,而且是在他们职业生涯的早期。究其原因,虽然年轻且没有名气的研究人员很难筹到大笔经费,但他们具有关键优势:他们年轻,通常鲜有家庭责任(但不总是如此),比年长的学者有更多的空闲时间,更容易融入年轻人的圈子,他们"内心的激情"也会促使他们完成研究。这是一个成功的组合。

选择研究地点

通勤

你能向家人或朋友借一辆汽车吗?学校可以提供汽车吗?你能骑自行车去那里吗?你能和你的朋友协商,请他做你的司机,然后给他一些回报吗?你能得到补助来支付车费吗?

除了考虑你的研究对象和数量,你还需要考虑他们所在的地点,即你希望可以找到研究对象的社区。一定要脚踏实地!你只有经常拜访这个地点,才能具体了解那里人们的生活经历。如果你进行访谈研究,应该在距离他们家和自己住所都不远的地点进行访谈。具体来说,这意味着你的实地调查地点应该离你的住所(或者你为了进行研究而搬到的住所)很近。在理想情况下,你应该能够频繁且不太费力地到达这个地点。

你需要制订一个具体可靠的通勤计划,如果你没有汽车,那么选择公共交通工具能到达的地点;如果你有汽车,那么选择在 30 分钟车程之内的地点。如若不然，现实地说，你可能需要另选一个研究地点。在极少数情况下，你可以选择距离住所1小时以上车程的地点，但最好近一点（尽管不是那么理想）。当然，在选择研究地点时，不要忘记考虑交通堵塞的可能性。如果一个较远的地点对研究来说是至关重要的，那么你应该尝试安排好生活，搬到那里驻扎几个月。在你开始具体考虑一个研究地点之前，应该先考虑如何到达那里。

远程数据收集

受疫情影响，2020年，美国各地的大学突然暂停了许多项目（包括面对面调研），并转向线上课程。各州的应对措施各不相同，但大多数州实施了疫情限制政策并呼吁人们保持社交距离。新冠疫情造成了一场全球性的悲剧，食品短缺，人们大规模失业，很多人也因此告别了这个世界。虽然新冠疫情的全面影响还有待发现，但对研究人员来说，如何在当下进行访谈和参与观察研究，是我们面对的一系列新挑战。我在自己的研究中也曾处处受到掣肘。2020年，我正进行一项对高净值家庭（即通常家庭净资产超过1000万美元）的访谈研究，那时正处于数据收集的过程，研究暂停了2个月才得以恢复线上访谈（使用视频方式）。线上访谈比完全不进行数据收集要好。然而，正如我将简略解释的那样，这种方式带来了挑战。

线上定性研究是一个高度多样化的领域，与之相关的文献数量庞大而且在不断增长，可供寻求方法的研究人员参考。这些文献包括"网络"民族志研究（即"适用于线上社群的民族志研究"）、数字日记、"情景重现视频"、线上支持小组、线上焦点小组、线上政治活动、线上视频及推文。[19] 从历史上看，面对面的接触对于建立研究关系，从而获得深刻且丰富的数据是至关重要的，但这个领域正在迅速演变。其他各个学科有关线上定性研究方法的文章也不胜枚举。[20] 这些文章讨论了如何与受访者逐渐建立信任，然后获得其允许在研究中使用他们的信息。[21]

学术界对线上访谈方法展开了广泛的讨论。[22] 一些人坚持认为，"通过线上调查获得的回答与采用更传统的方法得到的回答质量基本相同"。[23] 我自己线上访谈的经历好坏参半。我发现，在某些情况下，如果受访者健谈的话，2 小时的线上访谈在质量上与一次面对面访谈相当。然而，更常见的情况是线上访谈的质量大约是面对面访谈的 75% 到 80%，尤其是在敏感问题的深度层面。这种方式比较难以建立友好关系，我与参与者之间建立的联系不如面对面访谈。当我问到敏感话题时，我会因为看不到受访者是否已经放松心情而感到不自在。在某些情况下，我认为受访者不像面对面访谈时那么坦率。此外，线上访谈可能会突然结束，而面对面访谈不太可能会发生这种情况。正如我将在第五章中讨论的，当你面对面地谈到一个敏感话题时，你通常能够"解读"当时的情况，然后"继续追问"以获得更多的细节（如果这位受访者不排斥你这样做的话）。然而，通过视频会议进行互动时，你无法看出一些细微差别。人的经历各不相同。有些人（如无证人口或难民）对来自机构的人员可能带给他们的伤害抱有很强的警惕性，他们在接受线上访谈并得知访谈会被记录时可能会感到不安全。

进行线上访谈和观察也有优势。正如我所指出的，在某些特殊时期，例如新冠疫情期间，它是为数不多的选择之一。此外，线上访谈避免了出差和数据收集的成本，离家进行研究的不便利以及其他费用。有些受访者可能会觉得面对面访谈过于正式，令人无所适从，神经紧张。线上访谈可以让你接触到其他国家或地区的人，而使用传统方法却不容易做到这一点。线上活动也是许多群体日常生活的重要组成部分，尤其是年轻人。如果一项对年轻人的研究不包括线上活动，那将是不完整的。

远程数据收集这个话题激发了各种不同的强烈观点，人们对于这种方式的热情程度明显不同。正如学术界人士对线上教育的热情程度存在巨大差异一样，他们对使用互联网技术收集数据的反应也各不相同。因此，在社会科学中，使用互联网技术进行数据收集的方法仍在发展并逐渐被人们了解。

你的身份对这项研究的影响

在做一项研究时，你的身份很重要，因为人们对于研究人员是否有权利或是否合法地揭示他人生活提出了一系列复杂的问题。[24] 正如佩什金（Peshkin）所说的：" 一个人的主观性就像一件脱不掉的衣服。"[25] 你的任务不是排除这些与自己身份有关的挑战，而是了解研究途径的优缺点。这些问题会在访谈法和参与观察法研究（尤其是参与观察法研究）的许多不同阶段出现。通常来说，这些问题被框定为局内人或局外人的辩论。

局内人或局外人问题

从广义上说，"局内人"视角认为，如果研究者与研究对象在同一个社区中长大，拥有共同的种族或民族身份，以及拥有其他共同经历，这是有助于提高研究的质量、合法性和价值的。例如，维克多·里奥斯（Victor Rios）在《惩罚：监管黑人和拉丁裔男孩的生活》(Punished: Policing the Lives of Black and Latino Boys)一书中，以及兰多尔·孔特雷拉斯（Randol Contreras）在《持枪抢劫的孩子：种族、毒品、暴力和美国梦》(The Stickup Kids: Race, Drugs, Violence, and the American Dream)一书中，均重点谈到各自在其所研究的社区中长大带来的特殊优势。同时，他们在年轻的时候均参与过社区的一些重要活动，尽管里奥斯认为自己既是"局外人"又是"局内人"。他指出："我也遭遇过警察的骚扰……我看起来与这些男孩很像，这让我能够敏锐地感受到这些年轻人正在经历的事情。"[26]年轻的研究对象尊称他为"O.G. Vic"。O.G.的意思是"元老"，这是一种极为尊敬的称呼。这种身份帮助他获得了信任并为他提供了获得资源的便利。但是他又写道："我承认，我的局内人身份限制了我的观察。"因为这些年轻人可能试图取悦他，而他本人也可能基于自己与警察的（负面）经历做出一些假设。在他的备注中，里奥斯承认了一个经典的问题，即在获得资源和信任方面，局内人具有优势。但这些优势也可能会使人一叶障目，将某些关键问题视为理所当然而忽略其他问题。局内人也可能难以与那些生活在同一社区，但并不属于他们日常社交圈的人建立联系。[27]

其他学者谈到了局外人带来的新视角。米歇尔·拉蒙特（Michèle Lamont）在《工人的尊严》(The Dignity of Working Men)一书中举例说明了拥有"不易被识别"的口音的好处。她是一个在法国和美国都生活过的加拿大魁北克省人。当她采访美国男士时，"大多数人都注意到我是外国人。这让我可以提问一些他们认为理所当然的概念（例如，'虚假'这个概念的含义），本国研究者则无法像我这样自由地探索"。[28] 人们通常认为局外人对文化习俗一无所知，因此局外人可以更自由地提问，这是一种优势。

在这个引发激烈争论的局内人或局外人问题上，尤其是在种族学和民族志领域，我的立场是："局外人"可以对"局内人"进行高质量的研究。至关重要的是，局外人应该尊重研究对象并带着好奇心和开放的态度进行研究。[29] 我相信女性可以对男性进行出色的研究，异性恋者可以对同性恋者进行优秀的研究，某一种族或民族的研究者可以对其他种族或民族背景的人进行杰出的研究。当然，风险总是存在的：一个局外人不能真正体会局内人的感受，尤其是当涉及种族和阶级隔阂时；正如米奇·杜艾伊尔指出的那样，研究者需要接受这一现实（而不是假设），"与你的研究对象建立信任，甚至是特别融洽的关系，即使这只是表面文章"。[30] 尽管如此，局外人依然能带来新的洞察。他们可以发现某些人受"局内人"的身份限制而无法认识到的事情。局外人限制（即只有属于相同群体的人才可以互相研究的原则）还有一个令人遗憾的结果，就是限制某个社会阶层的人只能研究与他们相似的人。这个立场意味着无论你的种族和民族背景、社会阶层、性取向、性别、宗教信仰是什么，你都只能研究自己所属的那个群体。此外，归根结底，任何研究都会受到某些限制。创建一个探析多种群体的研究设计有诸多益处。虽然这种研究需要更大的工作量，但它有助于化解一些关于局外人或局内人问题的批评。即便如此，在种族和民族议题上，仍有许多从局外人视角及局内人视角进行的优秀研究。

虽然研究者属于"局内人或局外人"这种窘境更多地体现在种

族、民族以及性别研究上，但是如果你（即研究者）属于中产阶级而你的研究对象在经济上处于相对劣势，那么你也会面临严峻挑战。当然，如果你的研究对象是富人而你自己并不富有，那么你同样会面临挑战。即使你的研究对象是与你自己经济条件相似的人，你仍会面临挑战。

考虑到有关"局内人或局外人"的争论较为激烈，无论你采取什么立场，都应该以开放的态度接受持不同观点者提出的批评。一个关键的目标是开展多个研究项目，有些由局内人完成，有些由局外人完成。许多不完善的认知日积月累，最终也会拼成一幅越来越完整的画。不过，重要的是，你需要深入了解有关局内人或局外人的辩论，并反复推敲自己的观点。你还应该援引一些相关的方法论文章来捍卫自己的立场。你应该根据这个项目的具体情况以及你面对的限制做出最有意义的决定，当你在这个问题上被质疑时（这是不可避免的），你可以用一个深思熟虑且精心准备的回复来捍卫你的立场。

你的研究之旅：概述

开展一项研究就是进行一次求知之旅，我将在此简要概述关键步骤。当然，我意识到每一项研究的展开方式和情况略有不同（见表 2-2）。

表2-2 一次求知之旅：不断演变的重点

典型的研究步骤	研究问题	文献	数据和分析	研究问题举例
研究伊始	一个初始的研究问题	对文献的了解：你对现有的研究感到困扰，或认为目前的研究有不足之处	制订一个收集数据和申请伦理审查委员会许可的计划	社会阶层如何影响孩子们在校外的生活？
研究初期	一个逐渐明朗的研究问题	重新审视文献：使用你的数据，思考文献中缺失的内容	收集数据；思考你目前掌握的信息；开始专注于某一主题；思考你的贡献	中产阶级家庭的孩子比工人阶级家庭的孩子更忙吗？
研究中期（中期步骤可以重复多次：在这个时期，至关重要的是寻求他人的反馈并认真倾听）	许多研究问题逐渐明朗并朝着不同的方向发展 根据你对文献知识的深入了解和逐渐明朗的研究发现，你可能要对你所研究的问题进行修改，研究问题、参考文献和研究数据应该是彼此呼应的	重温文献：利用你的数据，对文献中缺失的内容进行尖锐和集中的评判	数据收集应该集中于能够回答你提出的研究问题 开始建立一个逐渐明朗且基于数据的知识立场（即一个论点） 你的发现对学科有何贡献？ 找到可以反驳你的论题的证据 将数据进行系统性编码	在每个班级中，性别如何影响孩子们的生活？ 在每个班级中，种族如何影响孩子们的生活？ 为何父母的策略不同？ 父母的文化品位有何不同？ 不同父母与各机构中的专业人士进行互动时有何不同？

续表

典型的研究步骤	研究问题	文献	数据和分析	研究问题举例
研究中期（中期步骤可以重复多次：在这个时期，至关重要的是寻求他人的反馈并认真倾听）	设定优先级	重温文献：利用你的数据，对文献中缺失的内容进行尖锐和集中的评判	基于你的数据，形成一个最终论点（或论题），这就是你的研究价值	孩子们的偏好如何影响他们的行为？
研究收尾	一个终极的研究问题（其他问题或是这个主要问题的附属问题，或是可以"分离出来"的单独的文章主题）	重点陈述你的研究对学科做出的贡献	—	社会阶层如何影响育儿的文化逻辑？（回答：所有的父母都希望自己的孩子健康快乐，但中产阶级的父母会对孩子精心培养，工人阶级家庭和贫困家庭的父母让孩子自然成长）

注：这些研究问题基于拉鲁的《不平等的童年》。

你的求知之旅分为几个不同的部分。首先，在研究伊始，你对现有文献进行初步的评判，构建一个初始的研究问题以及一个收集数据和申请伦理审查委员会许可的计划。之后的第一步是重新审视文献，收集数据。进入研究中期时，你应该根据收集的数据对研究进行调整，此时会出现多个研究问题。你应该探究这些数据所揭示的本质，重温文献以明确你的评判，并着手构建一个能阐明你的发现的知识立场（即一个论题）。当你确定这个论题后，应该搜寻能够挑战它的证据（中期步骤可以重复多次，即琢磨研究问题、明确评判、检查数据、评估证据是否有力、寻找可能挑战论题的证据并总结所有证据来构建你的论点）。[31] 通常来说，一项研究可能涉及多个方向，但你必须根据各种因素来进行取舍，包括已经拥有的、最有说服力的数据，最感兴趣的研究，其他人认为你最大的贡献等。最后，在研究收尾阶段，你需要呈现一个最终的研究问题，以及你对相关领域做出了何种贡献。你的最终论点是由评判、数据和分析性结论构成的。有时候，方法论附录可以生动地描述研究人员的求知之旅。[32]

本书的第八章将重点讨论数据分析，但实际上，数据分析是"融入"整个研究过程中的。在撰写备忘录、与他人交谈、倾听他人的反馈以及专注研究的过程中，你都在做数据分析。[33]

总而言之，研究通常从一个问题开始，逐渐扩展为多个问题（朝着不同的方向发展），然后根据你的数据重点、通过倾听他人而确定的优先次序，以及收到的反馈来修正研究的核心问题（其他的问题从属于主要问题，或者作为"衍生"出来的次要项目）。你在收集数据时，也应该不断明确研究重点。理想的情况是：最终你的研究能够刻画一个群体，甚至能够解决一个分析型问题。这就是你对学科的贡献。因此，即使在数据收集的最初阶段，你也应该对已经获取的信息开始思考和分析。数据的质量通常是参差不齐的。在某些方面你会获得很多有用的优质数据，在其他方面你获得的数据的质量却可能不尽如人意。数据收集过程反映了你的研究重点。在研究的早期阶段，你要研究的问题与文献和数据通常不能完美地彼此呼应，这是正常的（第八章将深入讨论这一挑战）。有时，你需要根据已经收集的信息从根本上改变研究问题。

回应批评："4R"话术

杰克·卡茨（Jack Katz）把读者经常对定性研究提出的重复性问题归纳为"4R"：表征性（Representativeness）、受访者的反应（Reactivity）、可信度（Reliability）及可复制性（Replication）。[34] 考虑如何应对"4R"问题会对你有帮助，原因有二：第一，你应该总结评估自己的观点；第二，你应该对这些老生常谈的问题可能提出的挑战准备好回复。

如何回复取决于你的项目和观点，但我想在此简要地分享一些自己对这些问题可能采取的回复。为了回应对表征性的提问，你应该尽最大可能地将你的研究与可比较的人群进行对比，看看你的研究对象是否有任何极不寻常的地方（如果发现了非典型的现象，需要说明为什么这个异常案例是有启发性的）。表征性问题可以说是从事定性研究的学者最常被问到的，我将在第九章对其进行详细讨论。受访者的反应也比较受关注，特别是对参与观察研究来说。不过，如果你在研究期间经常前往现场，那里的人会习惯你的到访并恢复比较正常的行为方式。在"最后一次访谈"时，询问受访者你在现场对他们来说有何不同，也有助于你回答这方面的问题（最好询问孩子或非常直率的人）。为了应对关于可信度的问题，你应该一直进行访谈，直到得不到新的信息为止；还应该在几个月的时间内多次前往研究地点，看看是不是每次都能得到不同的信息。在理想情况下，你应该在不同的时间和日期（一周中不同日子）前往研究地点，如果可能的话，你还应该在该地点与不同的人一起消磨时间，或者寻找可能驳斥你的论点的证据。就可复制性而言，你可以指出，无论由谁进行研究，研究结果通常都表现出某些共同的模式。例如，在不同地点由不同的人员进行的民族志研究通常会表现出相似的模式。[35] 此外，你还可以找到自己的研究与其他研究之间的一致之处。

如何回答"4R"问题取决于你自己，表2-3包含了我被提问时所依赖的话术。

表2-3 "4R"问题及回应话术

"4R"问题	回复"4R"问题的话术
表征性——"你的样本这么小，怎么知道结果具有表征性？"	"我的研究旨在更深入地了解这些事件的意义。我的目标不是以偏概全，相反，我正在尝试提高人们对关键社会过程的理解。我专注于解读一些重要的因素——其他研究通常会忽略这些过程。"
受访者的反应——"当你在场时，受访者的行为会不同吗？"	"是的，研究人员出现在现场会对数据收集过程有影响，我承认这一点是不可避免的。当然，人们在被研究时的行为方式与平常不同，这不是很理想的情况。但在参与观察研究中，人们不可能长时间保持'最佳礼貌'。通常一段时间之后，他们会调整自己的行为（你也可以在真人秀上看到这个现象）。"
可信度——"你的结果会不会因拜访的时间或访谈的人不同而有很大差异？这些结果可靠吗？"	"在不同的日子进行调研，结果是否相同？与其他方法相比，我的方法的可信度较高，因为我做的不是一次性调查，而是持续一段时间的参与观察调研。你要寻找贯穿这段时间的一致主题。"

续表

"4R"问题	回复"4R"问题的话术
可复制性——"你的结果可以复制吗?"	"结果并不可以复制,因为我的研究地点是保密的,而且每项研究都非常独特。但研究人员有一种习惯,即在不同的研究中寻找相似的发现。此领域内有大量不同的研究,每一项都做出了自己的贡献。"你还可以说,"我希望,如果其他学者前往我的研究地点并提出类似问题,他们能够获得类似的结果"。

关于"4R"的问题有时很有启发性,有时却让人很难回答(因为对于某些挑战,你无能为力)。然而,并不是所有的批评都会对你的研究发现造成严重影响。请记住,每项研究都不完美,你的研究也不例外。

优秀研究的特质

当你开始研究一个项目时,思考一下你希望在研究结束时如何应用其成果,以利于今后工作的发展。你打算基于研究撰写文章吗?你作品的篇幅有多长?读者是谁?你是否能找到处于类似位置的人作为你的榜样?此外,你会分享照片或影片吗?一些民族志学家在他们的实地调查现场拍摄了电影,其中包括米奇·杜艾伊尔。[36]你对最终结果的设想决定了你需要收集什么类型的信息,以及需要征得什么类型的知情同意。照片能够对观众产生非常强大的冲击力,播放某人的声音也会令人印象深刻。然而,要想这样做,你需要先获得伦理审查委员会的批准,再征求参与者的许可。

此外,思考一下其他人会如何评价你的研究,以及他们可能对你的研究有什么期望，这也是有帮助的。尽管社会科学家之间存在一些分歧，但他们对卓越标准的认同往往大于分歧。有许多不同的方法可以用来区分这些标准，包括尤文娜·林肯（Yvowna S. Lincoln）和埃贡·库巴（Egon Guba）关于研究项目"可信赖度"的讨论。[37] 但许多标准本质上提出的是同一个问题："那又如何？"例如，多个提案写作指南都强调，设定背景、解释拟议研究的"回报"并阐明此研究对学科的价值是很重要的步骤。

正如一位颇具影响力的提案撰写指南的作者所说的："提案能够帮助读者了解你研究的问题与你所在领域的各种主要理论的相关之处，并陈述你的调研如何验证已有观点或提出新观点。好的提案应该展示对不同观点的认知，并从宏观的角度对该领域展开讨论以论证作者的立场，而不是形成一种漠视不同观点的单一倾向。"[38] 同样，美国国家科学基金会的指南强调，获奖拨款将用于"资助和探讨具有创造性、原创性及有潜力的变革性概念"，以及能够"造福社会或促进实现人们期望的社会成果（即更广泛的影响）"。

优秀研究的关键特质是什么

- 贡献了新的知识
- 对现有文献进行简洁评估，陈述文献中缺失的方面
- 一个可以用手头拥有的数据回答的研究问题
- 收集的数据具有广度和深度
- 清楚地陈述研究结果
- 通过深度分析将证据及论点关联起来
- 承认有证据可以反驳你的理论
- 以案例讨论为跳板，通过它反映更普遍的问题
- 讨论这项研究对理论和实践的影响

在考虑优秀作品的关键要素时，你还应该把读过以及欣赏的文章和书籍（以及你所在领域的获奖作品）一一列出，并罗列出这些作品的共同特质（你也可以把自己认为的一些最糟糕的文章做一个类似的列表）。这些方法可帮助你确定研究之旅的目标。遗憾的是，尽管你在研究过程中会对自己的工作进行一些"质量检查"，并且对自己的研究价值有所了解，但在评估是否达到既定目标这方面，你可能并不是最佳人选。只有其他人的评估才是可信的。因此，请尽早并经常寻求反馈。不要拖延！来自同龄人和地位较高者的反馈会很有帮助，可以帮助你评估研究之旅中走过的路和前进的方向。当然，你应该借鉴自己欣赏的作品，参考令你感兴趣的理论思想，并思考自己希望产出什么样的作品。有一个榜样来提供指导是很有帮助的。在整个研究过程中，尤其是在数据分析和写作阶段，你应该回归自己的项目目标——你的"北极星"。

总结：开始一项研究

一项新研究的最初阶段总会充满各种相互矛盾的事物。你希望熟悉前人的研究，但又不想被它们束缚得太深，因为毕竟你是在尝试做一些新的事情。你需要有一个初始的研究问题，但必须接受一个事实，即所要研究的问题会随着收集数据而改变。你需要制订一个研究计划，并做出合理（但艰难）的决定。不过，你不必过于担心调整和取舍，因为没有研究是完美的。还有一个需要注意的方面是你的社会地位以及它会如何影响你的观察。不过，与其担心自己在大环境中的社会地位（比如你的种族和民族、社会阶层和年龄等），不如具体了解你的地位会如何影响你的研究。最后，每项研究都是独一无二的，但学术界有公认的标准来评估优秀作品。尽管不确定性会带来许多挑战，但接受固有的不确定性是有价值的。探索未知是你投入这项研究的原因。研究的初始阶段令人兴奋，我希望你在踏上研究之旅时尝试着享受其中的乐趣。

第三章

准备工作：研究的早期步骤

一项研究需要大量的后勤准备工作，这可能有些令人惊讶。你需要找到并接触你想研究的人，确认你计划向他们透露多少信息并决定是否对研究地点的真实名称保密。在个人层面上，你必须考虑自己的安全、交通和着装。在收集数据后，你应该创建一个整理研究材料的系统，以便轻松检索。定期写备忘录将帮助你思考并集中精力收集数据。由于访谈和参与观察的过程存在许多不确定性，你很容易在研究进程中感到焦虑不安。在本章中，我将讨论这些问题。为了保护研究对象，获得 IRB 的批准是必需的，因此我将从 IRB 开始。

伦理审查委员会

任何旅程都不可避免地会遇到障碍。参与观察研究会遇到一个特别令人头疼的问题：为了保护研究对象，必须获得 IRB 的许可才能开展工作。除了你所在大学的 IRB 办公室，你计划研究的组织可能有自己的 IRB（例如，医院、学区和美国原住民保留地）。IRB 产生于过去发生的因滥用职权而导致的伤害行为［例如，臭名昭著的塔斯基吉梅毒研究（Tuskegee syphilis study）。该研究对低收入的非裔美国人家庭的男性隐瞒了关键信息，即使在青霉素可用后，也没有对他们进行治疗]。[1] 简而言之，IRB 要求研究人员告知研究参与者可能面临的各种风险，并获得他们的知情同意，以保护他们免受伤害。IRB 旨在维护一系列基本但重要的权利：人们有权不参与研究，不能被强迫参与研究，可以随时停止参与研究，必须被告知研究的性质。坚守行善原则（作为研究者，你必须将研究参与者的福祉作为研究目标之一）是另一个重要事项。我们不计划且不希望研究过程中出现伤害他人的事情。如果研究可能造成伤害，必须提前告知参与者，获得他们的知情同意。如果你正在参与一项研究，也应该了解潜在的伤害，再签署你自己的知情同意书。

犹如一场坎坷的婚姻：与 IRB 共事

IRB 批准需要时间
- 通过 IRB 就像坐飞机前通过机场安检
- 最终几乎所有人都会通过，因此你也很可能会通过
- 但不能着急

不是每个人都必须提交 IRB 申请。通常来说，不打算发表结果的学生可以跳过这一步。但对其他人来说，这是强制性的。遗憾的是，由于 IRB 起源于医学模型，因此它特别不适用于参与观察研究，也不太适用于深度访谈。IRB 的风格是官僚主义式的严格要求，但民族志研究的特性是"摸着石头过河"，两者之间存在文化冲突。一旦你提交了 IRB 申请，就等于"与 IRB 创建了一个协议"（这意味着你必须遵循官方程序）。IRB 政策由联邦政府制定，但各地机构的实施规范差异很大。

本章还有一个附录（见附录：如何应对 IRB 以及如何管理 IRB 流程），其中对如何满足 IRB 要求并获得项目批准进行了更深入的讨论。现在，我要讲几个关键点：

- 审批流程需要一些时间，所以你应该早些开始，如提前一个学期提交申请。
- 切记将这项研究的 IRB 协议存档（除非你是一个学生，而且确定永远不会发表这项研究）。
- 提交访谈研究的 IRB 协议，开始访谈；再提交"修正内容"以纳入未来将要进行的参与观察研究。修正内容的审批流程通常比初始申请更快、更容易。
- 你应该从宽泛而非狭隘的角度陈述这项研究的核心问题，这样做的好处是：随着项目的发展让自己有更大的灵活性（例如，问题应该是"我想研究人们在工作中面临的挑战"，而不是"我想研究工作中的权力和权威"）。

决定保密性

有一次，我在一个小型的午餐研讨会上介绍一位演讲者。她将谈论她最近出版的第二本书。在研讨会之前我很着急，只看了她的简历（愚蠢的做法），但没有查看细节。我曾和这位学者一起攻读研究生，也听过很多人讨论她的第一本书中重点研究的那个组织。因此，为了丰富我对她的介绍内容，我说出了那个组织的名字。演讲者的脸色突然变得苍白，打断我说，这个名字不属于公开信息。我感到非常尴尬。当我反思这个过失时，我意识到部分原因是这个组织的名字在整个研究团队中已经广为人知了，我听到很多人提到它，所以并没有意识到这属于保密信息。因此，在开始研究之前，你应该决定你的研究地点是否保密，或者是否应该给你研究的社区和人起化名。如果你打算为某人的身份保密，那么他的真名只能透露给极少数人——你的顾问或合作伙伴（如果有必要的话）。与其他人——学生、朋友、亲戚、雇主、邻居和同事——谈到此人时，都应该使用化名。这意味着你需要在研究早期选好化名，并始终使用它来指代被研究的社区和参与者（不过，在研究发布之前，你可以随意更改化名）。

有些人不赞同隐藏真实研究地点的做法。虽然社会学家习惯于这样做，但这种做法一直是激烈辩论的主题（顺便说一下，记者也强烈反对隐藏受访者身份这种做法）。[2] 有些人采取一种折中的方法。例如，学者会使用城市的真名，因为它更准确，有助于读者理解研究情境，提供有价值的细节；而组织或学区（和当地学校）以及研究对象的真名是保密的。当然，一些学者强烈认为应该使用被研究者的真名，以便他们能够为自己发声。另外一些学者对此想法表达了同样强烈的反对意见。不过，无论你做出什么决定，都请尽早做出决定，并在研究材料中向参与者明确说明。

我遵循隐藏研究对象身份的传统。我不希望我的研究发现让人们感到尴尬或受到伤害。因为研究参与者的身份是保密的，所以即使其他人有所猜测，他们也可以否认。家庭生活是私密的，保护孩子免受将来可能面对的尴尬是正确的做法。许多研究参与者都会将保密作为参与的前提。我最新的研究涉及资产超过1000万美元的人，我提了一些非常私人的问题，关乎他们的财富性质和遗产计划。如果我必须披露受访者的真名，这项研究将无法进行。事实上，提倡公开受访者身份的那些学者中，有些是研究城市公共空间的民族志学家。

如果研究对象互相认识，透露一个组织或社区的名称可能会无意中透露其他组织或社区（通常来说，这些碎片信息很容易被整合）。此外，在网上搜索文件或文章也会揭示真实名字。正如杰茜卡·卡拉尔科（Jessica Calarco）所建议的那样，一种可能的做法是"隐藏到必要的程度，使确定任何一个人的真实身份变得比较困难"。[3] 一种隐藏被研究社区名称的方法是，找到一个与你正在研究的地点相差无几而且较著名的"姐妹"社区或城市，当人们询问你在哪里做研究时，我建议你漫不经心地回答："嗯，这个社区的名称是保密的，但它位于一个中上阶层的富裕郊区，类似于某社区（距离较远的一个类似地点）。"有些人可能非常爱刨根问底，纠缠你泄露实际地点。在你对研究对象做出了保密承诺后，无论你喝多了，还是正在与一个很亲近的人倾心畅谈，你都不可以说出研究地点。如果有人纠缠不休，你需要坚定地拒绝，说说笑笑，然后转移话题（例如说"你为美国中央情报局工作吗？这是审讯吗？"）。

你应该问谁？为你的研究招募人员

研究者通常依赖"脆弱关系的力量"（即熟人）[4] 招募愿意接受采访的人，并请求允许进入研究地点。换句话说，你的朋友、亲戚和熟人网络可以为启动研究提供帮助。这样做的一个好处是熟人可以为你担保。先明确你选择研究对象的条件，然后询问你认识的每个人，他们是否可以帮你联系潜在的研究地点或研究对象：邻居、亲戚、网友、同行、教授、校友、多年未见的朋友，以及你能想到的任何人（当然，你应该先探听联系人的意愿，确保他们愿意代表你提出请求）。

你可以用不同的方法提出请求，但你应该采用招募对象最容易接受的方式。对年轻人来说，发短信尤其有效。对于老年人来说，电子邮件、电话和信件会更有效。可以的话，请你的联系人出面，请求潜在研究对象允许你直接联系。当你第一次提出请求后，应该等待一周。如果是我，我会在一周后与联系人沟通，或者可能会再次联系研究对象。如果仍然没有收到答复，要么放弃，要么过几个月再试一次。

不是每个人都适合参与你的研究。你的下属或其他位于你的权力之下的人不适合成为研究对象。出于各种原因，家庭成员、姻亲或同事等群体也不合适。请一定回避上述群体。另外，我的经验法则是永远不要采访将来可能会在社交场合上遇到的人，原因是这种研究（尤其是访谈）并不是一种互惠关系，因为受访者向你揭示了他的内心世界。在这方面，你与医生、顾问或社会工作者具有共同点。举个例子，当我为《不平等的童年》一书的研究项目在校园里进行参与观察研究时，学校里10岁孩子的家长中符合非裔、中产阶级条件的人并不多。我询问我所认识的每个人，他们是否认识符合这些条件的家庭或是否能够通过人脉找到符合条件的家庭。

如果潜在研究对象在我目前的（或未来可能的）社交圈里，那么我会将他们排除，但我通常会问他们是否认识其他可能符合条件的人。在另一种方法中，研究人员获准待在医生诊所的候诊室（或其他合适的办公室），前台工作人员会给患者一张传单并将其引荐给研究团队的成员，或者研究者可以直接向患者解释这项研究。[5]有的人通过网络社群进行招募，并使用"筛选调查方法"，请潜在的研究对象填写调查问卷，如果他们符合条件，研究人员就会联系他们并预约采访。

如果你希望对某个组织进行研究，那么利用你的人脉联系他们比在没有人引荐的情况下尝试获得允许要快得多，成功率通常也更高。在某些情况下，这也是唯一的办法。接下来，你应该做的是为研究准备一个非常简短的描述——四五句话即可。在理想情况下，你可以从提供赞助的大学或组织得到有抬头的信纸打印研究介绍（也可以是电子版）。询问你认识的每个人，他们是否认识你想研究的这个组织中的任何人或与该组织有关联的人。

有一点需要注意，在这个阶段，我不会详细描述这项研究，也不会请求进行90分钟的采访或观察。相反，我会请求简短的电话交谈。即使一个潜在的参与者一开始不同意参与这项研究，在电话交谈15分钟后，我也能够了解更多信息。至关重要的是，如果你想请求某人允许进行访谈或观察，你应该当面拜访或电话询问，以及请引荐人代为请求。你应该避免贸然发邮件、短信或线上聊天，因为使用这些方式的成功率低于有人为你引荐。例如，在我与埃利奥特·魏宁格尔合作的"选择家园，选择学校"（Choosing Homes, Choosing Schools）这项研究中，我们希望找到3个允许我们招募家长的学区。这需要得到督学的许可，但我一个督学都不认识。不过，我偶然认识了一个在非营利教育组织工作的人。我请她喝咖啡，并为新的研究项目进行了咨询，我称之为"了解教育领域的布局"。见面时，我们聊了这项研究的目标，她告诉了我们几个可能合适的学区和应该联系的人。这非常有帮助。她还认识一位名叫约翰·拉金（John Larkin）的教育家，此人管理一些督学，并定期与她会面。她给这位学者发了邮件并做了介绍。我请求到他的办公室会面30分钟，约翰·拉金同意了。在会面时，我们向他介绍了这个项目，他立即请我给他的督学小组做介绍。之后，他还热情地将我们引荐给其他一些督学（在了解我们到底想见谁之后）。我和埃利奥特·魏宁格尔把名单一分为二，分别给名单中的督学发送邮件，标题是"约翰·拉金建议我联系您"，此时我完全指望约翰·拉金的引荐。在邮件中，我向每位督学解释，我即将开展一个"关于父母如何选择居住的社区"的研究，询问能否安排一次会面。邮件的内容很简短。以下是一个稍微修改过的版本：

尊敬的史密斯督学：

　　约翰·拉金建议我联系您。我相信他对您提到过，我与埃利奥特·魏宁格尔教授（纽约州立大学布罗克波特分校）在进行一项名为"选择家园，选择学校"的研究，旨在了解父母如何选择居住的社区。

　　作为研究的一部分，我们希望能采访一些督学。当然，所有学区的名称都是保密的。

　　不知您下周可否在百忙之中抽出一点时间，与我通个电话？附件提供了有关该研究的更多信息。

　　如果您允许，我将在下周与您办公室的工作人员联系，看是否有可能安排一个15分钟的通话？（我的手机号码是×××）您无须担心，同意与我通话并不意味着您同意采访，我只希望能让您了解更多信息。

我知道您的日程安排非常紧张，如果您能考虑我的请求，我将不胜感激。

此致
安妮特·拉鲁

附件：我与埃利奥特·魏宁格尔教授正在合作进行一项研究，旨在了解父母如何选择居住的社区。我们的目标是深入了解影响父母选择某个特定社区的因素，尤其是有年幼孩子的父母选择居住社区的过程。您的姓名、学校、社区和家庭的名称永远不会被泄露。我们只会披露这是一个美国东北部大城市郊区的社区。

发出这封邮件后，他们同意与我会面，并询问我想研究什么样的学校。我给出一些大致的标准，由他们选出合适的学校并把我介绍给校长，之后，我进一步与校长联系并请求会面。所有的电子邮件都非常简短。

通常来说，你可以从你所属的机构得到有抬头的信纸并打印项目介绍，然后扫描这封纸质信作为电子邮件的附件。此外，表明你的职位可能会有所帮助（例如，"我是某大学的本科生，正在修习某课程"）。虽然有些人会在他们的电子邮件底部写上自己已发表的作品，但我通常不会附上任何自己文章的链接。不过，与潜在研究参与者通话时，我会简要解释之前的工作（即"我是一名研究家庭的社会学家，写了几本关于家庭、育儿和学校的书"）。我还会把自己带入他人的角色,在网上搜索我的名字。在某些情况下,我会为一项研究创建一个特定的网站,上面有我的照片(以及助理的照片)、研究的简短描述和联系信息。我会将与研究相关的图像和照片上传到此网站。

这种策略也适用于寻找访谈对象。你应该询问每一个认识的人,是否认识符合要求的潜在研究对象。得到他们的联系方式后,给他们发短信或电子邮件,提起为你引荐的人,请求通电话。如果他们同意,可以在通话中询问是否愿意参加研究。在访谈的最后,你应该询问他们是否认识其他符合要求的人。我还会问(通常是几分钟后,当我们走到门口时):"我能否过一段时间回访您,也许是几周以后,只是问问您是否帮助我找到了其他研究对象?"你可以像开玩笑那样"追问",但不要追得太紧。手写一封感谢信或送一份小礼物会有助于人们愿意为你引荐其他人。在使用这个"雪球样本"(即研究参与者帮你招募或引荐其他人)招募方法时,有些研究者会限制每个人可以引荐的受访者数量(特别是当研究主题与社交网络相关或你需要多样化人群样本时)。

尽管如此,有时你还是找不到推荐人。在这种情况下,根据你希望研究的对象,也许可以通过社交媒体平台进行招募。例如,宾夕法尼亚大学大四学生金山郡"肖恩"(Sangeun "Shawn" Kim)在林肯高中毕业生的 Instagram 公共账户上联系了 20 名高中毕业生,其中 8 人同意接受采访。他的研究相当成功。他采取了一种非正式、友好的态度:他为研究项目创建了一个有公开的"照片墙"的新账户,上面有 2 张他自己面带微笑的照片和一张带有标题的照片——"这个账号是为一项研究而建——如果你是 ××× 高中的校友,请联系我!"

其他时候,你可能需要邮寄一封信。人们接收的纸质信越来越少，因此它可能会受到更多关注。虽然有点奇怪，但你可以在信中说："如果您允许，我会联系您办公室的工作人员，看看是否可以安排一个15分钟的通话。"然后，当你打电话给办公室的工作人员时，可以说："我事先寄过信请求通电话，我想问是否可以占用×××一点时间，通一个电话。"另一种办法是打电话给你希望交谈的人的助理，询问助理是否可以安排通话。如果可能的话，你可以亲自送信。在有些情况下，最好在邮寄信件后前往现场拜访。如果你觉得合适的话，可以带一个小礼物，例如节日期间的自制饼干、自制巧克力蛋糕，或夏天自家花园里的西红柿（你可以说："我喜欢烘焙，这次

> **嘿！**
>
> 我知道这有点唐突，但你是×××高中校友吗？如果你是，那么巧了！我是宾夕法尼亚大学的一名高年级学生，正在做一个关于不同种族识字率的研究项目。我正在与多名×××高中校友交流并进行线上采访。我想知道，你是否有兴趣分享你的观点？那一定会很酷。
>
> 金山郡"肖恩"

做了很多，所以我带了这些——希望您不要嫌弃。也许办公室里其他人会喜欢吃？"）。这是表示希望事情顺利进行的诚意。虽然这样做的确带有目的性，但重要的是不要期望对方一定会帮助你。例如，雷切尔·埃利斯想研究一所女子监狱，她需要得到监狱IRB和大学IRB的批准。[6]雷切尔·埃利斯最初的提案被监狱拒绝，也没有任何解释，修改后的提案进展也很缓慢。所以她前往惩教署的行政办公室，给受理申请的人带了燕麦巧克力圣诞饼干（说自己这次"做多了"），并询问他们是否知道何时审查该提案。最终，提案得以通过。

如果你亲自登门拜访，就不应该期盼当时就得到答复。你只应该询问他们是否知道何时可以开始流程以及是否需要其他资料。有时，一份带有推荐信和推荐人名单的履历会对你很有帮助。例如，当我为《不平等的童年》一书的研究项目寻找合适的家庭进行观察时，我列出了我所属教会的几位牧师作为推荐人。

不过，在你开始询问之前，应该练习怎样向人们描述这项研究。

如何描述你的研究

大多数人对你正在做的事情并不感兴趣。此外，尽管所有研究都难免存在偏见，但你应该尽量减少对研究对象的影响。[7] 因此，你应该准确地告知受访者广义上的研究目标，但最好不要披露太多细节。你最好能构思一个"电梯演讲"① 来描述你的研究。这个演讲的准确性至关重要。不过，如表 3-1 所示，演讲应该非常简短——只有几十秒。由于你的研究重点可能会随着时间而改变，因此演讲应该细节模糊但主题明确。

表 3-1 介绍演讲范例

	糟糕的介绍演讲	问题所在	修改后的演讲
研究描述	社会阶层与教育成就有相互关系，我希望解读这些关联的形成过程和展开机制	使用了专业术语（社会阶层、相互关系、成就）；重点不明确	我的研究兴趣是了解各个阶层的孩子们的校园生活

---

① 电梯演讲（elevator speech）是一种宣讲、推销方法，目的是在非常短的时间内向对方介绍或推销一个想法、一款产品、一家公司等。——译者注

续表

	糟糕的介绍演讲	问题所在	修改后的演讲
请求进行研究	我计划使用参与观察法对一所学校开展民族志研究	使用了专业术语（民族志、参与观察）；提出的要求也不甚明确	我想要了解家庭生活如何影响孩子的学校生活。如果您同意，我希望能够在您方便的时候每周前往您的教室观察2次，每次2到3小时

构思这段话比看起来更难，应该避免使用专业术语，也不能透露过多详细信息。有研究表明，研究者会对其所处的环境产生影响〔如美国西电公司（Western Electric）的研究中出现的"霍桑效应"（Hawthorne effect）〕，所以你应该尽量减少自己对被研究社区的影响。[8] 完全消除影响是不可能的，但你应该避免披露过多细节，以免人们为了帮助你而下意识地改变他们的行为。例如，如果你感兴趣的是，与男性相比，女性在照顾家庭生活方面所付出的"隐形劳动"，你可能很想对人坦诚相待，说："我想知道您和其他女性为管理家庭所做的，而家中的男性没有参与的所有计划。"这种说法给了研究参与者过多信息，他们可能会谢绝，说自己没有必要参与研究，因为自己并未做计划。另外，受访者为了取悦你，可能会喋喋不休地说起她们做的计划；更有甚者，她们会觉得自己应该做更多、更好的计划，从而给自己加码。因此，你需要准备一个细节模糊但主题明确的演讲。你可以这样说："我感兴趣的是，为了让一家人一天的生活正常进行，你需要做多少家务和计划？"或"我对工作与家庭的平衡感兴趣"。

最重要的是，如果你正为这项研究招募人员，那么你必须清楚地描述需要他们做什么（顺便说一下，这也是IRB要求提供的）。不断打磨你的演讲，直到它近乎完美。请朋友做听众，站在他们面前大声练习。有时，人们在讲话时会紧张，不敢抬头，摆弄头发、眼镜或手指，或者以其他方式表现出慌乱，这都是正常的。你应该尽量避免做这些动作。为了掌握演讲的窍门，（当你早上煮咖啡时、做运动时，或在进行其他日常活动时）你应该练习至少15次。讲完后，最好让对方感受到你的友善，试着建立融洽的关系。你可以提问题（例如，"你在这里工作吗？""你在公司多久了？"）或发表评论（"这个地方看起来真不错""最近天气很好"），目的是让对方感到放松。

着 装

在进行研究时展示自己的精神面貌是一个值得探讨的问题，尤其是在进行参与观察时，因为你必须经常前往研究地点。虽然你是观察者，但也是环境的一部分。

研究参与者对你的印象会影响他们对你的信任程度。通常来说，研究者的种族、阶级和性别与研究对象不同。正如社会学家所说，我们的阶级立场会影响我们的文化品位和取向。[9]服装是人们反映社会地位和品位的一种方式。许多研究表明，在社交互动、身份和其他关键问题方面，一个人的种族起着重要作用，性别也起到一定的作用。与男性相比，女性往往承受着更多的社会压力。此外，服饰（和发型）也与你的身份密切相关。作为一名实地调查人员，既要能够融入新的社会环境，又不能失去自己的核心身份，这是一个充满矛盾的挑战。

我的一位朋友为一所大学的研究所招募参加面对面调查的人员时,他总是招募那些穿着非常干净利落的人。衣着无须花哨,但应该看起来干净整洁。另外,衣着应该相对中立。除非有充分的理由,你的衣着不应明确显示你的社会阶层,也不应该太时髦。你最好选择能够很好地融入你将应对的社交场合的穿着。具体来说,可以是牛仔裤(特别是黑色牛仔裤)、看起来较新的网球鞋和整洁的 T 恤或运动衫;如果你想更正式一些,可选择深色裤子、平底鞋和朴素整洁的上装(随着时尚的变化,具体细节会有所不同)。印着大学名字的运动衫或 T 恤也是一个不错的选择。尽管

> **衣着助你建立融洽关系**
>
> 我有一双非常喜欢的绿松石色运动鞋,有一天我穿着这双鞋前往研究地点,得到了很多赞美,因为这双鞋看起来很像一位流行说唱歌手设计的运动鞋。我开始围绕着这双鞋来搭配实地调查的服装,因为它们似乎能帮我与学生们开始许多有意义且有趣的对话。
>
> 诺拉·格罗斯
> 《悲伤的兄弟》

它们代表着你的阶层,但也对研究对象提醒了你的身份。当然,如果特定的穿着风格是你自我认知的重要部分,不必强求自己改变风格;在这种情况下,强迫自己改变风格的心理成本会过高。一些研究人员,尤其是有色人种,可能会迫于被认可的压力而穿某类衣服。尽管如此,着装问题依然可能发生在任何环境中。[10] 穿特定的衣服前往研究地点可能会很麻烦。当你离开一个地点前往另一个地点时,也许需要在卫生间或车里换衣服(你可能觉得这有点荒谬)。

我通常会准备几套实地调查经常穿的衣服。这种工作是很消

耗体力的，而且正如我在其他篇章解释的那样，有时你不得不克服懒惰，强迫自己开始工作。这时，标准化的服装——几乎是一种制服——对我很有帮助。当我为《不平等的童年》一书进行研究时，我通常穿中性的休闲服：一件清爽的T恤搭配黑色或卡其色裤子。我一直没有真正意识到穿合适衣服的重要性，直到有一天我与某大学的高层领导会面后，没有换衣服就直接前往一个白人工人阶级家庭——亚内利（Yanelli）一家进行访谈。那天我很匆忙，并未考虑着装，直到我把车停在他们的小房子前。看着身上昂贵的定制紫色羊毛西装、闪亮的黑色高跟鞋和细细的金项链，我意识到我看起来有多么格格不入。我的服饰是他们永远不会买或选择的那种（我可能让他们想起了他们雇主的样子）。尽管那时候实地调查已经进行了相当长一段时间，但亚内利夫妇显然还是大吃一惊，我也想不出什么好的玩笑来化解，场面很尴尬。因此，如果你的着装方式对研究对象来说是陌生的，服饰可能成为隔阂。这个隔阂并非不可跨越，但需要你付出时间和精力。

如果研究者的社会地位与被研究者不同，有关着装的决定就会特别敏感。从根本上说，研究者需要表现真实的自我。克里斯托弗·埃姆金（Christopher Emdin）在他的著作《致在城市贫民窟教书的白人》(*White Folks Who Teach in the Hood*)中直白地建议城市教育工作者调整他们的衣着，以便能与学校中的年轻人建立联系——例如，穿年轻人喜欢的运动鞋。通过相似的衣着与研究对象建立联系是一个很好的选择。然而，你无法通过做作的穿着来假扮另一个人。着装必须忠实于自我：理想的衣着应该与你通常的着装风格相似，只不过稍加调整。

实地调查的安全事项

安全问题会以许多不同的形式发生。无论何时,"倾听"自己的感觉、增强风险意识并采取相应的行动是很重要的。围绕安全问题的考量有矛盾的方面。一方面,有些安全担忧被夸大了。最常见的安全风险不是在研究过程中受到攻击和伤害,而是一般的安全事件——车祸、步行事故或家庭事故。例如,在一项针对沃尔玛员工的访谈研究中,20名研究人员在一个夏季发生了5次"轻微"车祸。[11] 所以,研究人员受到伤害的风险并非为零。另一方面,风险的确存在。性侵的风险是一个特别令人担忧的问题,尤其是来自熟人或掌权者的侵犯。[12] 研究过帮派的社会学家兰多尔·孔特雷拉斯写了大量文章,讨论研究中可能遇到的困难以及为了维持信任而对研究地点保密的重要性。[13]

在这种情况下,当地人的知识和指引是很有帮助的。通常来说,受访者或参与研究的人会提供帮助,以确定团队中哪些人容易被搭讪以及如何应对这种情况。当我为《不平等的童年》一书中的研究项目进行参与观察时,许多人警告我要远离低收入社区,他们认为那里不安全。我认为这种敌意与更普遍的系统性种族不平等现象以及白人不愿意进入非裔社区有关。因此,我没有遵循这个建议。在研究结束时,我得出的结论是:他们夸大了对于我和研究助理的安全风险。[14] 研究人员面临的风险受各种因素影响,其中之一是研究人员的人口特征。正如卡琳·莱西(Karyn Lacy)所陈述的,有色人种学者可能会受到中上层白人家庭成员的冷遇。[15] 有色人种学者也可能会感到受到威胁,例如,在树立种族敌意标示牌的白人社区。对这些研究人员来说，公共场所具有额外的优势。

每个人最好都采取一些预防措施。始终让别人知道你要去哪里，不要露出钱财或贵重物品（在去现场之前取下手表、把电脑留在家里或锁入汽车的后备厢）。你可以请朋友接送，甚至请他们同行（你可以帮助他们进行研究或以其他方式回报）。更糟糕的情况是风险来自受访者或关键受访者的朋友，关于这类风险已经有大量的文献。[16] 总而言之，有些风险被夸大了，但有些风险是真实存在的。这里没有简单的答案，研究人员愿意承担多少风险是一个高度个人化的决定。陌生人的袭击较为少见，而熟人的攻击较为常见。最重要的是要保证你自己的安全。如果你感到不对劲或不安全，应该立刻离开。你可以说（捂着肚子），"我真的很抱歉，但我突然感觉胃不舒服，我恐怕是生病了"，然后立即离开。你可以事后再道歉。

数据管理

在开始收集数据之前，你应该建立一个归纳整理系统，用来准确、频繁和系统地记录你的数据。事实上，当你忙于各种琐事时，项目的组织工作很容易被搁置一旁。即使你把日常生活安排得井井有条（很多人并不这样），也很容易发现自己无法准确记住完成的采访次数或实地调查的次数，因为你没有在当时、当地记录所有内容。你可以试着回忆当时的种种细节，但这可能需要数小时。其他糟糕的情况可能是计算机故障，或者研究人员（遗憾地）没有保留备份（在计算机普及之前，一些焦虑的学者常常把他们的手稿保存在冰箱里）。

你需要整理多种形式的数据：电子版（储存于计算机）、备份副本、纸质版、采访文件和录音文件。此外，项目文件还包括知情同意书、提案和其他行政文书。这是一项复杂烦琐的工作，有些人是招架不住的。朱莉·摩根斯顿（Julie Morgenstern）的《从内到外的归纳整理》（*Organizing from the Inside Out*）一书使我受益匪浅，正如她在书中阐述的，没有一个好的系统会造成极大的混乱，因为人们会丢失数据或浪费时间寻找东西。问题的关键是找到一个适合你的系统。

在数据管理方面，有大量文献可供研究人员和组织者参考。你创建的系统应该相对简单，只有几个主要文件夹和多个子文件夹即可。例如，在我的计算机上，我只有十几个主要文件夹（例如，学院、授课、学生、论文等）；此外，当前的每项研究都有一个主文件夹（例如，财富研究、难民研究、向上流动研究）。对于每项研究，在主文件夹中，我都建立了一个数据文件夹。如前所述，我有一个文件夹专门保存"论文"，在这里，我为该研究的每篇文章创建了一个新文件夹（包含草稿、会议简报、他人的反馈、期刊提交等子文件夹）。我为自己写的每篇文章都创建一个"反馈"文件夹，除此之外，对于其他作者的文章，我也会创建一个"反馈"文件夹，在其中记录与他人的对话、点评以及对文章的批判性评估。随着项目的进展，我会创建更多文件夹，例如，为每个研讨会的演讲创建一个单独的文件夹。我总是将原始数据留在主文件夹中，将数据的副本拷贝至演讲文件夹中。在撰写论文时，我会随心所欲地创建任意数量的文件（如"附加信息""好的引言""介绍"等），几个月后再复查，删掉大部分，只保留最后发表的论文和我收到的关于论文的反馈。文件夹系统有无限可能，你可以按照分析术语（例如"社会资本"）对其进行归纳整理，也可以按实地调查的年份或月份进行归纳整理。无论采用何种方式，这个系统都不应该太复杂。它应该使你的数据更清晰，而非更杂乱。我还有一个 Excel "追踪"文件，以便实时追踪已经完成的采访和观察，以及记录是否完成转写、编码等。包含真实姓名和化名的"原始数据文件"被搁置一旁；在日常工作时，我只使用化名。

归纳整理你的数据

对于每项研究，在主文件夹下，我都有一个"归纳整理"文件夹，其中有 IRB、邮件通信、经费申请提案、收据等子文件夹。

每项研究还有一个"数据"文件夹，其中包括音频文件、访谈转写、受访者的背景信息、实地调查笔记和文档等。我按地点（或家庭）整理实地调查笔记。子文件夹中的文件以日期和观察内容来命名（例如，5月8日的晚餐，5月9日的毕业派对等）。对于某些研究，数据文件夹里又分成不同采访类型的子文件夹［例如，家长教师协会（PTA）、房地产经纪人、学校招生负责人和家长等］。

在大型访谈研究中，我喜欢建立一个文件命名系统。例如，文件名中包含受访者的身份，他们的阶级、种族，采访地点，采访者姓名缩写和日期。以下信息来自我与埃利奥特·魏宁格尔合作的一项研究"选择家园，选择学校"：

Fisher MOM WC B City AL 4月20日。意思是，费希尔女士，一位母亲，工人阶级家庭的非裔美国人，住在城市学区，在4月20

日接受了我的采访。

McBride DAD WC W Kingsley RH 5 月 3 日。意思是，麦克布莱德先生，一位父亲，工人阶级家庭的白人，住在西金斯利郊区，在 5 月 3 日接受了丽塔·哈维（Rita Harvey）的采访。

数据
访谈
 中产阶级家庭的父母
  Goodwin MOM MC B City AL 5 月 23 日
  Goodwin DAD MC B City RH 5 月 24 日
 工人阶级家庭的父母
  Fisher MOM WC B City AL 4 月 20 日
  McBride DAD WC W Kingsley RH 5 月 3 日
实地调查笔记
 学校 1
  返校之夜 AL 9 月 10 日
  PTA 执行委员会 AL 9 月 15 日
  万圣节游行 AL 10 月 31 日

这个文件命名系统帮助我记住了这些人，并且它可以更容易地计算每个类别的人数。当然，你应该创建对自己有意义的类别。

所有文件都是使用化名而非真实姓名来命名的。不过，采访是不可被删减的（采访保存在大学服务器中，需要两步验证且有密码保护）。文件命名系统保持一致是非常有帮助的。

> **追踪你的数据**
>
> 研究人员应该系统地追踪他们的数据——采访了谁？采访持续了多长时间？何时造访了该地点？等等。此外，请随身携带你的化名列表。写作时，记起每个人的名字和对应的化名并不容易。
>
> 马娅·库基亚拉

此外，在研究中收集文件也很常见。你应该将文档"记录"在一个Excel文件（或某种系统）中，包括对你有帮助的关键信息（例如，收到文件的日期、存储位置、与你的研究的相关性等）。你应该给文档分配一个关键字或标签。很多数据分析软件都能够兼容各种格式的文档。有些人会将文件拍照并上传。

正如我将在后面的章节中解释的那样，在收集数据期间，你应该做到非常精确。此外，你应该以一种有条理的方式管理数据，以便可以轻松检索，并且对完成的工作有很好的掌控。已完成的访谈和实地调查应该有完善的记录。在定性研究中，你有时可以适度灵活，有时则应该坚持按照既定计划行事。在数据记录方面，你应该按部就班地记录，切勿延迟。

备忘录的价值

由于研究是一个逐渐明朗的过程，所以你需要在此过程中不断思考，在计划、数据收集、编码和写作过程中定期撰写备忘录。这些重要的备忘录有助于你很好地整理感兴趣的文献、对文献中的缺点的批评、项目目标以及你的新发现。在集中收集数据期间，你应该在每次采访或完成一组实地调查笔记之后写下自己对当天获得信息的反思。这些是非正式的笔记，记录你对所获信息的感悟。不过，正如我将在本书后面章节解释的那样，你应该做个计划，每月至少两三次，写一份分析性备忘录，尝试表达一些更连贯的内容，分享给朋友、同学、写作小组成员，或从事相关主题研究的其他人。我们在写作的同时也在思考，从而能够获得新的洞察。写作过程可以让我们的目标变得更加清晰。在写分析备忘录时，你应该退后一步，以旁观者的视角观察和反思全局。你获得了什么知识？现有文献的思路是什么？你的发现与其他人的发现有何不同？你获得了什么新的认知？你的发现中有什么是令人兴奋的？为何令人兴奋？你可以引用实地调查笔记和采访语录，阐明它们如何支持你的观点，并展示你的新数据如何有助于弥补现有文献中的不足。在这个过程中，你的研究对学科的贡献逐渐开始清晰（你还可以在备忘录中反思自己在研究地点的角色，以及你的角色如何影响研究成果）。定期获得他人的反馈也很重要，你应该与他人分享你的（混乱的）备忘录。在你与其他人的交流中，你会得知他们感兴趣的方面，而这个信息能帮助你把注意力集中在研究中最重要的方面。

注意身心健康：你的研究对个人生活的影响

除了工作，你还有家庭和自己的生活。在研究期间，即使可能有一些改变，你的个人生活也不应该被过多地影响。腾出时间不仅仅意味着工作安排，如果你正处于一段亲密关系中，最好告知你的伴侣，在接下来的几个月里你需要花更多的时间在工作上。如果你在某一天完成了实地调查，那么那天晚上你根本无法外出消遣，因为你需要趁热打铁，在忘记所见内容之前完成观察笔记（有些人会在研究进行期间安排与伴侣共进早餐或午餐，或者共同庆祝节日）。有孩子的研究人员应该考虑其他形式的托儿服务。你可以预先知会亲朋好友，告诉他们在研究期间不能经常探望，可能会错过重要的家庭生日聚会。也就是说，你还需要时间睡觉、锻炼、见朋友或做自己的其他事情。保持一些社交活动可以维持工作生活平衡，并给自己"充电"。这里的窍门是让你的亲朋好友提前知道，在数据收集期间，你们不能常见面（这个时期不会太长）。这样一来，在你进行实地调查期间，他们不会感到被忽视。简而言之，如果你不想永久性地破坏人际关系，就需要以有意义的方式维护并培养这段关系，以及对生活中支持你的人表示感谢。

焦 虑

进行访谈和参与观察研究是令人兴奋和发人深省的，但也会给人带来压力，部分原因在于这种研究在本质上是不确定的。我曾在不同的大学教授定性研究方法，我的学生有时会非常焦虑，这令我感到震惊。我自己在设计和进行研究时也曾经被巨大的焦虑感所困扰。多年后，我得出的结论是：虽然每个人的焦虑各不相同，但最好不要认为这是你个人的问题。相反，它源于社会结构。焦虑是进行此类研究需要面对的现实问题，以及研究展开方式的不确定性导致的产物。特别是（正如我在后面的章节中将谈到的）在进行此类研究时，人们可能会拒绝面谈请求或爽约，你可能会被拒绝很多次，这会令你气馁。在实地调查时，有人可能无视你或对你无礼，也有可能发脾气并结束研究,这种风险是存在的。当然,有时他们只是度过了糟糕的一天,也有可能是因为饿了、睡眠不足,或者和伴侣怄气,很可能与你无关。但你很容易感觉自己如履薄冰或者不知所措(许多学生还经历过"冒名顶替综合征"①)。这一切都是全新的经历,新鲜感令人兴奋,但也带来压力。实际上,当你完全掌控情况时,数据收集阶段就该结束了。根据我的经验,每一项新的研究都有令人焦虑的部分;研究人员的经验对于研究的开展会有一定的帮助,但可能没有你希望的那么有帮助。

此外,进行定性研究的实际程序并没有一个明确的标准。当我还是学生的时候,我发现定性研究的实际程序完全是个谜。我对于应该了解的具体信息、应该采取的行动,以及成功的标准只有一些非常模糊的理解。我怎样才能积累足够的知识并且能够防止实地调查出现问题?什么情况下这些问题——例如有人拒绝参与研究,无法正常在研究地点开展工作,或面临被赶出研究地点的风险——只是开展研究的必然代价?当然,本书力求提供更多的指导,然而,即使具有相对丰富的知识,你也不可避免地会感到有些焦虑。沙姆斯·汗(Shamus Khan)敦促他的学生制订一个"心理健康计划",在项目进行的同时也能顾及自己的身心健康。[17]此外,正如我在第九章中所讨论的,组建一个"写作小组"可以提供一个定期的、安全的空间,让你自在地分享新想法,承担一些责任并帮助你进步。

然而,即使准备得再充分也很难避免胆怯和自我怀疑,表现出

---

① 由于自我怀疑和缺乏自信而感觉自己像个"冒牌货",这让情况变得更加困难。——译者注

色的研究人员也会有这种感觉。从某些方面来说，这些感觉也是有道理的。即使最优秀的人也会犯错误。实地调查的不可预测性意味着你有时会陷入某种困境，而且难以预防。当你试图预测所有可能出现的问题时，你会很自然地感到焦虑和不安；当真正的问题出现时更是如此。不过，出现错误有时并不是严重的事情，而是研究必须付出的代价。事实上，自我批评的时刻（只要不会导致工作停滞）可能是非常有价值的。焦虑（或者至少是导致焦虑的问题）在你迷茫地探索研究方向时可能会有所帮助，因为它会提醒你研究中已经发生的和潜在的问题。与理解你所做工作的科研同行交谈，倾听他们的意见，这一点至关重要。

为了启动研究，你必须迈出第一步

启动一个项目需要一段时间。最初，你的思维天马行空，你乐于与人交流自己的想法并做出一些艰难的选择，但是前几次启动可能并不成功。大多数人都经历过多次失败。只要有一个人相信你的项目并同意参与，就表示项目启动成功了。最常见的问题是人们迟迟不肯迈出第一步，万事开头难。但为了进行研究，你必须从某个地方开始。即使被拒绝，你也从大声介绍项目中得到了锻炼。这种工作的好处是你可以按需要进行调整。项目处于不断变化的过程中，你可以列出10种不同的开始方式，在日历上写下日期，深呼吸，然后迈出第一步。

第四章
如何进行访谈：访谈前后的各项工作

我大学毕业后的第一份工作是在旧金山司法厅任职，工作内容是与被告人面谈，帮他们汇编材料以尝试无保释放。每天我都和一位同事一起乘坐肮脏昏暗的电梯上楼，然后从一间小牢房里出来。牢房从地板到天花板都安装了黑色金属杆，我们按响蜂鸣器召唤门卫，他溜达过来给我们打开这个小门，然后再打开一扇巨大的、叮当作响的金属门，我们从这儿进入监狱。警察对我们没有好脸色，因为他们的工作之一是把罪犯关进监狱，而我们的工作之一是帮助他们获释。进入监狱后，我们来到"预约台"后面，复印前一天晚上被捕人员的信息，并将名单交给门卫，再回到会面区（探视时间兼作家属等候区），等待最近被捕的人被传唤接受面谈。

在监狱的等候室里，荧光灯发着惨白的光，金属座椅令人不寒而栗，巨大的有机玻璃窗户将我们和被告人分隔两侧——电话是唯一的交流方式——这里并不是面谈的理想场所。面谈通常很简短，不到15分钟。在每次面谈中，我们的工作是了解被捕人员的地址，获取他们联系人的姓名和联系方式，了解他们的（合法）收入来源并向他们解释释放流程。许多被监禁的人处于不太清醒、醉酒、吸毒或精神失常的状态。有的人在警察到来之前就在打斗中受了伤；有的人在逮捕过程中被警察打伤；有的人会发脾气，自言自语："你们这些人根本不会放我出去！"在两年多的时间里，我进行了数百次面谈。

　　从这段工作经历中，我学到的最重要的事之一就是面谈需要精确和详细。满足无保释放的条件是有证据表明被告人在该地区有很密切的社会关系（即亲密的朋友和亲戚），因此不太可能在保释期间潜逃。如前所述，我们询问被告人的住址，在此地址居住的时长，他们的经济来源以及他们联系人的信息。之后，我们打电话给这些联系人（或者他们打电话给我们），核对被告人的地址，在每个地址居住的时长以及经济来源。被告人在面谈中提供的信息与他的联系人提供的信息应该完全一致，这一点非常重要。一些被告人通常会提供他们的法定地址——例如他们的母亲或祖母的地址，但法院需要的是他们的实际居住地（可能是和女朋友住在一起）。地址不一致可能会使案件延误，如果有不一致的地方，我们必须等到监狱工作人员的下一个上班班次，才能再次面谈并确认地址。监狱的生活很艰苦，所以被告人都希望尽快获释。如果面试人员没有很好地掌握探询的技巧，就很可能产生问题。比如，当我不停地追问被告人时，有时他们会表现得十分烦躁。我不得不接受这样一个事实，不是每个人都喜欢我正在做的事情。即使事情进展顺利，面谈中的某些时刻也可能会让人感到不适。当然，法官最终决定被告人是否无保释放取决于许多因素，但面谈是一个关键因素。

　　第一份工作还告诉我，第一个问题通常只是一个开场白，面谈的质量会时高时低，这取决于后续问题——深入探询。我还需要认真倾听被告人和他们的联系人的想法（包括他们被捕的苦恼），并帮助他们专注于眼下应该做的事。换句话说，我学会了认真倾听，用简短的话语表示肯定,然后重新引导让流程"回归"正轨。甚至当人们说一些"愚蠢"的话(例如,评论我的身材、着装,或者声称我过去没能帮助他们等)时,我需要做的是简短地回应他们(通常是简短的评论或开个玩笑),然后快速返回正题,不让自己受这些话的影响而分心。

在监狱与被告人面谈是为了被告能够"免除保释费"(这符合被告人的经济利益),这与为研究而进行访谈(受访者在研究中没有既得利益)有诸多不同。但所有访谈都有一些共同的特点。采访者需要礼貌而稳妥地引导采访,以满足自己的需求(同时也要照顾到受访者的偏好)。[1] 然而,受访者是在帮你一个忙,应该得到最高的尊重并以礼相待。尽管采访者收集信息是有目的性的,但他们始终应该理解受访者关切的问题。同时,如果某个问题使受访者感到不自在,或者他们想停止采访,你应当尊重他们的意愿。

尽管从本质上讲,受访者在帮你忙,但我认为,有时候对受访者来说,访谈可能是有趣且有价值的。人们喜欢被倾听,尤其是在没有主观判断的情况下(有多少人会免费听你讲一个多小时话,并且不打断或批评你?)。当人们在谈论自己的生活时,可能会获得有价值的洞察,这有时是有意义的和积极的,有助于他们反思某些事件或生活经历。如果研究人员不承认社会地位和权力动态会影响访谈(正如许多人所阐明的那样),那就太天真了;有些人甚至认为访谈是剥削性的。[2] 然而,如果受访者愿意接受采访,他们得到高度尊重并且访谈资料能够保密,我不认为访谈是一种剥削形式。

访谈的质量参差不齐,有些会偏离主题。有的受访者滔滔不绝,但不知所云,你很难让他们重回正轨(有时你真的会觉得很无聊,并且想"我必须为转写这个付费吗？"）；有些受访者则充满敌意或持怀疑态度；更普遍的情况是，接受采访对受访者来说是一件令人不快的任务，尤其是在非常忙碌的时候，或访谈占用了受访者宝贵的睡眠或放松时间。访谈中有很多方面是你无法控制的，但你可以掌控一些关键因素。在这种情况下，你的目标是"不伤害"受访者的利益。另外，有时候你的研究成果可以帮助他人以新的眼光看待世界。

访谈的目的

访谈的主要目标是从受访者那里收集信息并与其建立一种关系——罗伯特·魏斯称之为"伙伴关系"（partnership），以帮助你尽可能多地了解新信息。[3] 采访者和受访者之间建立了一种合作关系；你提出一些明智的问题（而不是荒诞不经或受访者无法回答的问题），大多数问题都是开放式的（其答案不能以一个字概括，也没有正确或错误之分）。你的受访者应该是这个主题的"专家"——他们在向你传授知识。

正如我在第二章和第八章中讲的，你的研究问题会逐渐明朗。起初，你怀着一个较宽泛的目的进行访谈。在理想情况下，你还应该对这个领域的研究工作有一定的了解，但对前辈在某些方面的研究结果感到困扰；或者你只是有兴趣了解更多有关该主题的知识。

你应该具有好奇心，但不应该期望得到所有知识。因此，你应该以这个逐渐明朗的研究问题为指导，专注于你认为重要的信息，并对新奇有趣的研究方向保持开放态度。访谈的各个阶段都需要用到这种对信息的分析性搜索，例如样本设计、创建访谈指南、安排访谈、数据分析和写作过程等。下一章侧重于访谈实操——尤其是为了获得高质量数据而设计各种问题。本章讨论了访谈准备过程中的诸多后勤细节、访谈指南，以及访谈中比较棘手的方面（例如如何提问敏感问题），希望能帮助你做好准备。

访谈的价值

访谈可能是极为私密且具有揭示性的。事实上，正如格奥尔格·西梅尔（Georg Simmel）很久以前所指出的，"令人惊讶的是人们会对陌生人敞开心扉——有时候，这种坦承具有一种忏悔的性质；但人们对亲密的人则会小心翼翼地隐瞒这种忏悔的心情"。[4] 访谈研究最适合展示人们对人生中重大事件的感悟、希望和梦想，以及影响人们生活的背景故事。如前所述，作为一种数据收集方法，访谈研究所需的时间通常少于参与观察研究所需的时间。通常来说，如果你的研究是经过精心设计的，那么收集重要信息的工作不会对你的正常生活产生太大影响。在参与观察研究中，访谈和观察可以"齐头并进"，因为你可以用聊天的方式提出问题（例如，"我注意到……"）或在研究收尾时进行正式的访谈并提问。

无论如何，访谈是具有局限性的。如果受访者不知道某事或无法描述某事，那么访谈的有效性就会大打折扣。人们把日常生活的许多重要方面看作理所当然，而且难以用语言表达，这种现象在很大程度上限制了人们在访谈中有效地阐明这些问题（例如，父母很少意识到他们是否对某个孩子偏心）。访谈也受到社会赞许性偏差的影响。由于人们通常不愿意承认自己做过的可耻之事，因此研究者难以发现那些备受诟病的社会模式。[5] 很少有人自愿向你展示自己糟糕的一面，人们往往愿意维持正面形象。然而，一些老练的采访者总有办法鼓励受访者讲述他们曾羞于启齿的行为，从而更加客观地描述自己。当然，在参与观察中也并非总有机会观察到不良行为。总之，所有的研究模式都有其局限性。不过，尽管访谈法具有这些内在局限性，它仍被有效应用于多个领域。如果想获得许可进行参与观察，尤其是敏感方面的观察，例如观察家庭成员，访谈是提出请求的重要途径。[6] 访谈对于更深入地理解观察中发现的问题也很有价值。

准备访谈

为了可以进行一次访谈而准备的细节之多，可能令人惊讶。有些研究人员会制作一份清单，有些则只依靠记忆力。没有一种方法是绝对正确的，只要在访谈开始之前完成这些细节就可以了。

决定在哪里进行访谈

确保高质量访谈的第一步涉及掌控访谈地点。对于面对面访谈，越来越多的人希望在当地的咖啡店或公共场所见面。[7] 尽管有些人在咖啡店访谈有很好的体验，但我认为这种场所并不理想。咖啡店缺乏私密性，在这种地方，受访者不太可能向你透露一些非常私人的事情或毫无顾忌地伤感流泪，这限制了受访者想透露的内容。而且，访谈还可能被打断；你也可能被人认出，从而损害受访者的隐私。

还有公共场所的噪声会影响录音的质量，使转写工作更耗时、更困难。但是，有些人（尤其是低收入家庭的人）的生活环境复杂，在公共场所见面总比不接受采访要好。我认为公园是一个很好的选择，尤其适合采访带小孩的母亲，因为孩子们可以自由玩耍。图书馆也是一种选择，特别是有会议室的图书馆。

访谈地点很重要，因此在招募面试人员时，你需要用心斟酌。当你安排访谈时，需要告知对方访谈会持续多长时间以及地点在哪里（"通常会在你家或其他私人场所"）。在与受访者电话沟通时，我会向他们解释这项研究。一般情况下，我会这样开头："为了您的方便，我会前来找您或到您家里拜访，这样您就不必出门了。"如果他们建议去咖啡店，根据他们的语气，我可能会再劝一次："很多人建议我们去咖啡店会面。但是，如果您不介意，在您家进行访谈会对我非常有帮助，因为您家里更安静、更私密。您不用特地打扫卫生。"请注意，我在这里稍微强硬了一点——我用平静、实事求是的语气建议到他们的家中进行访谈，然后闭口不言，等待回复。通常电话里会有一个短暂的停顿，在这种情况下，大多数受访者会同意让你在家进行访谈。然而，有些人会回答说他们更喜欢咖啡店或工作场所，我会欣然同意他们提出的任何建议。根据对话的进展情况，我也可能建议去公园。同样，如果我安排了一次访谈，但之后受访者告诉我要取消，我可能就会建议电话或视频采访，这对某些受访者来说可能压力较小。在某些情况下，使用手机进行视频访谈可能会造成一笔不小的开支，尤其是对低收入受访者而言，因为太费流量。因此，你最好进行电话访谈。

另一个可行方案是使用校园内的一间办公室，或在图书馆预订一个房间或会议室。但是你应该在大厅或门口迎接受访者，如果受访者在楼里迷路（或不被允许进入），你将损失宝贵的时间。一定要事先告知他们停车位或公交站点。

如果访谈的地点不是你所在的城市，请避免在酒店房间见面。通常来说，当地图书馆会有私密会议室可供预订，有些酒店可能会提供会议室，当地大学也可能有房间可以预订。有一次，我在做一项研究时实在找不到合适的地方，最后只能打电话给市政厅。我和几位工作人员沟通，向他们解释说我是来自外地大学的研究人员，需要采访他们社区的一个"公民"，但图书馆没有会议室。最后，市政厅慷慨地借给我一个房间，允许我使用2小时。

安排足够的缓冲时间

当你安排访谈时，应该在每次访谈之间计划一个比较长的缓冲时间。例如，我最近去了波多黎各采访一位富翁，这个地点距离机场有1个多小时车程。我计划上午10点开始访谈，12点30分结束。为了能尽快回家，我预订了采访结束后5小时，即晚上5点30分的航班，我以为时间足够了。但事实证明，在交通拥堵的情况下，采访地点到机场的车程大约需要90分钟。这位富翁早上预约了医生，因此我们把访谈延后到10点30分开始，但是医生迟到了。富翁的女朋友请我进入客用小屋（该富翁正在建造价值1500万美元的豪宅，现在就住在这个小屋里），给我倒了一杯水，我坐在那里等待，欣赏着盛开的各色兰花以及其他热带花卉。我的受访者直到11点才回家。他回到家中，大步走进优雅的房间，与我握手并说："罗伯特·斯坦伯格（Robert Steinburg，化名）为您服务。"他的到来使我松了一口气，事情回归正轨真令人开心。然而，他并未立刻开始接受采访，而是先在电脑上处理了一些工作，接着和一个承包商谈了约 15 分钟，又与女朋友谈了 10 分钟左右的家务事、泡了一杯咖啡，然后和他女朋友十几岁的女儿讨论一个学校项目。此时已经 11 点 35 分了；而我需要在下午 2 点之前开车离开，去赶飞机。但是我已经没有缓冲时间了。他又耽搁了 10 分钟才开始访谈。最后，我们坐在工地的椅子上，蚊子嗡嗡地在周围飞舞，背后传来电锯的噪声（会影响录音质量）。[8] 采访从上午 11 点 45 分开始，整整比预计开始的时间晚了 75 分钟，下午 2 点 15 分左右才结束。对我来说，那次经历中最难熬的部分是等待，我一直努力让自己看起来悠然自得，气定神闲（当斯坦伯格先生在处理其他事情时，我和他女朋友的女儿聊天，给自己发短信写一些现场见到的情景，微笑，啜饮我身旁的那杯水）。我认为一天内预约 2 次访谈是有效访谈的上限，通常在 2 次访谈之间应该有至少 4 小时的缓冲时间。但在某些情况下，如果你希望采访同一个家庭中的两个人，那么一个接一个地进行访谈更有效率。

出发前确认

我第一次为了研究项目出差是在攻读研究生的时候，我从旧金山飞往洛杉矶，租了一辆车，开车大约 90 分钟到一个学区。我提前几周安排好了这次访谈，但出发前没有确认（这很愚蠢）。当我到达学区办公室并要求见汉森（Hanson，化名）先生时，秘书的脸色变得苍白。原来，汉森先生在 2 周前意外去世了，当时的场面很尴尬。更糟的是，尽管我提出是否可以在未来采访其他管理者，但我并没有坚持。学区官员认为他们欠我一次访谈,并且应该尽快完成。他们召集了几个人接受了我的采访,但是这次访谈进行得很仓促且不完整。由于这次令人难忘的事件,在那之后我总是在预约时间的前一两天内再次确认。

我通常会在访谈前一两天发短信或电子邮件确认:"亲爱的×××:非常感谢您同意参与宾夕法尼亚大学的这项研究,并接受我的采访。我非常期待见到您。不过,我想与您确认,我们是否可以按照预约的时间(周一下午3点)如期见面。当然,如果您临时有事,请随时告知我,我会重新安排时间。"

只有一种情况下无须最后一句话,就是访谈地点需要我开车超过2小时或乘飞机前往,并且更改计划会对我产生很大影响。当然,如果他们要求重新安排,我也很乐意配合,因为大家都很忙,很难抽出时间接受采访。只要访谈能够进行,推后2个月我都是可以接受的。以积极乐观的态度提出重新安排时间,意味着你对他们的帮助表示感谢。访谈进程是由受访者掌控的。

遗憾的是,根据我的经验,至少有25%的访谈会被推迟,且通常是在最后一刻。有一些约好的访谈永远不会发生。即使你急切地需要进行访谈,此时也没有别的选择,只有让自己包容和理解。这种回应也体现了你的道德品质:你不想过于强硬。作为研究人员,尽管你为研究设定了目标,但如果受访者明确表示他们不想参与,你必须尊重他们的意愿。

当他们取消时,你最好说:"如果您不介意,等事情处理完咱们再联系吧。"如果你觉得合适,还可以说:"我是等您来消息,还是现在就可以约另一个时间见面?"你只能走一步看一步。如果有人爽约并且不回复电子邮件或短信,我建议最多再询问两次。[9]然后,或再等待几个月,或完全放弃。给他们发送多条短信和电子邮件通常是无效的,这样做相当于"在井里投毒"[①],使其他研究更难进行。对某些受访者来说,无论怎样都无法进行下去。这当然不意味着你失败了,每个人都会遇到这种情况。这就是招募的人数应该比最终样本所需人数更多的一个重要原因。

你也可以通过不同的策略继续尝试招募那些曾经"放你鸽子"的人。在某些情况下,你可以制造一次在公共场所的"邂逅";在某些情况下,你可以"顺便"造访,带上一些点心作为礼物,说"我只是来打个招呼"。他们不回应的原因可能是发生了一些事情:被解雇、孩子生病,或者家庭有紧急情况。有时你可以寄一张节日贺卡或一些饼干,和他们保持联络。12月的节庆时间是赠送零食给爽约者的好时机——你可以说:"我想打个招呼,顺便给您带一些点心。"这里的关键因素是:不要特意"突然出现",而只是试图重新建立联系和"试水"。根据情况,你也许可以采取下一步行动。有的人在参与研究时感觉很自在,但他们很忙或健忘,所以没有回复(就像人们忘记回复原本计划回复的电子邮件一样)。在这种情况下,如果你受到热烈欢迎,那么合理的做法是在拜访后的几天或几周内与他们联系,并重新安排访谈。然而,有时他们爽约的原因是根本不想参与。如果你受到冷遇,也不应该给别人施加压力。你需要表示感谢并知趣地离开。

---

① 损害研究圈子的声誉。——译者注

录音设备：使用两台录音机

即使是记忆力极好的人，也很难回忆起采访的所有细节。参与观察研究的笔记是相当零碎的，与之相比，访谈却不同，受访者认为你应该记录下他们说的话。最简单的方法是录音，你应该同时使用两台录音机以防一台发生故障。如果你的 IRB 办公室允许手机录音，那是最理想的了。你应该将手机设置为"飞行模式"，或用其他方式确保自己不会被打扰。对于一些已成为执法者目标的人，使用小型、独立的录音机（警用）并不是一个好的选择，最好用手机。你可以选一个录音功能较好（即没有电话服务）的手机专门用于采访。外接麦克风可以提高音质，而且有些人真的很喜欢在他们的衬衫上夹一个麦克风（他们会笑容满面地开玩笑说，自己要上电视了）。但是对其他人来说，麦克风会让他们更紧张。无论你在现场采访，还是通过视频采访，都需要征得许可才能开启录音设备（如果受访者提出要求，你也可以事先征求口头同意或发送知情同意书请他们查看）。对于不喜欢录像的人，你可以用手机录音并制作备份文件。你也可以请他们用自己的手机录音，然后通过电子邮件将音频文件发送给你。虽然这样做有风险，但音质会更好。有些受访者会同意这样做，但有些绝对不肯。

你应该一遍又一遍地练习使用你的设备，直到熟练为止。大多数人在进行研究时至少会经历一次技术故障——采访被删除、错误标记、忘了打开录音机、电池没电，或其他（灾难性）事件（尽管我尽了最大的努力，但我所做的每项研究几乎都会丢失一次访谈资料）。这就是你应该准备两台录音机和一组备用电池的原因。当然，如果你只有一台录音机而且没有备用电池，还丢失了一次采访资料，那也并不是世界末日。不过，你可能会铭记终生。

知情同意书

除非你获得口头同意，否则通常你会请受访者在一张IRB批准的知情同意书上签名（参见第三章附录）。[10] 在理想情况下，知情同意书上会有你所代表的组织的徽标（最好使用彩色打印机在有机构抬头的信纸上打印知情同意书，因为这样看起来更正式、更专业）。知情同意书的措辞应该非常清晰和直接，并且如果你的IRB同意，知情同意书的篇幅不应超过一页。知情同意书应该清楚地说明这是一项学术研究，你正在征求他们的许可，他们的名字会被保密（或者可能在什么情况下被披露），他们可以随时停止访谈，并且可以不必回答任何让他们感到不适的问题（正如我在下一章中解释的那样，我也会在每次访谈开始时与受访者口头沟通这些关键点）。我会将名片钉在知情同意书上。大学会为学生提供印有大学校徽的名片，成本不高。你应该交给受访者一张空白的知情同意书让他们保留，签署名字的那一份应该由你保存。

在知情同意书的签名区域，最好在页面上留有足够空间写下受访者的家庭住址、手机号码和电子邮件地址（除非受访群体认为这过于打扰）。如果你做的是纵向研究，还应该询问3位联系人的姓名、地址和电话号码（你能够通过这些人联系到受访者，例如他们的兄弟姐妹、表亲或父母）。不过，你应该等到访谈结束，询问受访者你是否可以与其保持联系时，再请求他们提供这些信息。然后，你应该将联系人的信息写在一张空白纸上，稍后将其添加到知情同意书中。许多大学在付给研究参与者现金时也需要签名；不过，有些机构会赠送礼品卡，这不需要签名。因此，有时他们可能还需要签署另外一份表格，但一些机构也会免去这个步骤。

访谈包

我发现在研究初始阶段准备好访谈包很有帮助。我的电脑上有一个名为"访谈包"的文件夹，里面是我每次访谈时携带的材料清单。我根据清单准备纸质材料：

- 钉着我的名片的知情同意书，这将交给受访者保留。
- 需要签署的知情同意书。
- 大学的表格，用于签收款项或礼品卡（如果需要的话）。
- 访谈指南、收入情况问卷和经历清单问卷（下文将深入讨论）。
- 用于记笔记的白纸。
- 写在纸上的路线图。
- 受访者的联系信息，包括手机号码和地址；如果此人有助理，还需要写下助理的手机号码、姓名和地址（根据你存储数据的方式，也许可以自动生成这些信息）。
- 有关受访者的任何背景信息，包括我们之前沟通的一系列电子邮件或短信。

找一个特殊的手提包或背包，存放上述材料和以下物品：

- 两台录音机、备用电池和麦克风，全部装在防水袋中。

- 感谢卡、信封和邮票（有时我会根据情况寄感谢卡）。
- 表示感谢的小礼物。
- 蛋白棒、坚果或其他可以在路上吃的零食。

有的人会带一封打印在有机构抬头的信纸上的介绍信，需要此类文件的概率极小，不过有了它，你会感觉更放心。如果你要去的地点需要许可证，应该把它与 IRB 许可信（以及你的护照副本）放在一起。此外，几乎每次访谈后，我都会给受访者发送感谢卡或感谢信（除非对方认为这很奇怪）。尽管使用感谢卡或感谢信听上去有些老气，但人们收到它们时会很高兴，而且如果你请求他们向某人引荐你，感谢卡可以（正如我稍后会解释的那样）勾起他们的记忆。

我喜欢彩色文件夹的鲜艳外观；它们也很实用，能够保护文件不被弄皱。如果我同时进行多项研究，文件夹的颜色可以代表不同的项目（例如马尼拉色文件夹代表官僚机构研究，绿色文件夹代表高净值家庭研究）。

通常，在访谈之前（或刚刚完成访谈后），我会赋予受访者一个代号。代号应与受访者的真名有某种关联，例如塔米卡（Tamika）代表涅瓦耶（Nevaeh），托马斯（Thomas）代表罗伯特（Robert），米米（Mimi）代表蒂娜（Tina）。你通常可以搜索一个姓氏的起源，然后查找这个姓氏的另一个名字。比如，搜索姓氏"汤普森"（Thompson），你会发现它是一个苏格兰姓氏，然后可以查找其他苏格兰姓氏。婴儿名字网站也很有用，因为它们收集了受访者出生年份最流行的名字（你还可以搜索与此人的真实姓名相似的名字）。有时，特别是在访谈之后的几个月或几年内，受访者会在你的脑海中逐渐变得模糊。因此，我喜欢用简短的描述性标签（例如爵士乐或马拉松）定义受访者。这些描述性标签只对我有意义，它代表这个人喜欢的东西，或者能够让我想起来的采访中的一个关键时刻。[11]在大型研究中，这些描述性标签会对我很有帮助。

后勤：确保按时到达访谈地点

在全球定位系统（GPS）普及之前，你必须使用纸质地图。即便现在，如果你前往乡村进行访谈，GPS 可能无法正常工作，你的手机也会没电。因此，最好准备一份纸质路线图，你还应该提前查看路线。100 次出行中可能只有 1 次需要纸质路线图，但它会帮上大忙。为了避免迷路和迟到，你应该预留大量时间，以防公共交通延误、错过火车、遇到堵车或其他情况。如果你提前到达，可以找一个从访谈地点看不见的地方，安稳地坐下来阅读或思考（这是温习访谈指南的好时机，有助于你在正式开始的时候胸有成竹）。如果你到达一个工作场所，就要花几分钟时间在前台出示证件并签到，但是无须太早到达。我一般会在见面前 8 分钟到达办公楼的前台。如果我打算在某人家里采访，我会尽量在正好的时间走到他家门口。

良好的礼仪：对研究参与者表示感谢

如果可能的话，送给受访者一份礼物，以表感谢。我总是在到达时立刻送上礼物。在我职业生涯的大部分时间里，我都会带一个馅饼[1]作为礼物。因为我喜欢甜点，尤其是馅饼。馅饼是一种大众化的礼品，与蛋糕不同。高档西点店的蛋糕看起来与大众西点店的蛋糕差别很大，而高档西点店与大众西点店的馅饼区别却不大。它们方便携带且不贵。我的受访者通常很高兴接受它们，当我把馅饼送给他们时，他们表示真的很喜欢。我也可能赠送自己烘烤的布朗尼蛋糕（使用现成的蛋糕粉）。礼物有很多种，你可以选性别特征不那么明显的礼物，还需要注意食物过敏和其他情况。一束雏菊、一盒巧克力或一瓶葡萄酒也是很好的致谢礼物。如果合适的话，送一张装在相框里的照片也会很受欢迎（例如，当你采访家庭的时候，给他们拍张全家福，或者送一张父母和孩子参加某个庆祝活动的合照）。礼品卡也是不错的选择，其金额取决于你的预算，10美元或15美元的礼品卡对许多人来说是不错的礼物。在某些情况下，更高的金额（例如提高到50美元）可以提高回复率。即使我采访富豪，也总是送上一些小礼物（比如一束花、一株植物、一瓶酒，或者在访谈之后送上一本受访者可能感兴趣的书）。所有这些礼物都必须在你的IRB申请中注明，不过某些机构允许你选择一些低于某个价格的礼物，列出清单，并说明你会选择其中一个作为礼物。作为学生，如果有足够的准备时间，通常可以在就读的学校申请助学金以负担送给受访者的礼物。即使是预算非常紧张的学生也可以自制一盘布朗尼蛋糕或买一些好看的红苹果。如果送自制食品，你应该将其放在干净的容器里（用保鲜膜包好），外面可以扎一个丝带或蝴蝶结，并附上一张手写的感谢卡片。送礼物这个举动激活了社会中根深蒂

---

[1] 甜点馅饼，例如苹果派。——译者注

固的互惠准则。礼物的选择应该取决于具体情况。不过，理想情况是礼物能够迎合受访者的兴趣或价值观。尽管如此，礼物还是不应该太精致、昂贵或私密，因为赠送这类礼物给一个几乎是素不相识的人会打破互惠准则。

创建访谈指南

访谈指南是一系列开放式的问题，有助于你提炼研究中得到的信息。对于一个 90 到 120 分钟的采访，访谈指南中应该只有 12 个左右的主要问题，以及诸多附带的次要问题（或探询性问题），以引出更多细节。设计跟进问题时，请你考虑对研究比较重要的主题或问题，以及你在采访每一位受访者时希望获取的关键信息。有些人用电子表格记录关键的"大方向"及子主题（通常来说，这些主题将在编码时成为数据分析的一部分）。当然，正如第二章和第八章所讨论的那样，研究问题和访谈指南中应该包括一些比较宽泛的问题，这些问题应该与你的研究目标相关，也与这项研究对学科的贡献相关。

通常来说，我的访谈指南会从任何受访者都可以轻松回答的普通问题开始。在研究家庭时，我会说："请告诉我，您成长于一个什么样的家庭。"这是我开始访谈的常用方式。如果研究对象是职员，我会问："请谈谈您在工作日里都做些什么。"之后，我会追问他们的职位，管理多少员工或有多少上级主管，工作时间，周末和晚上的安排，工作中令人兴奋和消沉的方面等。正如我将在第五章中讨论的，访谈可以从普通问题开始，15 分钟后逐渐深入具体的话题（我通常会把最敏感的问题，例如年收入，放到最后提出）。为了了解受访者对生活事件和经历的感悟，你需要问许多烦琐的问题，例如何人、何事、何时、何地、如何发生等。你的访谈应该聚焦于对你来说重要的方面。此外，访谈指南里的开放式问题可以帮助参与者放松下来，减少误解，让他们知道没有绝对正确或错误的答案，并鼓励他们在回答时分享更多细节。

你应该始终向受访者提问他们在行的问题。如果你的问题需要他们猜测才能回答，可能会给研究带来意外的困难。在我为《不平等的童年》一书进行调研时，我最终发现，对许多父亲来说，当我问孩子们参加组织活动需要做什么准备工作时，他们一无所知。在对一位白人中产阶级家庭的父亲（一位牙医）的访谈中，我确认了这个事实。我递给他一份他儿子同学的名单，并问："如果你在超市遇见孩子同学的父母，是否能认出来？"他说："我的妻子会告诉我谁是孩子同学的父母。"[12] 这个惊人的陈述表明他深度依赖他的妻子。有些父亲不知道孩子参加足球队的详细花费或参加空手道训练的流程，这极大地影响了访谈的效率。"最好问我的太太。"父亲会这样说。通常来说，父亲非常擅长描述他们对孩子的期望以及父亲身份的重要意义（我应该对此进行更深入地探析）。但令人沮丧的是，当我询问如何安排孩子们参加各种组织活动时，父亲往往知之甚少，因为他们在这方面没有付出太多精力。这些信息本身就是重要的数据。调查结果让我决定在未来的研究中只采访母亲。然而，我已经把大量的时间、精力和金钱浪费在了基本上没有什么成果的对父亲的访谈上。因此，你应该采访对主题有切身经验的人。有时，你可能会发现询问受访者对他人行为的看法或感受是有用的，甚至在某些情况下，询问他们为何某人会有某种行为也是有用的；有时，让受访者谈论他人比谈论自己更容易；有时，当受访者开始谈论其他人的行为以及为什么这样做时，他们也会补充一些自己的经历。无论如何，你都应该重点关注受访者的经历。

理想的访谈指南不应该引导答案，而是应该提出中立的、开放式的问题。因此，与其问"您是在一个蓝领家庭中长大的吗"，不如问"请谈谈您的原生家庭"。正如我将在第五章中展示的，有时我会结巴或词不达意。根据访谈的进展，我可能会以不同的方式提问。这并不是理想情况，但却是现实。你不应该精确地衡量受访者的回答，你应该探询更深层的意义。随着研究的进展，访谈指南也在演变。有些人发现，请家人或朋友进行实验访谈或排练访谈（这些访谈无须保留）很有帮助。一旦访谈正式开始，我会在前几次访谈时调整访谈指南，然后，在完成四分之一的访谈计划后，对这些访谈进行整理，重听录音并进一步调整指南。在此之后，如第二章和第八章所述，研究的重点会逐步明朗。当访谈完成大约二分之一到三分之二时，我的研究重点会更加明朗。那时，我将再次修订访谈指南，以把握研究的核心问题。

访谈指南范例

在这里，我分享了一个最终版的访谈指南，这是一项涉及人文知识的研究，由我与希瑟·柯尔（Heather Curl）和蒂娜·吴（Tina Wu）合作完成。具体来说，我们的研究对象是向上流动的成年白人和非裔美国人，我们研究他们与其原生家庭文化品位之间的关系。[13] 该指南在研究进行到一半时进行了最后一次修订。30 名参与者都来自工人阶级家庭，不过受访者都获得了两个学位（例如，学士学位和受人尊敬的更高学位，如医学博士学位或法学博士学位）。

作为提醒，在指南的开头，我们列出了该研究的核心问题：

1. 幽默、戏谑和谈话。
2. 身体语言和仪态仪表（语言、声调、展示）。
3. 你不知道但是其他人知道的事。
4. 食物口味、酒水和消费。
5. 感觉自己是局内人或局外人的时刻。
6. 服务人员、用餐和外出。

背景和经历

1. 请谈谈您的原生家庭。

探询性问题：您的父母靠什么谋生？家庭生活是怎样的？您的姐妹或兄弟是做什么工作的？请谈谈您就读的学校。您放学后做什么？您的朋友都有谁，或者说，您在成长过程中与谁在一起的时间很多？你们一起做了什么？

背景调查：您有上过大学的阿姨、叔叔或表兄弟吗？

2. 您如何描述自己的现状？

探询性问题：您现在靠什么谋生？请描述您的工作环境。您和谁一起工作？您的工作场所是什么样的？您在下班后做什么？工作之余您和谁相处的时间最多？您有什么兴趣爱好？您喜欢如何打发时间？您住在哪里？请描述您目前居住的社区。您在那里住了多久？您从哪里搬来的？

人文知识和流动性

1. 思考您现在的处境，您觉得在哪些方面您是局内人，在哪些方面是局外人？您能描述一下在工作中感到自信的时刻吗？能描述一下不自信的时刻吗？

探询性问题：何时、何地、什么情况、与谁在一起，感觉如何，有什么生理反应。

2. 我们希望更多地了解人们的成长方式与现在的生活方式有何不同。

（1）有些人告诉我们，他们注意到家人谈论自己和展示自己的方式与他们当前圈子中的人不同。您是否注意到了这方面的任何不同？比如，人们在站立、落座或展示自己的方式上有何不同？有些人注意到了一些不同，而有些人没有。

（2）人们说话或开玩笑的方式有何不同？目前和您一起工作的人和您原生家庭圈子里的人——从事蓝领工作的人——有什么不同吗？还是没有太大不同？

（3）食物和饮料呢？您成长的蓝领阶层圈子的食物和饮料与您现在的圈子有什么不同吗？

（4）当您离开原生家庭进入现在的圈子时，有没有什么是您不知道而其他人知道的事情？

舒适或不适

1. 您有没有觉得自己是个局外人？请展开谈谈。

您能描述一下第一次进入新环境时感到手足无措或格格不入的

时刻吗？您是什么时候注意到自己与周围的人不同的？您是如何反应的，或者您做了什么？

2. 您是否注意到自己有任何变化？

变化是以什么方式发生的？您能回忆起您注意到自己发生变化的那个时刻吗？

3.（可选问题）您是否发现自己在不同环境中的行为不同？能否给我举个例子？

您在工作中的行为方式和与家人朋友一起时的行为方式对比，有区别吗？有什么样的区别？

（可选）流动性的故事

1. 我想与您一起回顾一下您的人生旅程。

（1）请谈谈您的高中。您上了哪所学校，高中生活是怎样的？您注意到有什么特殊之处吗？

（2）请谈谈您的大学。您上的是哪所大学，大学生活是怎样的？您注意到有什么特殊之处吗？

（3）请谈谈您的第一份全职工作。那是什么职位？您的工作内容是什么？您的雇主是谁？您的工作情况如何？您注意到有什么特殊之处吗？

（4）（探询向上流动的经历，但不对受访者明确指出）您在此期间是否发展了密切关系或友谊？您能告诉我关于他们的情况吗？他们是谁？您与他们相识、相交的经历是什么样的？这段关系是如何结束的？如果它仍然是您生活中的重要关系，您现在与此人的关系如何？

（5）您在这段时间里发现了什么？

（6）您与家人的关系如何？与您在采访中提到的这个人的关系如何？

（7）您认为您向上流动的关键是什么？有贵人相助吗？

2. 关于这个主题，我们还有什么方面没有谈到？

人口特征问题

1. 参与者的身份：种族、性别、职业或工作经历、民族、教育背景。

2. 父母身份：种族、性别、职业或工作经历、民族、教育背景（请告诉我您母亲的教育背景。她是否上过高中？如果上过大学且毕业，是哪所大学？）。

3. 您拥有房产还是租房？如果您今天卖房，这房子能卖多少钱？

4. 您资助过任何家庭成员吗（每人资助多少钱，多长时间一次）？

5. 您每年的家庭总收入是多少？

（1）低于10000美元

（2）10000～30000美元

（3）30000～60000美元

（4）60000～100000美元

（5）100000～150000美元

（6）150000～200000美元

（7）200000～250000美元

（8）250000～300000美元

（9）300000～350000美元

（10）350000 美元以上

实际上，一位参与者完成这个访谈指南所有问题的时间从 90 分钟到 150 分钟不等。我们的目标一直是让受访者感到放松，使对话顺利进行，因而提问的顺序取决于面试的进展情况。

提出与关键研究主题相关的问题

有时，在一项研究中，你需要知道，受访者在诸如找工作、找房子或适应大学生活的过程中，他们是否面临过各种不同的难题。在访谈中，你不可能花时间去询问受访者是否经历过清单上列出的每一种情况。然而，如果你不主动提问，只是被动地等待他们自愿提供信息，就无法确定某个特定事件是否发生过；受访者也可能会忘记提起。一种提醒的办法是你向受访者提供一个清单（夹在文件夹板上），并说："请看这个清单。上面的事情是否在你身上发生过？"

例如，在谢瑞尔·弗格森（Sherelle Ferguson）的一篇论文中，她研究了入学要求不太严格的私立大学学生如何应对制度上的挑战。谢瑞尔·弗格森想出一个点子，把她想了解的经历列成一个清单发给学生。[14] 我认为这是一个好主意。在我们两人合作的另一个研究中，研究对象是两所大学中的 44 名大学生，其中有白人，也有非裔和亚裔。我们在访谈进行到 15 分钟或 20 分钟时将清单递给他们，请他们告诉我们上面的哪些事情是他们经历过的。[15]

您在大学期间是否遇到过以下与求学相关的问题？

☐ 我在课程、作业或学习时间方面遇到过困难。

- ☐ 我在一项重要任务上表现不佳（如作文、期中考试等）。
- ☐ 我某门课的成绩下降得很快。
- ☐ 我有一项重要作业错过了提交截止日期。
- ☐ 我的某门课程不及格或分数很差。
- ☐ 我没有完成某门课程。
- ☐ 我不确定何时应该放弃或退出某门课程。
- ☐ 我怀疑我的专业选择。
- ☐ 我不确定应该选择哪些课程。
- ☐ 我在安排课程时遇到过困难（例如，课程已满）。
- ☐ 我和一位教师发生过冲突。
- ☐ 教授或顾问不愿意做我的推荐人。
- ☐ 我被指控作弊或剽窃。
- ☐ 我在转学分方面遇到过困难。
- ☐ 我希望残疾人资源办公室给我安排住宿，但是遇到困难。
- ☐ 我因为生病不得不缺课至少3天。
- ☐ 我需要请假一段时间。
- ☐ 我失去了一个重要计划的资格（例如，荣誉计划、奖学金计划）。
- ☐ 我被处以留校察看的处罚。
- ☐ 我曾经考虑退学。
- ☐ 我因为学业表现不佳而被退学。

在受访者倾诉完一件事之后，你需要接着问："还有其他事情想告诉我吗？"你应该在整个访谈过程中重复这个问题，以确保不会想当然地默认受访者有某些经历。当然，回答这个清单上所有问题需要很长时间。正如我将在第五章中提到的那样，在每次采访中，你都必须做出艰难的选择，决定哪些问题值得花费更多时间进一步探询，以尽可能地深度挖掘。

询问涉及受访者人口特征的问题

在社会科学领域，读者通常希望知道研究参与者的基本信息。受访者的社会阶层、种族和民族背景可能会影响他们的生活经历，因此研究人员一般会收集这些信息。通常来说，你在访谈的过程中很难获得这些信息。所以，我一般会在访谈快要结束的时候简要地提问一些人口特征方面的问题。所有主要的国家级别的调查问卷都是公开的，借鉴他们的措辞可能对你有帮助，因为他们已经对如何以最佳方式提问问题进行过广泛的研究。[16]

以下是一些人口特征问题的样本，来自我与埃利奥特·魏宁格尔合作的一项深入访谈，旨在研究有年幼孩子的白人家庭和非裔美国人家庭的父母如何选择社区和学校。我们在访谈的尾声部分提出了这些问题。

最后，为了统计数据，我还有几个问题，每位参与者都会被问到。

1. 您在哪一年出生？（您多大年纪？）您结婚了吗？您结婚多久了？您以前结过婚吗？

2. 请告诉我您的教育背景（是否读过大学）。

（1）探询性问题：请问您的最高学历是什么？取得学历时的年

龄、机构、学科分别是什么？

（2）您有学费贷款吗？贷款总额大约多少？

3. 您有工作吗？

（1）如果有，是什么工作？请告诉我您的雇主、职位、职责，全职还是兼职。

（2）您的工作内容是什么？

（3）如果没有工作，那么您在孩子出生之前工作吗？您会继续这种模式，还是考虑兼职或重返全职工作岗位？

4. 您的出生地是哪里？您父母的出生地是哪里？

（1）您属于什么种族和民族？

（2）您如何描述自己的性别和性取向？

5. 请告诉我您的配偶、伴侣或孩子的父亲（母亲）的教育背景（学历、专业领域、学校、学费贷款）。

（1）他/她有工作还是全职在家？

（2）她/他的头衔是什么？雇主是谁？工作职责是什么？您的伴侣外出工作吗？（如果是，这项工作是全职还是兼职的？）

（3）您的伴侣需要出差吗？

（4）您的伴侣多大年纪？您的伴侣在哪里出生？

（5）您的伴侣属于什么种族或民族？

6. 您的母亲上过高中吗？（探询性问题：她的学历是高中毕业，大学毕业，还是研究生毕业？）她有工作吗？（如果有，是什么种类的工作？）询问受访者的另一位家长或继父母同样的问题。

7. 最后，出于统计目的，我需要了解您的家庭税前总收入，我会用字母代替收入区间，无须告诉我具体数字，用字母代替即可。

8. 哪个区间最适合描述您的存款？您只需要告诉我一个字母即可。您有退休计划吗？

提问敏感问题：收入和其他窘境

在访谈中可能提许多敏感问题，例如，食不果腹的家庭窘境、康复失败、失业等。不过，有一个问题几乎每个研究人员都会问，但是人们不愿意回答，那就是收入。[17]

在计划这些敏感问题时，你需要反复斟酌为何需要获得这些信息以及所需信息的类型。如果你的研究重点是收入或失业等问题，那么应该提出探询性的开放式问题（如上所述）。然而，研究人员通常只是为了能够更全面地描述样本而收集收入信息，作为样本"人口特征"（即对被研究群体的描述）或"统计信息"的一部分。在这种情况下，你可以等到访谈收尾时再问。收入通常是最后一个问题。当你的开放式问题接近尾声时，可以给受访者一个"信号"，暗示问题方向将会发生变化："现在，出于统计的目的，我想问一些背景问题。"

你可以用各种方法询问收入。我会在一张纸上列出收入区间。这个区间是根据你正在研究的群体而设置的，有时区间间隔是1万美元，但对于收入非常高的受访者，区间间隔可以设置为5万美元。你应该依据受访者的特点询问他们的收入区间，还要弄清楚这是月收入、个人收入还是家庭收入（或从个人收入问起，然后过渡到家庭收入）。确定收入区间后，我会打印这个表单并固定到一个更结实的文件夹板上，然后用一种有点百无聊赖的语气（好像在问一件例行的事情），自然而然地将表格递给受访者，说："现在，出于统计目的，请告诉我哪个字母最能描述您的家庭税前总收入。A，B，C，D还是E？我只需知道最能概括您家庭税前总收入的字母。"

尽管你可能对此惶恐不安，但应该表现得镇定自若，信心十足。切勿在座位上紧张地扭动身体，用手撩头发或以其他方式表现出不安。你应该直视对方（而不是看着地板），清晰且大声地说话（但不要太大声）。你还应该承诺会对这些信息保密。如果没有这些有价值的信息，读者会对你的数据产生怀疑或感到失望。因此，你应该练习如何提问。在理想情况下，你可以请一位朋友帮忙，反复练习，直到感觉自然、放松。

通常来说，当你问起收入问题时，对方会有一个停顿和短暂的沉默。即使你可能会感到非常焦急，也要等待，这一点至关重要。大多数人会直接回答，或者问你一个问题以澄清他们的疑虑。有时候，人们会对这个敏感话题感到不适。为了帮助他们打消顾虑，你应该承诺他们的名字将永远保密，并说明在社会科学研究中，我们只对社会群体模式而非个人信息感兴趣。当然，你必须遵循既定的研究道德规范，不能胁迫受访者回答问题。因此，你需要用"茶叶占卜术"[①]推测此人的感受。对受访者话中的含义，我会非常仔细地聆听和揣摩。例如，如果他们说"我不想透露这一点"，那么你必须领会他们的意思并立即结束这个话题。如果受访者没有明确拒绝，你可以使用不同的方式再问一次。根据当时的气氛，一些采访者会问："您可不可以告诉我，您的收入高于 5 万美元（或任何你觉得合适的数字）吗？"在某些情况下，研究人员还可以追问："您的收入

---

① 观察细节之意。——译者注

超过10万美元了吗？"但有些研究人员决不会这样做。这是一个非常个人的决定。然而，如果你以一种淡然的态度提问，把这个话题当作"没什么大不了的"，仅仅是一个问题而已，大多数人都会告诉你他们的收入。他们还会告诉你他们是否持有股票或债券（大多数人都没有）。许多人（尤其是社会精英）对自己的净资产了如指掌，但只会告诉你四舍五入后的数字——"嗯，1000万美元"。在询问收入时，你的态度和行为在很大程度上会影响受访者的反应。

对于财富问题，大多数美国人最重要的资产是房产。你可以用看似不经意的态度问："如果今天卖房，您的房子价格大概是多少？"几乎所有业主都知道这个问题的答案（在房地产销售网站上搜索信息也很有帮助）。如果需要了解他们的房贷信息，我会等到询问收入后再问（记录净收入是至关重要的，净资产则没那么重要）。我会淡然地问："那么，当您买这所房子时，有没有背负30年的房贷？"在他们回答后，我会问："您知道还有多少年还清吗？"通常来说，人们不得不停下来思考这个问题。最后，你可以问："您的首付是10%吗？"如果他们的首付实际上是20%，这样问会让他们感觉良好。所以你应该从较小的百分比开始问，甚至可以从5%开始。[18] 有了这些数字，结合估计的利率，就可以估算出他们欠多少房贷以及其房屋净值。如果你觉得和受访者的关系足够好，也可以直接询问。

询问敏感问题可能会让你紧张，你应该事先练习。通常来说，练习得越多，你会越熟练。一些研究人员会使用笔记本电脑或平板电脑，以便受访者可以在设备上点击答案。这可能是有好处的。研究者发现，当问到受访者一些被诟病的健康行为时，与口头答复相比，受访者在电脑上的回答更准确（根据一项分析估计，其优点是信息的准确性提高了 4% 到 8%)。[19] 因此，你可以在笔记本电脑、iPad 或其他设备中创建问卷调查，在访谈收尾时请他们填写问卷并强调信息是绝对保密的。完成后，请他们关机，并向他们表示感谢。

访谈结束后继续录音

在我询问了收入后，访谈就正式结束了。此时，我通常会说："我的问题到此结束，非常感谢！我了解了很多东西。"但是，这时候我不会关掉录音机，而是与受访者聊一会儿。一个非常普遍的现象是，在你宣布访谈结束后，受访者会聊一些有趣且相关的话题。因此，继续录音是有帮助的（这不是欺骗，因为你只是宣布你准备的问题都问完了，而且受访者可以清楚地看到你并没有关闭录音机）。当然，如果受访者要求关闭录音机，你必须立即关闭。但受访者通常不会注意到或不在意。聊天的时间有长有短，通常是 5 分钟左右。

此外，我通常会提出采访其他家庭成员的请求，或者询问受访者是否可以把我介绍给其他人。我想通过这种方式使样本"滚雪球"式增长。因此，如果你还有其他事情或需求，提出的最佳时机是在访谈结束之后、受访者离开之前。通常来说，访谈结束后你们会变得更熟络，因为你们两人之间已经建立了联系。

招募其他受访者

如果我想采访一位受访者的伴侣或配偶，在采访结束后，我会这样说：

> 我还想冒昧地提一个请求。在很多情况下，我都会同时采访受访者的伴侣或配偶，我想知道是否有可能就此事询问×××（希望采访的人的名字）。采访的形式与这次相似，而且我会来这里进行采访。

然后我会等受访者的回复。我经常会补充说："当然，您可以告诉他们我们之间的访谈内容，但我不会向任何人透露，因为我受到规章约束。"告诉对方你的时间计划是很有帮助的，比如跟你的受访者说，"在接下来的几个月里，我想继续采访其他人"。如果我的受访者说"我会问问他们"，我就会试着确认，是否可以直接联系这位潜在受访者（而不是等待他想起来联系我，那样做通常会石沉大海）。我不希望潜在受访者掌控未来的访谈，他们显然很忙，而且对访谈的投入远小于我。我想让刚完成采访的人明白，我可能会再次联系他。

有时候，采访的尾声是尝试"滚雪球"式发展更多受访者的好时机，看受访者是否可以将你介绍给更多人。此时，我会这样说：

> 顺便，我们正在招募更多受访者（这时我会描述受访者的条件，如"住在这个学区，且有3到6岁孩子的母亲"），不知您认识合适的人选吗？

然后我闭口等待，有时会等上好几秒，给对方时间思考。此时千万不要表现出不耐烦或在椅子上动来动去（这种行为会向对方发出微妙的信号，催促他们回复）。我会静静等待。有时受访者会再次问我想采访谁，我会重复我要找的类型，并更详细地说明。如果他们认识某人，那么我会表示感谢，然后建议一个招募途径。例如，我会说："请问您会在接下来的几周内与他们碰面吗？无论是在工作上还是生活中？"如果他们会碰面，我就会接着建议："可否麻烦您向他们提起我的这个项目？我知道大家都很忙，所以如果您愿意，我认为最好是询问他们能否给我他们的联系方式。您看如何？我想直接与他们联系。请放心，他们同意与我交流，并不意味着同意参加研究，而是为了了解更多信息。"然后，我会向他们表示感谢。

这种聊天通常持续 5 分钟左右。此时，我会慢慢地收拾物品（即用来做笔记的纸张、表格、笔等），但同时继续录音。然后，我慢慢地把录音机移向自己，当受访者结束讲话，我会关掉录音机，迅速放进我的包里，起身告辞。

如果采访持续了 1 小时以上，我会在离开之前请求使用卫生间，这是合情合理的（因为我回家经常需要开车很久）。如果我在房子里看到一些可爱或迷人的东西（几乎总是有的），我会主动夸赞。当我即将离开房门时，我会再次表示我了解到了很多东西，并表示感谢。然后，我可能会说："我可否在几周后再次与您联系？"通过这种方式来探询他们是否会向其他人介绍我。有时我会随口讲其他人催促我的故事，并表示这种催促是有用的。比如，有时候我会问人们是否介意我在一个月以后回访，并提醒我一下。

在访谈结束时，人们总是不太确定应该如何做。例如，我会考虑是否应该与受访者握手，拍拍他们的手臂表示感谢或者干脆直接离开。有时候，受访者会主动给我一个拥抱。你应该让受访者主导如何告别。我通常会主动伸出手来，看着他们的眼睛微笑并表示感谢。如果我带来了礼物，有时受访者会在告别时再次感谢我。在这个时刻，我通常感到非常兴奋，情绪高昂，但同时也很疲惫。

访谈之后

你应该在访谈之后的 24 小时内（记忆犹新时）完成备忘录。在备忘录中应该描述人物、背景和重要时刻。在理想情况下，你应该能够清晰地记得四五个关键时刻中受访者的肢体动作。例如，"皱着眉头"，"坐在椅子上，兴致勃勃地向前探身"，"满怀渴望"或者"用手背抹掉眼泪"。如果你在访谈时记了笔记，就能够在文章中生动地为读者描述受访者在这些关键时刻的状态，或以何种方式讲话。至关重要的是你完全确定他们做出了这些行为，所以最好当场做笔记（如果可能，尽量在不影响访谈的情况下做笔记，或者在访谈结束后立即做笔记）。

你应该将访谈的录音文件存入电脑。在我目前的研究中，我通常为每位受访者创建一个文件夹，储存背景信息、访谈转写、录音文件和其他信息（有的人会给每位受访者分配一个识别号码）。不过，我也曾索性将所有录音文件存储在一个文件夹中，将访谈转写储存在另一个文件夹中。准确且逐字逐句地转写（包括停顿和笑声）对于数据分析至关重要。在理想情况下，每个访谈录音都应该由你亲自转写。这项工作会很慢，而且倾听自己的声音或想到自己在访谈中犯的错误可能会令人懊恼，我会问自己："为什么没有要求跟进？"转写是费时费力的工作，而使用自动转写工具会产生很多错误。有些人会听一遍访谈，然后自己口述一遍，因为语音转文字的系统错误率较小。其他人只使用"脚踏开关"（foot pedal）或其他回放软件进行转写；还有人使用线上工具，网页上的按钮可以暂停音频。[20] 有的人（有经费的话）可以负担得起请人转写访谈录音。如果使用音频转写服务，应该在上传录音之前将文件名改成代号。但即使是最好的转写服务也免不了出错，因此最好再听一遍，改正错误（或者如果你有经费，可以请他人来做）。转写的文件始终以代号命名。目前我在对一些富豪进行一项研究，其中一些人是公众人物。为了保密，我将转写文件中的所有关键信息（例如大学、地址、企业名称等）都替换成了代号，再将这些隐藏了身份信息的访谈文件交给负责编码的人，进行下一步工作。不过，当我阅读转写文件并撰写研究结论时，仍然会使用原始的访谈材料（有身份识别信息）。尽管做出了这些努力，但完全隐藏研究材料（包括现场录音）中所有的身份信息是很难的。因此，我会和研究助理就保密问题进行一次长而诚恳的谈话。我会要求研究助理签署一份保密协议。在谈话中，我会告诉助理，只有在把受访者的名字、居住城市和所在州、行业和其他识别特征全部隐藏的情况下，才可以与其他人讨论研究发现。另外，绝对不可以透露受访者的真实姓名，这一点至关重要。我们不可以背叛受访者的信任。

此外，你应该写"分析性备忘录"，分析你从访谈中了解到的信息和认知。许多人也发现此时做一个总结很有帮助。例如，朱迪思·莱文（Judith Levine）与两名研究生助理合作的一项研究需要采访即将毕业的高年级学生，询问他们的求职经历。她为每位受访者创建了一个访谈简介。这个简介总结了访谈的关键要素，每篇两三页（单倍行距），其中包括对了解到的信息和认知进行的分析和思考。因为这是一个纵向设计的访谈，这个文件还包括了回访时要提的问题。在总结中，你还可以提醒自己，收集了关于某个主题的"有用的引语"。[21]

大多数人使用电子表格追踪受访者的数据，你应该在访谈结束后立刻填写。用一个工作表储存受访者的真实姓名、代号和联系方式。这个工作表应该用密码保护，存储在单独的文件中并远离其他数据，这样你就永远不会把它搞混，也不会意外地把它当成附件加到电子邮件里。另一个工作表存储受访者的其他信息，包括受访者的代号、年龄、种族、收入和其他关键信息（你可以参考用来描述样本的那些表格，然后在总结表上记录和追踪这些信息）。这个数据汇总表应该储存在电脑中与其他数据相邻不远的位置，并且可以与他人共享。你可以使用这个表格汇总数据集。虽然这个表格填写起来可能很烦琐，但它非常有用（根据我所在机构的政策，我不可以在谷歌文档中储存有关样本的信息，因为谷歌公司的员工可以打开文件。我必须将文档储存在大学服务器上一个有密码保护的"盒子"中，该服务器需要两步验证才能访问，会更安全）。

总　结

访谈给予你一个进入他人世界的机会。当访谈顺利进行时（通常会很顺利），我仿佛与受访者共处于一个气泡中，世界上的其他事物都消失了，我只专注于面前这个人对我倾诉的人生故事。有时候，你可以了解某人的人生轨迹，他们的喜怒哀乐和日常面对的挑战，也可以清楚地看到社会力量如何改变他们的经历。从事这项工作是我的荣幸，而且我通常也乐在其中。

第五章
如何进行优质访谈：深度挖掘

深度访谈通常会以意想不到的方式展开。正如第四章所解释的，进行的研究各不相同，因此你为深度访谈创建的指南也因研究的问题而异。不过，指南中通常只有 10 到 12 个较宽泛的核心问题，而且都是开放式问题（为了获得更多细节，可以加上若干探询性问题，以及一些涉及人口特征的问题，指南应设计得简单易答）。在访谈的前 15 分钟内，你的主要目标是引导受访者适应谈话节奏，让他们放心地给出详细的答复。这个目标至关重要。有若干因素会直接影响收集数据的质量，包括受访者如何回答你最初的核心问题，以及你的探询性问题是否有效等（探询性问题指的是详细的跟进问题，旨在鼓励受访者提供更多有关自身经历的细节）。

细节决定成败。在访谈中询问更详细的信息能帮助你更加全面地理解受访者的想法，也能帮助你摸索研究问题的答案。在定量研究中，研究人员使用数字来印证他们的经验证据；而在采用访谈法和参与观察法的定性研究中，研究人员使用的是语言（word）。在报告研究结果时，你应该准确引用参与者的原话，并具体、详尽地描述他们的经历，这为读者接受你的主张提供了更坚实的基础。此外，这些生动的细节有助于读者更清晰地了解受访者的生活。为读者提供有深度的信息和洞察让他们感觉像是"与你并肩而行"，共同经历这个研究过程。此外，这些额外的细节让读者能够亲自对信息进行评判，而不必完全依赖对你的信任，他们可以根据所见做出自己的决定。为了能给读者提供详细的信息，你需要深耕细挖。

你会遇到各种各样的受访者，或开诚布公，或心浮气躁，或机智风趣，或尖酸刻薄。然而，无论他们回答的语气或时长如何，大多数回答都包含一些元素，让你有机会更深入地探询一些不同和意想不到的领域。你必须根据受访者所说的内容快速决定跟进何事，以及何时、以何种方式跟进。这是很有压力的。与此同时，访谈的不确定性和自发性既令人兴奋，也使人受益匪浅。本章提供的策略旨在提高访谈数据质量，减少焦虑并为你和受访者双方增加访谈本身的乐趣。

为了引出各种生动的细节，让你的发现引人入胜，令人信服，你必须在采访时随机应变，临场发挥。背下访谈指南是很有帮助的，这样你就可以在掌控对话节奏的同时不漏掉任何关键问题。然而，无论如何，在受访者回答后，你必须立刻决定哪个方向值得进一步探究，哪个方向可以止步于此。此外，有些参与者沉默寡言，而有些则口若悬河。这两种类型都可能导致不尽如人意的访谈，也会产生质量不佳的数据。尽管每个采访者都会犯错误，但知识、实践、应变能力——甚至是运气——都有助于降低错误的频率和严重性。在本章中，除了提供高质量的访谈技巧和一套指导方针，我还将带你逐步回顾两个真实的深度访谈的摘录。

此处分享的两次访谈都来自我职业生涯早期的一个研究项目，我在研究助理的帮助下才得以完成。该研究聚焦于阶级和种族差异在父母育儿过程中的影响。这些调研结果为我的《不平等的童年》

一书奠定了基础。本章引用的内容来自对两位工人阶级家庭的母亲的深度访谈。这两位母亲各有一个9岁的儿子，两个孩子都在校外参加青年橄榄球联赛（在不同的球队）。我从介绍一个新手（一个刚刚学习如何进行访谈的研究生）进行访谈的部分内容开始（遗憾的是，我没有存留自己是新手时进行访谈的副本，但我确信自己也犯过很多类似的错误）。访谈节选旁的文本框里是我的点评，列出的是访谈时应该做和不应该做的事。在这之后是我对另一位工人阶级家庭的母亲的访谈。我也在这里作了点评，指出我在访谈中犯的错误，并解释我为何决定对受访者回答的某些方面进行跟进。这些案例突出强调了好的探究方式如何成功地挖掘出生动的例子和细节，使读者更好地理解受访者的主观体验。在开始讨论这两个访谈案例之前，我列出了一些进行深度访谈的指导方针。

优质访谈指南

采访者与受访者之间的互动没有哪种方式是绝对正确的。每一次访谈都是独一无二的。有时，采访者只需象征性地追问，受访者就会主动提供非常有用的答案。然而，即使采用最好的访谈技巧，你也不能保证在所有情况下都能取得成功。尽管如此，对于优质访谈，有一些通用的"游戏规则"可以供你参考。

受访者应该是你最感兴趣的主题的行家

为了收集强有力的数据，你必须采访对的人（如第二章和第三章所述）。受访者应该是你感兴趣的主题的行家，这样才能得到高质

> **访谈时应该做和不应该做的事**
> - 应该一次只问一个问题
> - 应该询问具体的行为、事件或经历
> - 应该使用探询性问题深挖更多细节
> - 应该向受访者提问那些他们擅长的问题
> - 应该获得足够多的细节,让你自己能够在脑海中想象出那个时刻的画面
> - 应该表明你在认真倾听
> - 不应该向受访者提供可能的回答
> - 不应该进行得太快
> - 不应该让受访者谈论别人的想法

量的信息。例如,父母对抚养孩子了然于胸;教师对管理一个班级的学生最有发言权;没有人比帮派成员更了解帮派生活。

在访谈中,你应该让受访者把关注点放在他们最了解的领域,按照如下优先级顺序,尽可能多地了解细节:他们的想法、感受、经历、行为等。尽量避免让他们谈论别人的感受、想法或行为。例如,如果你想了解孩子的经历,通常不应采访父母,而应从孩子本人那里获得这些信息。然而,有时 IRB 规则可能会限制或完全禁止你接触某种类型的受访者。以儿童为例,你可能不得不依赖采访与儿童相关的成年人(例如父母、老师、教练等)来间接获得信息。

用心倾听并尽量少言

在进行访谈时,"尽量少说话"这个准则可能是最重要的。幸运的是,正如凯特·墨菲(Kate Murphy)在她的《你没有在听:遗漏的知识及其重要性》(*You're Not Listening: What You're Missing and Why It Matters*)一书中所指出的,倾听技巧是可以培养的。在访谈中认真倾听尤为重要,因为毕竟访谈是一种合作

伙伴关系，你的主要贡献是用心倾听并准确理解受访者的想法。不过，在访谈开始时，你确实需要娓娓而谈，与对方建立融洽的关系，从而建立信任，让对方放心地提供详细的回答。

牢记你希望获得什么知识以及原因

访谈是一种零和交易。你的时间有限，如果询问一件事，就没有时间询问其他事。即使对经验丰富的采访者来说，决定何时更进一步探询更多细节，何时继续下面的问题，也并不容易。你应该牢记对研究最重要的事项，这样在访谈中才不会忘记必须向每位受访者提出的问题。

做一个积极主动的采访者

作为一个采访者，即使你性格内向，此时也必须积极主动。你比受访者更了解什么知识对你的研究有帮助，这意味着你必须争取主动，巧妙地引导讨论，询问更多细节，帮助受访者专注在问题上。与此同时，你需要努力让访谈看起来好像是自然而然顺利进行的。[1]我还建议你细心观察并记录受访者的肢体语言——热泪盈眶，情绪高涨，兴高采烈或一些特定的手部动作等。在不打乱访谈节奏的情况下，你可以写下简短的描述。如前所述，我在记录谈话内容的同时，也会一并添加这些信息。

向受访者保证没有绝对正确或错误的答案

许多人从未接受过正式采访，他们可能会很紧张，这是可以理解的。他们可能会认为这个采访是某种考验，担心自己不能通过。

因此，在访谈之前，你应该与受访者"闲聊"，帮助他们放松下来。你可以聊在会面地点看到的新奇好看的物品，称赞对方佩戴的首饰，提起在对方公司网站上看到的内容或生活中的任何话题。随着访谈的推进，你可以用和蔼的笑容、开玩笑或其他方式让对方明白访谈不是审讯——只是对话而已。你还可以称赞受访者，告诉他们这些回答对你的研究帮助极大。此外，我认为每次开始访谈之前做如下声明不失为一个好方法："谢谢您接受采访。我想强调的是这次采访没有任何正确或错误的回答。与其称之为采访，这更像是一次聊天。"这样的安抚有助于受访者放松心情。然后，为了确保符合 IRB 规章（参见第三章附录），最好再加上一段话："如果您觉得任何问题不妥，就不必回答，当然我认为不会有这种情况。您可以随时终止本次访谈。"我通常还会问："您还有其他问题吗？"最后，当受访者签署知情同意书时，我会说："我现在要打开录音机了，可以吗？"对于 IRB 规章涵盖的每个步骤，你都应该明确地得到受访者的许可。

使用受访者自己的语言

当我刚开始做访谈研究的时候，总是在受访者的话上加上自己的理解。例如，我也许会总结说："听起来您在努力跟上。"这么做的部分原因是我觉得逐字逐句重复对方的话很奇怪，而且太过刻意。遗憾的是，我有时误解了受访者的意思并造成问题。受访者自己的语言可以是很有冲击力的，而且比你的解读要好得多。当你完全重复受访者的话时，是在向他们表明，你不但认真倾听，而且还非常重视他们向你透露的内容。一种常见的做法是逐字重复受访者说的最后一两句话，然后安静地等待他们接着往下说。例如，在本章后面展示的新手访谈节选中，接受访谈的母亲说，"现在橄榄球赛季已经结束了，他没有什么事可做"，一个好的探询话术是"现在橄榄球赛季已经结束了"，仅此而已。有效的探询话术并不一定是提问。虽然采访者重复受访者的回答似乎有点奇怪，但是语言能与对方产生共鸣，语言可以是一种有价值的探询方法。

重复利用有效的探询话术

你无须为访谈指南上的每个问题准备独特的探询话术。通常来说，当受访者意识到你正在认真倾听他们的讲话时，会主动开始讲述自己的故事，并且不太可能注意到你在重复探询问题。在有些访谈中，你可能会发现反复使用同一个探询话术是很有效的：一个有效的探询话术是"您能告诉我更多关于那方面的情况吗"；另一个是"您能告诉我最近发生这种事是什么时候吗"。沉默也是一个很好的探询方式。当受访者暂停回答时，等上几秒。通常情况下，他会接着讲话，而且为了弥补刚才的沉默，他还会添加更多细节。

专注于了解事件或经历对受访者的主观意义

对定性研究工作者来说，他们更感兴趣的是了解某个事件或经历对个人的意义。换句话说，对于某个事件或经历，受访者喜欢哪些方面？不喜欢哪方面？受访者人生中经历的一些最有意义的事件是什么？他曾面对什么样的挑战？此时采访者与受访者在建立一种联系，为的是能够在访谈深入之后，在合适的时机问一些非常私人的问题。例如，在受访者谈到一件非常困难的事后，问："这件事让您感觉如何？"访谈法是探索主观意义的宝贵工具。

不要羞于基于自己知识而提出问题

最近我采访了一位富有、年轻、已婚的墨西哥裔美国母亲。她在一个有着严格性别分工的传统蓝领家庭中长大。即使有时候家里捉襟见肘，一家人食不果腹，她的母亲也从不外出工作。我的受访者还提到，家里指望男孩子解决经济问题（例如，只给他们很少的钱，让他们想办法去菜市场买来足够的食物），而她不用面对这些经济压力。她接着向我讲述了她的童年，我感觉到她在成长的过程中遇到了一些挫折。在她告诉我她小时候喜欢看书之后，我决定冒一下险。我问："你必须做家务吗？"这样问是有一定风险的，因为她并没有提起任何有关家务的话题，而且这个问题有可能让我看起来并未认真地听她讲话。此外，我的研究项目是关于家庭和金钱的，家务并不是直接相关的话题。然而，我从其他研究中了解到，一些工人阶级家庭的父母认为女孩子应该承担大量的家务。当我问起家务时，她的脸上露出了苦笑。她百感交集地回答："是的！"并滔滔不绝地谈起了她多么讨厌做全家人的饭，洗永远洗不完的碗，熨烫父亲的牛仔裤，她认为这是多么不公平，等等。她似乎将我的问题理解为一个标志，意味着我理解她童年的重要部分。我这个冒险的探询问题最终成了访谈中的一个转折点。从这以后，这位受访者对我更热情，也更坦率了。有时，基于自己的经验或对文献知识的了解提出一个有点冒险的问题不失为一个好主意。如果探询没有达到预期的效果，就继续下一个问题。总而言之，你应该尽量保证每次访谈中都问同样的问题，但如果有机会深入了解一个人的独特体验且这种体验有助于解决研究的问题，你也应该抓住机会深挖。有时，这些探索能够为你的研究添加一个新问题，可以向后续的受访者提问。

倾听时持续思考

在访谈中，受访者是控制进程的那一方。如果你还没有问到某个问题，但受访者主动开始谈起，你有两个选择。一是可以试着把谈话拉回正轨，"嗯，咱们稍后再谈这点"。二是你可以顺着受访者的话头（不做评论），跳到后面的问题。我的意见是，第二种选择比第一种好得多。回到最初的话题会破坏谈话的节奏，而且有可能使受访者不愿意主动分享信息。但是，根据受访者的回答而改变话题意味着你必须在访谈的过程中随时调整问题的顺序。你还必须保持认真倾听并看起来全神贯注，即使你正在迅速思考下一步如何做："我应该继续沿着这个话题进行吗？""我应该跟进一个问题吗？""我应该转向不同话题吗？"你必须当机立断，无须确切知道受访者当时想告诉你什么（你可能会发现在倾听时记笔录会有助于你记住需要谈到的内容）。在访谈中同时顾及多个方面可能非常伤脑筋，而给问题设定优先级可能会有所帮助。在最佳情况下，你清楚地知道自己想了解什么。然而，它也可能随着调研的进展而改变。在理想情况下，当完成一半到三分之二的访谈时，你可以确定研究重点，而且优先级也会比访谈初期更清晰。

返回受访者提出的那个话题以了解更多信息

通常情况下，即使是简短的回答也为后续提问提供了几个不同的方向。由于你一次只能提出一个问题，因此必然要放弃探索其他方向。这些被暂时搁置的话题可能会在接下来的访谈中自然而然地浮出水面,如果没有发生,你可以把话题引回这个方向。你可以说:"您之前提到过……那对您来说是什么样的体验?""您能告诉我更多有关……的事吗?"以这种方式回顾某个话题也可能是有好处的,因为这向受访者表明你一直在认真倾听,并且记住了他们的话。此外,我通常在收尾时会问:"关于这个话题,我们还有什么重要内容没有谈到的吗?"与此类似,沙姆斯·汗总是在他的访谈的最后问:"在这次采访中,我对(在此处插入研究的问题)很感兴趣。您还有什么想告诉我而我们刚才没有谈到的吗?您认为有什么问题是我应该问却没有问的吗?"[2]

注意权力不平等

访谈会涉及双方之间的微妙且复杂的权力动态。采访者和受访者有不同的生活经历,不同的社会地位背景,包括种族、民族、年龄、性别和教育程度等,这些因素不可避免地会影响访谈过程。作为采访者,你同时处于强势和弱势地位。处于强势地位,是因为你是提问者并引导着访谈进程;处于弱势地位,是因为受访者能够决定是否接受采访,分享什么信息以及分享的深度。你必须小心谨慎,不要向受访者施压,不能强迫他们做不想做的事情。你还应该认真倾听并敏锐地回应。同时,如果你不引导访谈进程,就无法获得预期的信息,因此你需要在一定程度上强势,不令访谈跑题。这里没有放之四海而皆准的答案,但是你应该对这些问题保持警觉并在访谈中按需调整。另外,访谈的双方都在收集信息。在开始之前,参与者没有什么理由信任你,因此他们会一直寻找线索试图弄清你的意图。即使你花费了很多时间和精力争取到一次访谈，如果受访者看起来不自在或者表现出不安的信号，你也应该停止访谈并询问他们的情况。如果受访者不希望继续，你必须立刻停止，必须遵循知情同意的原则。

控制过于健谈的受访者

一些受访者口若悬河，其思维天马行空。与这类人访谈时不太容易控制进度，因此你需要在访谈开始的最初几分钟内进行干预。当受访者的答复偏离正轨且滔滔不绝时，不要表现出不耐烦，最好的办法是重复刚才的问题。当你倾听受访者的回答时，点头并表示赞赏，但请密切注意受访者说话时的停顿，然后抓住机会将谈话引回你想了解的方向。你可以说："这很有意思。现在，请谈谈（重复刚才的问题）。"

如果你想知道自己是否掌握了控制访谈的艺术，一个方法是检查转录文本。通常情况下，回复的长度最好是一个段落（单倍行距）。除了极少数情况，如果一个问题的回复用了一整页单倍行距的篇幅，就意味着你在某些地方可能没有做对。你需要把这个问题分解成几个问题。

做好受访者沉默寡言的准备

可以说，采访那些内向、胆怯或根本不爱说话的人难度更大。他们的回答通常非常简短，当你请求他们详细说明时，有的人会一脸茫然地看着你，或者更糟糕的是，他们看起来对此很烦躁。在访谈开始的前几分钟，你可以尝试一些策略，或许能提高获得细节信息的机会。

一些沉默寡言的受访者在你的循循善诱下会提供更多信息："太感谢了！这些细节信息对我非常有帮助，我对您的经历理解得更深了——每个人的经历都是独一无二的。"有时，自嘲会增强受访者的信心，让他们不那么胆怯，你可以这样说："其实，我对此知之甚少。您能具体谈谈吗？您是如何处理这件事的？"有时，暂时停止采访并谈论一些其他事情会有所帮助——房间里一个有趣的或不寻常的物品、受访者着装上的亮点，或任何其他对受访者来说似乎很重要的话题。当与害羞或内敛的受访者讨论其关心的话题时，他们可能会（明显地）放松下来，这样你才能知道他们在放松状态下的行为。有一点很重要，就是即使你越来越不耐烦，也必须表现出对其所说的内容很感兴趣。

同样重要的是你应该认为自己有权"爱管闲事"并继续追问。受访者并不知道你想要什么样的信息，只有通过你继续向他们追问更多细节，他们才能知道应该提供什么样的信息。如果他们没有提供你需要的信息，你可以直截了当地询问，除非感觉到对方认为你的追问越界了。在这种情况下，你应该立即停止。人们不太可能自愿提供敏感性问题的信息（包括性行为，对父母的不满和事业上的挫折），但如果你礼貌地询问，许多人还是会回答的。当你提起一个可能的敏感话题时，你其实是在允许对方提供更多信息。然而，有些人就是比其他人更不健谈。如果你尝试了所有可用的策略，但是访谈进行了大约一小时后还是不甚顺利，我建议就此结束，感谢对方，然后起身离开。所有人都会经历令人失望的访谈。

在深挖一个话题和继续访谈之间寻求平衡

在每一次访谈中,访谈的深度和广度总是互相矛盾。你要确保在某几个问题上"深入挖掘",尤其是在访谈相对早期的时候谈到的一个话题。你还需要注意,要问的问题不止一个。应该提前考虑"不可妥协的必答题"有哪些,问完这些问题之后,你可以根据访谈的节奏进入其他话题。如第四章所述,一个可能有帮助的方法是制作一份重要事件清单给受访者看,这个清单能帮你更快速地涵盖多个主题。

设计一个应付受访者问题的计划

进行访谈的这段时间内,你应该把重点放在对方而不是自己身上。但是很多受访者会对你很好奇,你应该准备几件与自己有关的小事,在合适的时候与对方分享,然后把话题引回研究重点。例如,作为一名研究生,我会分享我就读的学校和即将毕业时的故事,也会开玩笑地谈到我求职时的紧张心情。在这之后,我将专注于此次访谈。在拜访一个家庭时,为了让他们放松,我经常谈起在我成长的过程中,家人经常"大喊大叫"。我还会讲一个故事(第六章中将具体描述),小时候我和妹妹住一个房间,我们"总是在吵架"。透露一些有关自己的事情,是为了建立一个值得信赖且亲切的人设。如果有人坚持让你谈谈自己,你可以说:"嗯,访谈结束后我很乐意谈谈,但现在我想听听您的经历。"据朱迪思·莱文的自述,她经常这样说:"我不想占用您太多时间,我希望确保我们有足够的时间完成访谈。"我会在访谈收尾时聊几分钟,但随后说还有事,"必须得走了"。你可能会想，为什么会有人渴望更多地了解你。有时，受访者这样做是为了在你身上寻求信赖感；有时，如果他们说自己对一个话题感兴趣，其实他们真正的意图是告诉你他们的看法。另外，请记住你（与记者一样）无须回答被问到的问题，而是可以答非所问，岔开话题。在我看来，在研究发现这方面，你应该尽量做到"细节模糊但主题明确"。也许你可以分享一个很普通（非冒犯性的）的观点，你还可以说"透露我的研究发现还为时过早"，但是你会在研究结束时分享一个简短的概述。

检查是否问到了所有问题

由于访谈的展开方式是不可预测的，因此遗漏访谈指南中的（至少一个）问题是很常见的。由于我是"比较随性"类型的采访者，因此在确保问每个受访者相同的问题这方面，我做得很糟糕。这种不一致性导致了很多问题，其中一个是我很难使用简单表格来总结整个样本中某种模式出现的频率。避免数据不完整的一种策略是在访谈结束前暂停片刻，并说"对不起，让我暂停一下，我需要检查一下是否遗漏了任何重要问题"。这样做能够确保你确实问到了指南中的核心问题。不过，你很可能在访谈结束后意识到忘记了一个重要的后续问题。这种不可能完全避免的情况虽令人沮丧，但也很正常。

有的研究人员会给受访者发电子邮件提出被遗忘的后续问题，他们认为这样并非不妥。我也这样做过。当时我忘了问受访者他的政治立场以及是否在总统选举中投票，她回复了我的电子邮件（说她不属于任何党派，也没有投票）。然而，这只是一种亡羊补牢的办法，会使采访者看起来不太专业，并给受访者添麻烦——他们可能并不情愿（但有些受访者会主动请你提出后续问题）。我认为，最好形成一个系统，帮助你记住所有关键问题。不过请记住，任何人都有可能遗漏某个重要问题。总会有这样的事情发生，你不值得为它失眠。

注意倾听出色的引文，但切勿抱太高期望

通常来说，采访中某些时刻受访者会说一些对你特别有帮助的话。更好的情况是：他们会作出一个掷地有声的说明（通过不断实践，你可以轻易地立即识别出高质量的引文）。不过，期望每位受访者都能提供一两条高质量的引文是不现实的。我是在攻读研究生的时候得到这个提醒的，当时我非常震惊（"我付出这么多工作，只能得到一条有用的引文吗"）。但是请记住，即使在一项小型研究中，你也得进行多次访谈。所有的访谈，即使是那些稍欠详细的访谈，都可以为你的观点奠定基础。当你撰写研究发现时，采用多位受访者的出色引文会使你的结论更具说服力。

两次访谈案例

访谈案例 1：一次不太详细的访谈

这里的第一个访谈案例是由一位聪明、周到的新手——白人博士研究生詹娜·哈维（Jenna Harvey，本章案例中所有名字都是化名）进行的。她参与了我的《不平等的童年》一书的研究工作。[3] 访

谈的总篇幅约40页，双倍行距，此处的摘录涵盖了总篇幅的大约15%，完整访谈耗时约90分钟。这次访谈中有一些亮点，但总体而言，我们未能找出太多细腻、生动的引文。正如我的评论指出的，选择其他提问方式——尤其是其他探询性问题——可能更有效。

此次的受访者是西尔弗曼（Silverman）女士，一位白人工人阶级家庭的已婚母亲。哈维在西尔弗曼女士9岁的儿子道吉（Dougie）的橄榄球秋季训练课上与其见面。我们此前已在道吉的学校开展研究，西尔弗曼女士也收到了有关该项目的信件。哈维除了在道吉的训练课上与西尔弗曼女士聊天，还预约了一次12月的访谈，并在访谈的前一天晚上致电确认。在正式访谈时，西尔弗曼女士签署了同意书并允许使用录音机。下面是访谈摘录。

🎤 访谈开始

采访者：首先，您在橄榄球训练时告诉过我家中的成员，不过，您可以再告诉我一次吗？您还有年纪比道吉稍大的女儿和儿子，对吗？

西尔弗曼女士：是的。

采访者：我忘了他们的名字。

这句话并非不合理，但是最好先道个歉，"不好意思，我忘记了他们的名字"。或者更好的话术是"对不起，您能再告诉我一次他们的名字吗"。父母通常会把孩子看作生命中的至宝。如果你忘记了孩子的名字，其父母可能会不悦。

西尔弗曼女士： 吉姆（Jim），他 21 岁；特里希（Trishie），她 14 岁；还有道吉，他 9 岁。

采访者： 如果您现在要向一个从未见过道格（Doug）的人描述他，您会怎样说？

请注意，当西尔弗曼女士提到她的儿子时，她叫他"道吉"。采访者在这句话里称孩子为"道格"，无意中造成了她们之间的一个小裂痕。如果采访者用母亲的叫法"道吉"称呼孩子，那么她们的合作关系可以更紧密。

西尔弗曼女士： 他有时是个好孩子，有时是个坏小子。他很聪明。在我看来，他很聪明。有时，他有行为问题。但他很乖。

这位母亲的回答是一个很好的例子，采访者经常会面对这样的挑战：在一个简短的回答中，受访者引入了 5 个不同的观点，她的儿子有时是个"好孩子"，有时是个"坏小子"，"他很聪明"（请注意有些字眼暗示出她对研究人员的戒备，比如这位母亲强调"在我看来，他很聪明"），"有时"有行为问题和"他很乖"。多个不同的可选探索途径会给你很大压力。应该如何选择？

我建议你做两件事：选择一个积极的方面，然后开始提出更具体、更有针对性的探询问题，引导受访者提供你需要的信息，例如，"请谈谈他表现好的一个例子，最好是最近几天发生的。今天或昨天他的表现好吗？"或者你可以说："是的，我可以从训练课上看出，他很聪明。请告诉我您认为他在家里的表现如何？"

第二个例子比第一个例子更具风险，因为它强调学习方面，你是从学校的角度出发提问。如果这位母亲和学校的关系紧张，这样问无异于雪上加霜。如果是我，我不会选择这条路径。

我认为，在这5条路径中，正面的2个选择最佳。如下所示，"坏孩子"和"行为问题"是负面的，这让她的儿子（和她）面上无光。"但他很乖"这种说法是非常笼统的，因此并不能作为一个好的话头引出更多细节。

采访者： 您可以多谈谈行为问题吗？

这不是一个理想的探询问题，因为被访者刚刚在回答上一个问题时称赞了自己的儿子4次：

"他有时是一个好孩子。"

"他很聪明。"

"在我看来，他很聪明。"

"他很乖。"

遗憾的是，采访者的后续问题并没有表明她听到了任何优秀的品质，相反，她只关注缺点（"您可以多谈谈行为问题吗"）。受访者可能会得出结论，采访者没有认真倾听或只对这个家庭的家丑感兴趣。

请始终牢记，访谈的一个特点是紧密合作，这很重要。你和受访者需要共同努力才能实现访谈的最终目标：得到优质且详细的数据，作为这个研究强有力的基础。在这次采访中，如果能将后续调查的重点放在积极的方面，采访者会与受访者建立更多的信任（例如，"请举一个最近的、他在过去几天里表现很好的例子。今天或昨天有什么事发生吗？"），然后在访谈后期，你可以回到行为问题（或儿童教养中的其他困难时刻）。但是请记住，很多父母对孩子有深切的认同，批评孩子等于批评父母。

西尔弗曼女士： 例如，如果他累了或心情不好，这时你叫他做事，他就偏不做。他会发脾气或闹别扭。以前的情况更糟，但是现在好些了，他不经常发脾气了。我认为这是因为他长大了。

采访者： 他为什么发脾气？

这位母亲正在努力将话题转向更积极的方向——"情况在变好"——这是一个不错的继续访谈方向。虽然采访者的问题是为了获取更多细节，但是当她问"他为什么发脾气"时，这个问题过于笼统了。这样的问法会让受访者倾向于总结许多不同的发脾气的原因，而这反过来又可能导致模糊和笼统的叙述。最好专注于最近一次的发脾气，例如，"您能想到他最近一次发脾气的时候——也许是上周——并告诉我更多细节吗？"

然后，认真倾听对方提供的信息，抓住机会探究更多细节。你提出的具体后续问题取决于你想了解什么，以及为什么想了解。在这次采访中，有助于了解更多发脾气原因的有效探询问题包括："在孩子发脾气之前发生了什么？""当时您在哪里（在家里还是外面）？""您和谁在一起？""他的朋友叫什么名字？""那是一天中的什么时候？""您还记得他说过什么吗？"你的目标始终都应该是询问某个特定时刻，而不是一般情况。细节是关键。

西尔弗曼女士： 比如你对他说"不行，你不能和某个朋友一起去某个地方""不行，你不能买这个"之类的话。是否发脾气取决于他的心情。以前，他经常为此发脾气，我只能试着不理睬他或对他大喊大叫，就是这样。

在这里，受访者开始界定她愿意回答的深度（"就是这样"）。这种转变是一个不好的迹象。我们的目标是随着访谈的深入让受访者提供越来越详细的答案。

在本案例中，采访者可以问受访者"试着不理睬"她的儿子是什么感觉——"这会不会很难？"采访者还可以冒险询问这位母亲对着孩子喊叫时的心情。问这种问题必须小心翼翼，因为受访者可能会因她对孩子喊叫而感到尴尬。在提问一个可能的敏感问题时，让受访者知道这不是特例，有助于让其放心做出并诚实回答。比如，采访者可以说："很多母亲告诉我，她们会对孩子大喊大叫，而且每种情况都不同。对您来说，什么样的情况下您会对孩子喊叫？"

采访者： 现在我想问，特里希和吉姆都住在这里吗？

西尔弗曼女士： 特里希住在这里，吉姆不住在这里。

最好等到访谈收尾时再问这个问题，因为它只需要一个肯定或否定的答案。在访谈早期，你的目标是引导受访者提供具体和翔实的回答。

采访者： 好的。这些天道格喜欢做什么？他如何打发时间？

这是研究中的一个重要问题。采访者问得很好。

西尔弗曼女士： 现在橄榄球赛季已经结束了，他没有什么事可做。他会和我们坐在一起看电视，玩任天堂。仅此而已。嗯，如果他的朋友来了，他会和他们一起出去；但是如果他的朋友不来敲门，他也不会主动去找他们。他只会待在家里看电视或玩任天堂。

这是一个合理的答案，但仍然过于笼统。这个回复涵盖了很多内容，很难理解现在"橄榄球赛季"已经"结束"，道吉实际上每天在做什么。这是回答中最有趣的部分，因为中产阶级的孩子全年都会参加各种体育活动。在这个蓝领家庭中，这个男孩只参加橄榄球这一项活动。在这里，采访者有很多选择，她可以使用以下任何一种探询性话术：

"赛季结束了。"这将是我的首选探询问题。根据接下来的具体情况，采访者可以进一步询问孩子参与橄榄球活动的时间、参加训练和比赛的人员、每次训练或比赛时如何前往、需要付出多少努力、母亲对此有何感受、孩子如何向母亲提起橄榄球，等等。

"他和你们一起看什么电视节目？"这个探询问题并未准确引用受访者的原话（西尔弗曼女士说，"和我们坐在一起"），也没有正确释义受访者的话。采访者应该问他们在哪里看电视、看多长时间、一起看电视的还有谁、谁选择节目、是否吃特殊的零食等问题，以了解道吉如何度过闲暇时间。所有这些问题都旨在揭示家庭互动。

"他玩任天堂。"采访者说完这句话后应该安静地等待回复，然后追问遗漏的细节，包括受访者的儿子在何时、何地玩任天堂，输了时的反应，和谁一起玩，他拥有这款游戏机有多长时间了等问题。

"他的朋友会来家里吗？"通过这个问题，采访者可以更详细地了解受访者儿子的日常生活。采访者应该询问孩子的朋友多久来一次、朋友的名字、孩子在街区玩时被允许的最远离家距离、孩子有没有自行车、每天出门几个小时、是否规定孩子必须在某个时间回家等。

"昨天放学后发生了什么？"这个探询问题并未重复受访者所说的任何内容，但它开启了一个话题，使采访者有机会描述前面提到的日常活动，也为采访者提供了一个机会，引导谈话的方向，鼓励对方提供更多细节。

上述这些探询问题都是有效的，任何一个都有助于采访者获得更多细节。但是，本案例中的采访者没有选择上述任何一个跟进问题。这表明采访者对受访者所说的内容并不特别感兴趣，这意味着采访者完全满足于这个答案，受访者无须进一步阐述。请注意，在这个回复之后，受访者接下来的回复开始变得更短，而不是更长和更全面。

到达访谈中的第一个转折点

这项研究的一个主要目标是了解孩子们如何度过他们的时间，以及父母需要付出多少努力才能安排好他们的一天。西尔弗曼女士之前的回答直接解答了一个关键的研究问题，因此它特别重要。有一个错误是"新手采访者"经常会犯的，他们倾向于跳过深入探询，过急过快地进入下一个问题，这可能会错过让受访者提供重要详情和细节的好机会。此外，采访者不跟进受访者的回复其实是在无意中训练受访者给出更简短的答案。此时，访谈已经进行了足够长的时间，采访者应该清楚自己的需求，受访者也应该清楚自己能够提供的内容，其他可能性被逐一排除。访谈的前15分钟是双方互相了解，设定期望的时间，在那之后调整期望值的机会越来越渺茫。

采访者：他在家的附近有很多朋友吗？

西尔弗曼女士： 是的。

采访者： 我的意思是他有朋友住在同一个街区吗？如果朋友不住在这个街区，他们家离您家有多远？

这是一个合理的探询问题，因为采访者希望受访者提供更多细节。

西尔弗曼女士： 他有三四个朋友住在街对面，另外两个住在我们这条街，隔一条街还有一个朋友，他们都是男孩。暑假时，他们总在一起玩。

这个回复很有意思。此时，采访者应该停下来，询问这些男孩的姓名、年龄，他们是否有亲属关系，是否来自不同的家庭，以及受访者是否与这些家庭有密切关系。

受访者的最后一句话，"暑假时，他们总在一起玩"是一句生动的引文。这表示孩子有自主的童年，他可以结伴玩耍。

或许你可以这样开始一个合理的探询问题："哇，真不错！那么住在街对面的三四个男孩是一家人吗？他们几岁？"

更多的探询问题似乎会自然而然地冒出来。"这些男孩都在同一个年级吗？""他们上同一所学校吗？""他们是结伴走路上学还是坐公交？"采访者还可以从暑假开始。她可以问："请讲讲暑假期间的情况。孩子们总是在一起吗？"她可以询问受访者的工作时间，以及她是否必须在暑假期间做出特殊安排，或者白天让孩子们自己在家。她可以重复受访者的话，"暑假时，他们总在一起玩"，然后静静地等待，听听受访者如何接话。

类似这样的探询问题可以引出更具体、更生动的细节，有助于加深分析。而深入分析正是在定性研究中使用深度访谈法的主要目标。但是恰恰相反，采访者问了一个更笼统的问题（见下文）。到目前为止，采访已经进行了一段时间，但回答却越来越笼统（低质量回答），而不是越来越具体和详细（高质量回答）。

采访者： 孩子们每天都做些什么？

西尔弗曼女士： 嗯，他们会来我家玩任天堂，或者出去玩，因为这是橄榄球赛季（电视转播），他们会打橄榄球。在暑假里，他们会打棒球。

采访者： 他们去哪里打橄榄球？

这个探询问题有很大的潜力。它可能开启一个话头，受访者也许会谈到更多细节，例如她对孩子参加橄榄球的感受（包括自发比赛和联赛），孩子参与橄榄球活动对她自己的意义，她为此付出的辛苦等，而采访者并未跟进。正如你将在下面看到的，她把话题转向了棒球。

西尔弗曼女士： 就在这条街上，就在旁边。他们就在那里玩橄榄球。除了玩橄榄球，他们没有什么事情可做。有时孩子们也会闹矛盾。

采访者： 他们在哪里打棒球？
西尔弗曼女士： 就在这条街上。
采访者： 那么他每周会有多少个下午不在家呢？
西尔弗曼女士： 一两个下午。这周他打了两次棒球。
采访者： 他去过朋友的家里吗？

西尔弗曼女士：有时候会去。或者他会打电话问"你想出来吗？"有时他也会待在家里。

> 此时，采访者可以问："您能告诉我最近一次他打电话约朋友出来玩的情况吗？"这个问题将有助于采访者更深入地挖掘访谈主题。

采访者：所以他玩橄榄球和棒球，那是在春季吗？

西尔弗曼女士：是的。

采访者：参加橄榄球活动需要付出什么样的成本？

西尔弗曼女士：我们为他参加橄榄球队支付了40美元的费用。

采访者：这包括队服吗？

西尔弗曼女士：是的。

采访者：他每周有几个晚上去训练？

西尔弗曼女士：嗯，在开学之前，工作日的每个晚上都有训练。开学后，减到3个晚上。

采访者：夏季训练什么时候开始的？

西尔弗曼女士：我记得大约是8月。好像是8月的最后一周或倒数第二周，大概是那个时候。

采访者：所以，是周一到周五的每晚吗？

西尔弗曼女士：是的。

采访者：具体几点呢？

西尔弗曼女士：晚上6点到8点。

采访者：开学以后的训练时间呢？

西尔弗曼女士：开学后减到3个晚上，也是晚上6点到8点。

采访者：您是否必须经常提醒他为训练做好准备？

采访者在这里询问更多细节是正确的,但请注意她的提问方式,这个问题只需要"是"或"否"的答案。如果在此时问一个开放式问题会更好:"当孩子们为训练做准备时,有的孩子自理能力很强,有的需要家长参与。道吉是怎样的?"

使用"自理"这样的字眼可能会框定回答的范围,使人担心这个问题是否带有偏见。不过,框定回答的范围也有助于让受访者明白采访者需要什么样的信息。

西尔弗曼女士: 当他们开始训练时,如果天气很热,他就特别不想去,因为他不想在那么热的天气里跑圈。他退出过一次,教练打电话劝他,后来他又归队了。

尽管探询问题没能达到预期的深度,但西尔弗曼女士开始讲述一个非常有趣的故事,他的儿子曾经退出橄榄球队,以及她和丈夫对此的反应。

此时,受访者透露,"当他们开始训练时",她的儿子"不想去"。鉴于这项研究的一个重点是了解父母为孩子安排有组织的活动所付出的辛劳,这是采访中一个具有启发性的时刻,它强调父母如何判断应该在多大程度上督促孩子参与活动。

这个问题的回答具有很大的潜力。采访者暂停其他问题并就这个方面进行深挖是明智的。她再一次面临多种选择。她可以接着"天气很热""他不想在那么热的天气里跑圈""他退出过一次""教练打电话劝他""他又归队了"这些话题来探询。

如果我是采访者,我可能会说:"请具体谈谈天气很热的时候,他不想去训练。能告诉我更多细节吗?"然后我会探询孩子是何时开始抱怨、他到底说了什么、究竟有多热、训练服是什么样的、她是否记得道吉的父亲说过的话（因为采访者不应该要求受访者谈论其他人的想法）和她自己的想法等。然后我会谈到她儿子退出橄榄球队那天，详细询问为何在那天退队、是什么触发了这个决定、她的儿子对谁说了这件事、她和她的丈夫是如何反应的、她的儿子是怎样对教练说这个决定的，等等。所有这些探询问题都需要很长时间来回答，这意味着我将没有时间问其他重要问题。这种取舍是否值得取决于研究问题的性质。考虑到我的研究问题，花更多的时间在这里是值得的。

采访者： 当他退队时，同时发生了什么事情吗？

采访者正在跟进这个故事，这很好。探询的目的是得到一个结果（即"发生了什么"）。最好是问一个更开放的探询问题。采访者有很多选择："能详细谈谈吗？您刚听到这个消息时，心情怎样？您丈夫对此怎么说？您是怎样处理这件事的？"这是一个更好的探询问题，因为这样问直击事件意义以及事件如何展开的更多细节。

西尔弗曼女士： 他只是因为天热而不想去训练，跑步训练的距离是很长的，他不想在体育场跑圈。他就是不想训练。后来，他的教练打电话给他，说想让他回去，所以他决定归队。

在这里，了解这段时间的天气有多热会很有帮助——请受访者告诉你她估计的当时的温度。"天哪，听起来真的很热。到底有多热——您能告诉我一个大概的数值吗？"通常来说，在遇到此类问题时，受访者会说他们不知道。但是如果你再问一次，给他们一些选项，包括一个不可能的数值（"你认为是85华氏度[①]、95华氏度、105华氏度还是116华氏度？"），他们很可能会给你一个估计值。还有，最好顺着"他就是不想训练"这条关键线索深挖更多细节。采访者可以重复这句话并等她回复，"所以，他就是不想训练"。在理想情况下，当被问到时，受访者能回忆起她儿子在退队时具体说了什么。了解具体的语言有助于更加生动地描绘出事件的画面。

采访者：他是直接告诉教练他想退队，还是您不得不给教练打电话？

这句话背后的意图很好（即：你是在问，是父母还是孩子处理了这个事件），但是"您不得不给教练打电话"这个措辞并不是最理想的。母亲采取任何行动并不是因为她"不得不"这样做，她可能认为有必要与教练沟通。然而，她的回答表明她理解采访者的意图。

西尔弗曼女士：他不得不自己告诉教练他想退队。

这很有意思。回复很简短，但可以用作引文"他不得不自己告诉教练"。

采访者：他自己告诉教练的吗？
西尔弗曼女士：是的。
采访者：他是在训练的时候提出退队的吗？
西尔弗曼女士：那天是他父亲带他去训练的，因为我要回去工

[①] 华氏度=32+摄氏度×1.8。——译者注

作，他父亲送他去那儿，他交回了设备并告诉教练他想退队。

采访者：后来教练给他打电话了？

西尔弗曼女士：我记得他第二天晚上就回去了，我们在 Arrow 体育场重新给他报了名。

采访者：也是在训练期间重新为他报名的吗？

西尔弗曼女士：是的。

采访者：您必须再次付款吗？

西尔弗曼女士：我们必须付 20 美元。因为道吉第一次加入球队时我们付了 40 美元，他退队时教练退还给我们 20 美元，所以我们得补回这 20 美元。

采访者：那是在训练季的什么时候？

西尔弗曼女士：他们开始训练后两三周。

采访者：在他决定退队之前，或者决定重新加入球队之前，有没有和你们讨论过他的想法？他是怎样与你们提起的？你们有没有为此争吵？

<u>至此，采访者已经有进步了，她正努力探询更多细节。每个探询问题都是有价值的，但最好一次只问一个问题并用心倾听，再问下一个。第三个问题最好暂时不问，作为保留问题。请注意，当采访者问出第三个探询性问题时，她应该使用受访者的语言，而不是用"争吵"这个词。</u>

西尔弗曼女士：没有，我只是告诉他，如果他想归队，我会给他报名，但我不想听到他说任何"我不想训练，我不去训练"之类的话。他必须参加训练。这是作为球队队员非常重要的一部分。他

表示同意。就这样，我们强迫他去训练。有些晚上他不想去，我会说："道吉，你必须出门了。"一旦他换好衣服，就不再抱怨了。

这是迄今为止从采访中得到的最好的引文，因为它非常清楚地表述了在受访者的儿子抵触橄榄球训练时受访者的做法，例如"道吉，你必须出门了"。

采访者： 他会反抗或发脾气吗？

采访者在这里追问更多细节，这是非常好的。但采访者的措辞限制了受访者的回答范围。这个问题里有两个固定选项：反抗或发脾气。虽然受访者在早些时候确实使用了"发脾气"这个词，但采访者在这里提出这个词造成了一种有意的引导，最好只说"请具体谈谈"或者"您能想起某个特定的日子吗"。

西尔弗曼女士： 有时候会。他会说他不想去，但我们还是会强迫他去。

顺着这条有趣的线索了解更多信息应该对研究很有帮助。最好的追问方法是，采访者几乎一字不差地重复受访者刚才所说的话，"你们会强迫他去"，然后静静地等待5到10秒。通常来说，这时的沉默会促使受访者接着讲话。

了解更多关于受访者对她儿子参与橄榄球活动的看法，以及她为什么认为每次训练和比赛都不能缺席很重要，因为这强调了这个家庭的一条家规——即使孩子抗议，母亲也不动摇。采访者可以说："请具体谈谈这方面。"如果我们没有更多细节，就很难判断她的儿子只是闷闷不乐地发牢骚，还是激烈地反抗继续橄榄球训练。进一步的探询问题可能是:"请告诉我更多当时的情景,当时他在做什么?"采访者也可以问:"我不知道这样问是否合适,但您可以描述他的语气吗?"此外,这将有助于弄清楚孩子做出反抗行为的具体时间。看起来她说的是她儿子退出橄榄球队之前,而不是在他重新加入橄榄球队之后的事,但她没有说清楚。

采访者: 有时候您需要帮他穿上球衣吗?

西尔弗曼女士: 不,如果到了那种地步,我就会说,算了,我们不去了,你退队吧,或者类似的话。

采访者: 当他退队时,他有没有和你沟通过这个决定?

"他有没有和你沟通过这个决定"这样的措辞会引导受访者简单地回答"是"或"否"。换一种说法可能引出更宽泛的回答。"请告诉我更多细节。他是怎样告诉您这件事的?""您还记得您刚得知这个事情时的反应吗?他是怎么提起此事的?"

然而,尽管采访者以上述第一种方式提问,但受访者给出了一个很好的回答。

西尔弗曼女士: 他一直对我们说,他想退队,他想退队。最后我们只能说,好吧。强迫他打橄榄球是没有意义的,所以我们选择让他退出。我们(再次)为他报名入队时,询问了五六次:"你确定吗?你必须参加每次训练。这次你最好考虑清楚。"我们之前谈过此事。

这是一个很好的引文,它具有一些感情色彩(从中可以明显地感到受访者的烦躁)。采访者本可以在这里跟进:"所以,请回想一下您在试图做出决定的那一刻。您是怎么考虑的？""您的丈夫说了什么？"或者，采访者可以重复受访者的部分回答，"强迫他打橄榄球是没有意义的"，然后默默等待。

在理想情况下，采访者会针对他们感兴趣的事件或经历探询各种细节，描绘出一幅引人入胜的画面。在这里，采访者可能会问："是否有某个特定的时刻让您下了决心？您还记得您当时在哪里吗？"这个探询问题的目的是获得细节：他们是在车里、坐在电视机前、晚餐饭桌上还是其他地方？道吉只告诉了母亲还是也告诉了父亲？父母的具体反应如何？尽可能多地获得细节有助于你尽量正确地理解发生的事情。

采访者：在那之后，每个周六他们都有一场比赛吗？

西尔弗曼女士：是的。

采访者：比赛是在外地，还是在这里？

西尔弗曼女士：我不知道。我甚至不知道他们踢了多少场比赛，也许10场。我记得5场比赛在这里，5场在外地。因为每隔一个周末就在外面有一场比赛。

主场和客场比赛的次数是有用的信息。但采访者可以从其他来源（例如联赛表）获得这些客观数据。采访者在访谈期间有更多时间提问并获取受访者的主观数据，例如经历、价值观、信仰等。

总结：一次仅触及皮毛的访谈

采访者完成了访谈并获得了一些有价值的信息，所收集的信息也符合项目的目的。受访者的儿子参加的组织活动相对较少，在家人之外有丰富的生活和很多玩伴。在他改变主意并想退队后，父母对是否应该强迫他参加有组织的体育活动感到非常矛盾。

然而，采访者并没有尽可能多地了解情况。具体来说，她没有了解作为橄榄球队员家长的经历及意义，孩子参加橄榄球活动对受访者自己生活的影响，她的价值观和优先事项，以及家庭日常生活的细节。[4]在访谈中，采访者经常问一些过于狭隘的问题，而不是先问一般性问题，然后针对细节进行探询。采访者没有在一个问题上停留太长时间，通过重新措辞或尝试不同的角度来获得更多细节信息。有时，采访者还要求受访者同时总结几件事，导致受访者的回答越来越宽泛。采访者没有谈笑风生，也没有赞美受访者，也就是说没有制造足够温馨的气氛来缓解陌生人之间的尴尬，尤其是在采访的早期阶段。

不过，她也避开了一些常见的陷阱。她没有滔滔不绝。有的采访者很难控制自己，侃侃而谈，这挤占了受访者回答的时间。虽然简短地分享个人经历有助于建立融洽的关系，但访谈并不是谈论自己的经历或感受的好地方（不过，有时分享一些私人信息，尤其是在访谈的早期，有助于建立融洽的关系。有的采访者总是一上来就讲一段个人陈述）。采访者的目标应该是与对方建立良好融洽的关系，然后从受访者那里获得详细信息。尽管采访者是新手，但她避免了评判受访者或受访者的儿子。此外，采访者始终彬彬有礼，没有任何粗鲁的言行。鉴于她缺乏经验，我认为项目早期的这次访谈是合格的。她从中得到了一些非常好的引文（如上所述，访谈只产生一个好引文的情况并不少见）。不过，这次访谈本可以更丰富、更深入。高质量的数据能够为分析结论提供更强有力的基础。

访谈案例2：一次更详细的访谈

以下是我对非裔美国人家庭的母亲塞莱斯特·泰勒（Celeste Taylor）女士进行的2小时访谈的摘录，她的案例被收入《不平等的童年》一书中。她与丈夫分居了。[5] 在我采访她时，他们的儿子泰雷克（Tyrec）是我观察的四年级学生之一，属于我的研究项目的一部分。泰勒女士拥有高中学历，当时就读于线上私立学院，并有一份全职行政助理的工作。在理想情况下，访谈应该是在私密环境中进行的一对一谈话。但事实并非如此，部分原因是当我预约采访时，我对泰勒女士不够坚持，另外的原因是这位母亲的全职工作日程很满，很难找到合适的时间和地点单独采访她。为了应对这些情况，凯瑟琳·埃丁（Kathryn Edin）发明了一种访谈模式，即派两名采访者一同前往，一位负责照顾孩子，另一位负责采访母亲。访谈是在泰勒女士租的房子里进行的。在经历了一周异常恶劣的暴风雨和寒冷的天气之后，我在1月的一个周日晚上来到泰勒女士的家。泰雷克（9岁）在访谈的大部分时间都在场，他也渴望被采访。泰勒女士19岁的儿子马尔科姆（Malcolm）和13岁的女儿在访谈过程中进进出出。幸运的是，这次访谈的重点并不是特别私密的问题，主要集中在评估泰雷克在家的日常生活节奏上。

访谈摘录从泰勒女士签署同意书并允许我使用录音机后开始。在阅读摘录时，有几件事情需要注意。例如，很多探询问题都要求提供具体的细节，有时我会以不同的方式问同一个问题，并且随着访谈的进行，受访者的回答会越来越详细。访谈是双方协商进行的。刚开始的谈话节奏比较缓慢，我花了大约20分钟的时间询问泰雷克参与组织活动（橄榄球活动）的信息，以便尽可能清楚地了解他参与体育活动对他的母亲和其他家庭成员的影响。

访谈开始

采访者：多么可爱的杯子啊！

在这里，我试图与受访者建立融洽的关系。我是真诚地欣赏那个杯子，所以才这样夸赞。当我看到欣赏的东西时，我通常会夸奖一番。这有助于缓解访谈双方最初时刻的尴尬并让互动更放松。

泰勒女士：这是泰雷克送给我的圣诞礼物。

采访者：这真是一份很棒的礼物。

泰勒女士：我也是这么认为的。

采访者：现在，请想象一下您在向一个从未见过泰雷克的人描述他——您会如何描述他？他是一个什么样的孩子？

泰勒女士：他就是男孩子气十足。他男孩子气十足。我不知道该怎么形容。可以描述他是男孩子气十足的吗？他充满活力。他很聪明。

采访者：想象一下，你正在向一个从未见过他的人描述他。

这是一个宽泛的开放式问题。受访者了解自己的儿子，她对孩子深沉的爱立刻就体现出来了。通过跟进这个问题，我让她知道我需要更多细节。在采访的早期阶段，你应该尽量跟进这样的探询问题，而不是接受受访者的第一个回答。

泰勒女士： 哦，他非常可爱，他就是一个完美的小孩，真的。他不是坏孩子，也不是乖孩子。从各个方面上来说，他只是个孩子，但他是个很不错的小孩，他是一个非常讨人喜欢的小家伙。

采访者： 他是个好孩子。我很高兴认识他。我开始对他有一点了解了。

泰勒女士： 他有点亢奋。

在我说"他是个好孩子"之后，这位母亲这样评价她的儿子。她说："他有点亢奋。"我试图化解她的批评（"他才四年级"）。回想起来，我认为这样说有点冒险，受访者可能会觉得我在批评她的抚养方式。我最好说"我很高兴认识他"后转到下一个问题。

采访者： 他才四年级。他在课余时间喜欢做什么？

泰勒女士： 嗯，他最喜欢的事情当然是玩电子游戏。他也打橄榄球。去年是他第一年打橄榄球，他非常喜欢。所以他现在是一名橄榄球迷，而且全身心地投入。

采访者： 明天有一场大型橄榄球赛，不是吗？

泰勒女士： 是的。（她转向其中一个孩子，"你们谁去一趟商店，买些餐巾纸"）家里一张餐巾纸也没有了，太尴尬了。（现在直接对着泰雷克）他想和我说话。

泰雷克在我们附近晃来晃去，他非常想被采访。他的母亲并未理睬他，母亲这样做是在给孩子限定边界，所以我遵从她的意思。但我提议在我完成与泰勒女士的访谈后，如果她允许，我希望单独与孩子谈话。这是一个无解的局面，我是在泰雷克的学校认识他的，不想让这孩子失望，同时也想取悦抽出时间接受采访的母亲。可是，我无法同时关注他们两人。我担心泰雷克在旁边的话，他的母亲在回答问题时可能会有所保留，不过，我还是决定让母亲来决定如何处理这个问题。

如果我能重新来过，我会暂停采访母亲，花15分钟采访泰雷克。然后再继续对母亲的采访。

采访者：（直接对泰雷克说）也许等我和你母亲谈完之后，我可以和你聊一会儿。好不好？（继续对母亲的采访）您提到了橄榄球和电子游戏——他还喜欢其他东西吗？

泰勒女士：还有什么呢？

采访者：上周，他放学以后……（声音变小）

泰勒女士：他一直玩游戏，直到筋疲力尽。这基本上就是他在家里的最大爱好，玩电子游戏。他有很多游戏，而且玩得很好。那是他擅长的事，所以他经常玩。他还有几个喜欢的电视节目，但他更喜欢玩电子游戏，他会玩好几个小时。

"他会玩好几个小时"这句话很重要。这意味着这个家没有限制泰雷克玩电子游戏时长的家规。我想更进一步了解情况。我想问泰勒女士，她对泰雷克玩游戏"好几个小时"有什么想法，但我不想听上去像是我在批评她，所以我只好专注于获取更多细节。

采访者：他在哪里玩？在楼下玩吗？

泰勒女士：是的（这里我跳过了8个简短的附加问题，我了解到泰雷克在家里玩电子游戏的确切位置、他拥有的电子游戏数量，还获知他在圣诞节得到了两款游戏，当时的价值是每款大约50美元。

在此省略了这些问题和回答）。

采访者： 好的。那么，在平常的一天，比如今天（周日），你认为他会花多长时间玩电子游戏？他今天早上是几点起床的？

<u>在这里，我试图了解家长是否对玩电子游戏有任何限制。我想获得更多细节。</u>

泰勒女士： 他大概是早上9点半起床的。他今天起得比较晚。他通常起得很早，但今天确实睡过头了。

采访者： 他通常什么时候起床？

泰勒女士： 他通常会在7点半或8点左右起床，即使在周末也是如此。所以，大概每天6小时（玩电子游戏的小时数）。

采访者： 那么这个天气恶劣的一周呢？这周天气真不寻常。

泰勒女士： 周一的天气真是太可怕了。他们从起床（停顿）就一直玩游戏，但是，你知道，一段时间后他们就都累了。我想，他们会玩几个小时，然后不得不停下，去做些其他事情。但是这周，你知道，大家都在家——19岁的哥哥和他所有的朋友都很喜欢他（泰雷克），所以他一直和他们在一起玩。你知道，他会和他哥哥一起去朋友家，他是那个小团体中的一员。所以，当他们都在家时，比如这周，因为马尔科姆不能去上班，所以，是的，他们每天都玩很久的电子游戏。

<u>这段话中有两句很有趣："一段时间后他们就都累了""（泰雷克）一直和他们（马尔科姆和马尔科姆的朋友们）在一起玩"。</u>

<u>我本可以就这个问题再深挖，但我感觉到他家没有就此定规矩，泰雷克每天至少玩6小时电子游戏（请注意，他的母亲说他整天都</u>

在玩,但随后说"大概每天 6 小时"。但我从采访中得知,他也去教堂和做其他事情)。

采访者: 这周下雪的日子里他有没有出去过?

泰勒女士: 没有。

采访者: 所以他没有塑料雪橇之类的东西吗?

泰勒女士: 没有。其他孩子会那样玩,但我不想让他出去,因为太冷了,我不许他们出去。

在这里,我犯了一个小错误,当我听到她不允许泰雷克出去玩时露出惊讶的神色。露出惊讶的神色意味着批评(或认为受访者的观点不太正确)。在这一瞬间,泰勒女士立刻明确地捍卫自己的立场,"外面太冷了"。访谈那天的气温是 31 华氏度[①],对孩子来说不算太冷,但那一周却异常寒冷,以至于学校都停课了。我本可以进一步探询,但我担心她产生防御心态,而且我还有很多其他方面要询问,所以我继续下面的问题。

采访者: 好的。请谈谈橄榄球吧。他是怎么开始参加橄榄球训练的?

泰勒女士: 嗯,他自己想参加。我想,总之他去参加训练了。去年他想参加,但是我们不让,我们觉得他太小了。他去年没能参加,因此很不高兴。然后,我想,他大概是和这附近的人一起参加了一次训练,那可能是他的一个朋友,然后他就想报名了。他对我

---

① 31 华氏度约等于 0 摄氏度。——译者注

说他想打橄榄球，我说，"不行，我不想让你参加"。他说他太想参加了，连做梦都想。他梦见自己手里拿着橄榄球跑着穿过球场。最后他说服了我。那天他很认真地告诉我这些，于是我说"好的"。他父亲不想让他去，但我对泰雷克说："好吧，反正你早晚还是会参加的。我答应你。"我做到了。他也很喜欢橄榄球，他玩得很开心。

这是一段很丰富的引文，充满感情，尤其关于泰雷克做梦都在打橄榄球的那句话。这句话的另一个优秀之处是它揭示了父母和孩子之间的互动，详细地展示了这个过程。

但顺着这句话可以引出多个难以取舍的后续问题。比如：泰雷克去年就希望打橄榄球；他的父母不允许；他对母亲施加了压力；他父亲（不再住在一起）表示反对；他的母亲否定了父亲的意见，同意让他打橄榄球。这5个不同方向中的任何一个都值得跟进。

我决定跟进泰雷克的父母去年反对他打橄榄球这个方向。我问泰勒女士为何担忧。然而我犯了一个错误，问了两个不同的问题（见下文）。我应该只问一个。

回想起来，我最好问："去年您不让他打橄榄球，您的顾虑是什么？"

采访者： 您能告诉我，是什么让您改变了主意？去年您在担心他什么？

到达访谈中的第一个转折点

幸运的是，采访开始顺利进行，即使没有措辞谨慎的访谈指南，受访者的回答也越来越长，越来越详细。

泰勒女士：嗯，他年纪太小了。他只是个小孩子。你知道，橄榄球是一种相对粗暴的体育活动，我不是体育迷，也不喜欢粗暴的比赛——但他男孩子气十足，如果他想参加，我不能阻止，你懂的。我没法阻止他自己的选择，并且我认为如果他能体验一下，也许明年他就不会继续参加了——或者也许会继续。然而，你知道，这并没坏处。他没有受伤，这就很好了。他玩得很开心。所以……（她停顿了一下）但去年他的年纪太小了。我只是无法想象。

我非常喜欢这段话，很有画面感。"他年纪太小了""他只是个小孩子""橄榄球是一种相对粗暴的体育活动"，这位母亲很好地解释了她的立场。

如果这方面是我的研究重点的话（事实并非如此），我就会接着追问她改变主意的那一天，她是否和泰雷克的父亲谈过，等等。但是这些信息对我的研究并不重要，我对刚刚得到的回复感到非常满意。我接着询问打橄榄球的经济成本，以及泰雷克参加球队对她在时间方面的要求。

采访者：您记得为了他参加橄榄球运动花了多少钱吗？

泰勒女士：50美元。花费只有50美元，还有几样东西得买，但也没花多少钱。

令人惊讶的是，作为一位独自抚养3个孩子的母亲，泰勒女士描述50美元（按现值计算应为86美元）不是很多。这意味着她的预算比许多其他工薪阶层的父母更宽松。

采访者：您还记得必须买什么吗？必须买护具吗？

泰勒女士：不用，我们必须买防护罩和固定它的小带子，还有鞋钉、鞋子，仅此而已。其他一切都由球队提供。

如果你想知道某个物品的价格，通常需要问好几个问题。如果某件物品的价格区别不大，你就可以在网上查询，而不是在访谈期间花时间询问。我之所以在这里提出更多问题，是因为想更好地了解在孩子参加橄榄球这件事上父母的义务是什么。另外，据我所知，不同的青少年体育活动的成本差异很大。

采访者：您还记得购买其他东西花了多少钱吗？

泰勒女士：嗯，我记得加上购买其他装备的花销不到100美元，包括付给球队50美元加上买钉鞋和保护罩——那好像是10美元——所以，实际上不太贵，并没有花费太多，你知道的。只是这比什么都花时间。

采访者：请谈谈细节。训练几点开始？

这是一个不寻常的具体问题。下一组问题的目的是帮助我了解孩子参与橄榄球活动对受访者以及其他家庭成员生活的影响。然而，相较于问一个笼统的问题，如"孩子参与橄榄球活动对您有什么影响"，我问了一系列具体的问题，以便更多地了解她的体验和生活。

泰勒女士：嗯，一开始是晚上6点。我想，训练季刚开始的时候——嗯，在5点到6点之间。是的。

采访者：他怎么去训练场？

泰勒女士：我送他去。

采访者：你们怎么去呢？

泰勒女士： 我开车送他。

采访者： 好。那么您通常几点下班回家？

泰勒女士： 5 点 30 分。

这些问题的目的是了解他们为参加橄榄球需要做什么，所以虽然我问了好几个问题，但都简明扼要。泰勒女士的回复说明前往球场的时间紧迫，尽管她没有明确表示。然后，我说："那么，我想——那一定很忙乱。"我本可以说："有些母亲会手忙脚乱，有的母亲不会。您是怎样的？"

采访者： 那么，我想——那一定很忙乱。

泰勒女士： 简直鸡飞狗跳。

这是一条非常棒的引文。它具有冲击力，但同时过于简短。我请她提供更多细节，（最终）给我更长、更有内容的回答。我应该重复"简直鸡飞狗跳"，然后等待回应。或者我可以说"那真是鸡飞狗跳，请具体讲讲"，或者简单地说"请具体讲讲"。

采访者： 请讲讲您家里的情况。

"请讲讲您家里的情况"是一个简单但有效的问题，可以引出更深入的信息（"请讲讲特定的一天发生的事"）。

泰勒女士： 一开始因为还没有开学，他每周有 4 天晚上要去训练橄榄球。我记得训练是 8 月开始的。那些天的晚上我一般会先回到家里快速弄点吃的，然后带他出门。有时我们会吃了饭再去训练，有时我们会等训练后才吃饭。如果我的工作没做完，我会在训练场找把椅子（坐在场边），继续工作。我很享受那段时光，因为天气很好。我不介意坐在公园里。天气很不错。但是天气转冷后就是个问题了，我不想坐在外面受冻，我忍受不了。我曾经因为不再去看他训练而感到内疚，但我不会再去了。我有些受不了——那时候我真的很累了。我是说，训练变成了很重的负担。一开学训练就从每周4次变成了2次，所以这让我喘了口气。但是天冷了之后——我是说，他们给我们半小时的时间，因为训练从晚上6点30分开始，所以我们就只能回家赶紧吃点东西然后赶紧跑出去。训练之后泰雷克还得做作业。我赶着下班，让他提前做好准备，但他从来没有准备好。你知道，我会在下午4点，从工作的地方给他打电话，让他"收拾好东西"。当然了，他总是在外面玩，而且很开心。所以一开始的时候，这也是一个问题。他想打橄榄球，想去训练，但他不想为此耽误和朋友们玩。最后，我必须找他回家，才能及时赶到训练场。

采访者： 请具体讲讲他不想耽误和朋友玩的情况。你能想到具体的某一天吗？

在这里，我请她提供更多细节（"你能想到具体的某一天吗"）。我得到了一个出色的引文——非常详细和生动。

泰勒女士： 好吧，当然，很多个日子都是这样的。他会跑着进来，因为他要么才想起自己有训练，要么他的姐姐或者我去找他，或者传话叫他赶快回家，他们（他的朋友们）也会和他一起跑过来。最初他很难说出"好了，我要去训练了"这样的话。但最终他习惯了。他会说"我现在必须去训练了"，然后回家准备。但我不得不说，一开始这很难，当我催促他："快点，泰雷克，我们要迟到了。"

他就会说:"好的,我来了。"但是,他还是会继续在外面聊天。就是那样。

这是一个很好的回答,我听到这里时,感觉访谈已经到了一个转折点。受访者的回答更长了,并且更引人注目,细节更丰富。它与我要研究的核心问题直接相关,即父母需要付出多少努力才能安排好孩子的一天(包括有组织的活动)。我对此非常满意。事实上,我选了前面几个引文中的一句,稍加编辑,用作《不平等的童年》一书中关于泰勒家族一章的开篇语:

他会跑着进来,因为他要么才想起自己有(橄榄球)训练,要么他的姐姐或者我找到他,告诉他该回家了。他们(他的朋友们)也会和他一起跑过来。然后,我让他不要再和他们玩了,并告诉他们"我要去训练了",但他很难做到。我就只好说:"快点儿,泰雷克,我们要迟到了!"他就会说:"好的,我来了。"但是,他还是会继续在外面聊天。

通常情况下,我的下一个问题可以从多个方向中选择。例如,对用餐时间的影响;对家庭作业的影响;泰勒女士感到"非常内疚",因为她不想坐在外面看训练(尽管很多其他父母也不会看训练);她的儿子不能提前准备好,以及他不想与朋友分别。我针对泰雷克宁愿与朋友一起玩也不愿意去训练进行了深入探询,部分原因是泰勒女士刚刚说的话,部分原因是我发现对泰雷克来说,和朋友在一起的乐趣抵消了前去训练的动力,这很有意思。我用受访者自己的话陈述了我感兴趣的问题,然后请求她给我说一个具体的例子。

此外,泰勒女士的回复揭示了有组织的体育活动与在一个普通的下午和一群邻居孩子一起玩这两件事之间的矛盾。因此,我请求她提供更多细节。这不是一个很好的探询问题。泰勒女士只了解她自己和她的儿子，但是我却请她提供关于其他孩子的日程安排信息，她对此并不清楚。但由于她是我最好的信息来源，我还是问了这个问题。

采访者： 其他邻居家有男孩打橄榄球吗？

泰勒女士： 绝大多数没有。其中 2 个曾经参加过，但他们因体重级别不同而在不同的球队。他们的训练也在不同的日子——没有机会见面或一起训练。

采访者： 我懂了。据一些受访者说，在很多情况下，有的父母会生气并打孩子，让孩子准备好出门可能会闹得人仰马翻。您家会这样吗？

对于这个问题，我的措辞并不好。我应该说："有些父母说，很难让孩子准备好去训练，这对父母来说可能很难。您家是怎样的？"

尽管我提到了"打孩子"，泰雷克的母亲也认为这是不应该的，但她的回复（见下文）令人难忘——"他说服了我"。

泰勒女士： 不，我永远不会因为橄榄球而打他。我可能会因为其他事打他——嗯，实际上，我们从来没有到那么严重的程度，如果我这样做，如果我威胁他，比如我说："泰雷克，你现在必须准备好"，那会是因为——让我想想——我想是因为他没有好好听我的话。你知道，我们要迟到了。但是训练刚刚开始不久，大约有 3 次之后，他就想退出，因为就像我说的，他的问题出在去训练就不能和朋友一起玩。我可不让他这样。因为他说服了我给他报名，我现在拒绝让他半途而废。你知道，参加这个训练的确比较艰难，但是既然他已经开始了，我们就得坚持把它做完。尽管我希望这种事情再也不要发生了，但我们还是重蹈覆辙了（笑声）。

"希望这种事情再也不要发生了"这句话揭示了她儿子参与橄榄球训练给她带来的烦恼。这很有意思。正如她在下一个回复中解释的那样，这也表明了她的态度，"必须坚持下去，你不能就这样退出"。

我对采访的进展感到满意，但也有点担心我在有关橄榄球这一个问题上花费了太多时间。她在椅子上动了动，表明有点着急。这是一个星期天的晚上，她第二天一早还得上班。然而，鉴于这个话题对研究的核心问题很重要，我决定还是再次探询。

采访者： 您能具体谈谈当您告诉他不可以在 3 次训练后退出，您的想法是什么吗？为什么这对他不好？

泰勒女士： 嗯，因为我只是认为他需要知道，如果你做了决定，强烈地想要做某事，也认定这就是你想要做的事，那么就必须坚持下去，你不能就这样退出。尤其是他想退出的原因——不得不离开他的朋友几个小时。如果他在比赛中害怕自己会受伤，你知道，或者类似的事情，那是另外一回事。但现在的情况并非如此，唯一的原因是他不想离开他的朋友。正如我所说的，情况已经好多了。他会继续打橄榄球。

这是一个很好的详细回答，表达了受访者的主观体验。我了解了她为什么不允许她的儿子退出的细节，这正是我需要的信息。然后我回到了关于她的角色和内疚感的话题。我想就此提问，又不想让她感到内疚。我担心她可能觉得我提出这方面的问题是某种暗示，认为她应该留下看训练。我的犹豫不决让我说话都结结巴巴了。最终，我还是明确地提到了她的"内疚感"。一个更好的措辞应该是："请告诉我您对留下来观看训练有何看法？"

另一方面，我使用的措辞与受访者的措辞"我曾经因为不再去看他们训练而感到内疚，但我不会再去了"类似。虽然我没有完全重复她的话，但也没有曲解她或断章取义。我的措辞表明我在认真倾听，并且我理解她早些时候说的话。她的反应很激动。

采访者： 请具体谈谈——如果您不去观看训练，您有时会感到内疚吗？

泰勒女士： 哦，是的，我感觉很糟糕，你知道，有些父母每次训练都在，我也想做到这样。然而，我不知道，也许在某种意义上我是自私的。可是我认为我做了自己应该做的。我们为球队募捐卖彩券。我们做了很多事情，对于我没有坐在那里看他训练，他没有意见。我受不了寒冷，我真的受不了寒冷。只有在比赛时，我才会坐在寒冷的室外，但我不认为有必要在训练时也坐在外面。

有时，当受访者对很小的问题感到自责时，我会试着提出一个类似但更严重的问题。泰勒女士责备自己没有去观看训练，而我注意到有些父母连比赛都不去看。我试图了解现场陪伴对她意味着什么。我不想批评她，所以我暂停讨论她的行为，而是提出一个较极端的情况，然后问她对此有何看法。

采访者： 嗯，有些父母连比赛都不去看。

泰勒女士： 是的。有些父母不会去。

采访者： 您对此怎么看？

泰勒女士： 好吧，这很遗憾，但实际上，我对此没有任何感想，因为你不知道背后的原因。有各种各样的事情阻碍你去看比赛。我也错过了几场。我没有为此感到难过，因为我去的比赛比我错过的更多。我通常会去比赛现场。但是，嗯，你不知道别人不能做某事的原因，所以我不对别人作出评判。

采访者： 但是，假设您根本没有观看过任何比赛……我的意思是，您为什么认为观看比赛很重要？

泰勒女士： 因为我必须给予他支持，我是他的后盾，这就是我去的原因。我不想让他觉得我不在乎。一开始，他不想让我来，他说，"不，我不想让你来看比赛"。他不想让我去，这让我很伤心。

采访者： 您知道他为什么不希望您去看比赛吗？

<u>这是一个错失良机的例子。泰勒女士说，"他不想让我去，这让我很伤心"，我应该深入探询一下泰雷克的意愿对她来说意味着什么。但我觉得很尴尬，因为泰雷克就在旁边，而且能够听到我们的谈话。我犯了一个错误，即请泰勒女士描述她儿子的观点。通常来说，这样的请求不是一个好主意。泰雷克的母亲很擅长表达自己的感受，但是她并不能代替泰雷克表达感受（不过，在某些情况下，研究人员发现向受访者询问其他人的感受可能引出启发性的回复）。</u>

泰勒女士： 我认为他不希望我们去看比赛是因为他想给我们一个好印象，也许他害怕他在赛场上表现不佳或出现其他糟糕的情况。我真的认为这就是原因。因为他会紧张。他一发现我们在现场，就会感到非常紧张。但他逐渐克服了这点。

采访者：你认为他喜欢橄榄球的哪些方面？

泰勒女士：嗯，就像我说的，泰雷克男孩子气十足，他的运动技能、协调性很不错，所以我认为他可以参与这样的体育活动，而且可以做得非常好。而且，嗯，他知道他做得到，我认为他也想证明自己做得到，我认为他真的喜欢橄榄球。在他的带领下，周围的孩子每天都会打橄榄球（笑）。

采访者：他们会在哪里玩？

泰勒女士：就在街上，或者公园里，因为公园里有一小块区域。

采访者：那么在您同意他打橄榄球之前，您记得你们两人为此事讨论了多少次吗？大概的次数就行。

在这里，我回到泰勒女士提到泰雷克为了能够打橄榄球而说服了她的那个话题进行探询。我问了一连串问题，希望能更详细地了解泰雷克是如何做到的。一开始，她的回答很笼统。

泰勒女士：您是说去年？

采访者：是的。让我们从去年开始——为了打橄榄球，他恳求了多少次？

泰勒女士：哦，去年有那么几次，你知道，只是在比赛季的时候。

这个答案很模糊。我又一次提问，给她一些数字，请她选择。这并不是理想的做法，因为这可能缩小受访者的选择范围，但总比"几次"这个回答要好。我还会提醒受访者，我需要尽可能多的细节。

采访者： 那么您记得大概次数吗？1次，5次，还是10次或50次？

泰勒女士： 嗯，我想是10次。

采访者： 那么今年在您同意之前，有几次呢？您记得你们大概有多少次谈到这个问题吗？

<u>我冒着被厌恶的风险，试图弄清楚泰雷克隔多久会为踢橄榄球努力一次。下一个答案更具体。</u>

泰勒女士： 整整一周，他每天都试图说服我。

采访者： 那一周里，他每天大约求您多少次？

<u>我再次探询（尽管我觉得有点过头了）。最后，我得到了一个很好的、清晰的、明确的回答。</u>

泰勒女士： 哦，每天晚上，只要有一点安静的时间，他就会提起这事，说他多么渴望打橄榄球。

采访者： 您提到过，他告诉您他做梦都在打球——那是在早上吗？还是晚上？

<u>我被泰雷克告诉他母亲自己做梦都在打球的丰富描述迷住了，所以回到了那个问题，试着挖掘更多细节。</u>

泰勒女士： 是在晚上，我们在卧室里，他告诉我他做了一个梦，在梦里，他手里拿着橄榄球飞奔过球场，所以我不得不同意（笑）。

<u>我非常喜欢这个回答。它有详细的内容，明确的时间和地点，而且很具体。在一个方面追问这么多问题是有风险的（我可能会惹</u>

恼受访者），而且很耗时。不过，这一次我了解到很多东西。然后，我转向另一个与橄榄球相关的话题。

总结：一次深入挖掘的访谈

此研究的目的是了解父母为了安排孩子度过一天需要付出多少努力，以及社会阶层差异是如何表现在家庭生活与教养孩子的文化逻辑中的。[6]在与泰雷克母亲的2小时的访谈中，两成多的时间都花在了一个话题上：橄榄球。这是一项巨大的时间投资，但并非不合理。除了去教堂，泰雷克只参加了一项有组织的活动（橄榄球），他的母亲对他参与这项活动喜忧参半。调查组织活动在儿童及其家庭生活中的作用是这个研究项目的核心。此外，在采访的前15分钟，泰勒女士开始明白我希望她提供更多细节。我们是这样合作的：我请她提供更多细节；她明白我的意图并且愿意配合。所有这一切都是以一种心有灵犀的方式发生的，我们没有进行任何明确的讨论。泰勒女士是一位出色的受访者，我从这次访谈中得到了丰富的素材。

结论：访谈就像一场即兴表演

正如霍华德·贝克尔所展示的，在爵士乐合奏中，音乐家使用乐曲的结构作为起点，然后将新的音符编入其中，有时来自其他乐谱，有时是与其他乐手的即兴音乐对话。[7]深度访谈有类似之处，人们在访谈中交流和沟通。研究人员会为访谈准备一组基本问题，但根据受访者的回复，他们经常即兴想到其他问题。在双方都保持合作的前提下，采访者会确定特殊的探询问题并控制访谈的节奏和流程。每次访谈都是独一无二的。这种感受通常很强烈，可能会让你感觉与对方很亲近，因为受访者在与你分享他的私密信息。

成为一名优秀的采访者的关键是训练自己认真倾听的能力，然后在整个访谈过程中询问更多细节。你应该尽可能早地开始探询；不要让受访者习惯于给出简短、笼统的回复，再开始深入探询。相反，你应该以最快速度向受访者传达什么样的信息对你最有用。我还发现，随着访谈的进行，对受访者表示感谢、赞赏，以及对他们的表现表示肯定并让他们知道回复对你很有帮助，这些都会对访谈有所助益。有时，在你说了这些话以后，可以明显地察觉到他们的表情放松了。

有效的探询性问题：
- 您能具体谈谈吗？
- 重复受访者的话，然后等待
- 保持安静
- 您记得最近的一个例子吗？
- 那对您来说是什么感觉？
- 有些人告诉我（x），但另一些人说（y）。对您来说是什么样的？
- 您能具体谈谈那件事是如何发展的吗？
- 这听起来很难

访谈是一项很困难的工作，你永远不可能做到十全十美。你需要勤加练习才能掌握窍门，通常你会在自我批评和反思中进步。但它带来的回报是巨大的。请记住，作为一名研究人员，你正在参与的这个过程具有一种逐渐明朗的本质。在理想情况下，当你完成构思、选择好样本人群和收集数据（包括深入访谈）这些步骤后，重点开始变得更明确，研究主题开始逐渐明朗。你在数据分析过程中构建和完善这些主题，并确定你的工作对现有研究的贡献。我将在

第八章中探讨此步骤。深入访谈在某种特定环境（为了了解该环境中的人而有目的、有计划地与某些人"一起待着"）下卓有成效，在下一章中，我将转向如何进行参与观察研究。

第六章

学习如何进行参与观察研究：实用指南

与只会面一两次的访谈不同，民族志研究需要调研人员下沉至某个社会情境中。¹ 对民族志研究的描述通常是：有目的、有计划、经常性地与某些人"待在一起"，让双方互相加深了解。为了不忘记发生的事，每天回到家后你都应该完成实地笔录，这些笔录就是你的数据集。正如本书前面部分所阐明的，民族志研究在剖析以下社会过程时很有价值：日常惯行①，正式规则与实际行为之间的巨大差距，以及人们在一天中面临的各种困难——使用其他研究方法往往不能充分揭示这些社会过程。当你开始一个项目时，首先需要选择一个研究地点，并尝试获得允许进入此地点。如果可以进入，下一步是随着研究重点逐渐明朗，开始着手收集数据。实地调查结束后，你会收获满满的回忆和一批翔实的笔录（比你的记忆准确得多）。实地笔录是项目的命脉，也是你所有写作的依据，所以我将在下一章专门讨论如何撰写高质量的笔录。然而，在本章中，我将讨论诸多其他问题，包括如何进入研究地点，如何把握你在该地点的角色，以及与之相关的诸多日常现实挑战（例如，写笔录、选择谈话的主

---

① 惯行（Practice），即"惯常行为"，这里的"惯行"一词并非指与"理论"相对的"实践"，而是指"按照惯例或习惯去行事"。——译者注

题、解决伙食问题和着装等）。我还讨论了实地调查需要付出真情实感，以及在研究地点和个人生活环境之间频繁过渡的仪式感。在最后一部分，我讨论了前往研究地点的频率以及及时完成实地笔录的重要性。本章分享了我在职业生涯第一个项目中犯的一个令我痛苦且严重的错误——我没有及时完成笔录。我在本章中还会讨论在确保能够及时完成笔录的情况下再安排实地调查的重要性。当然，其他相关的重要主题也会涉及，包括选择研究地点、获得同意和保障安全，这些主题都在第二章和第三章中进行了讨论。初始研究问题的重要性不言而喻。第二章和第八章谈到了你需要"在进行研究的过程中不断思考"并对完整的数据集进行编码（即使用系统的方法审查数据）。[2] 尽管如此，我还是无法在此全面讨论参与观察研究的所有方面，所以我在参考文献中列出了一些有价值的作品。

在研究地点的首秀：细节含糊但目标明确

当你到达研究地点后，可以用一个简单版的"电梯演讲"（参见第三章）给大家做一个自我介绍。例如，你可以说："大家好，我叫×××，我感兴趣的是父母需要付出多少努力才能安排孩子度过一天。"你的语言应该言简意赅。

一般来说，你不会在第一天就被介绍给所有人。相反，你在研究地点待的时间越长，认识的人就越多。如果你属于某个组织，又恰巧与一位陌生人共处一室，在这种情况下，我会主动上前，微笑着伸出手，然后介绍自己："您好，我叫安妮特·拉鲁，我是伯克利大学的一名学生，这些天我来旁听沃尔特斯女士的课。"与其尴尬地在四周徘徊，不如向他人介绍自己。如果这个人看起来对你半信半疑，你应该提到自己调研的合法性："我很幸运，督学批准了这个项目，她把我介绍给了校长。不过，所有调研信息都是保密的，我们永远不会透露学校的真实名称。"可能的话，你应该询问你的赞助人，如果那个组织举办会议并且有成员会出席的话，你是否也可以参加。

小组会议是让人们认识你的好机会。你可以提前请求在该会议上做一个5分钟的调研项目综述（也可以请你的赞助人或其他人正式把你介绍给大家）。你可以向赞助人提起，能否请他们介绍研究人员，或者允许研究人员分别做一个简短的演讲。询问赞助人哪种方式更好。如果合适的话，你也可以提议给参会人员带一些饼干或其他零食。

> **最好提前询问**
>
> 当我开始调研时，我请孩子的父母签署了同意书，因为我做的是观察"正常的课堂活动"。同意书确实让开展调研更容易，因为从忙碌的父母那里取回书面同意书并非易事。在我开展调研的第一年，这完全不是问题。然而，在调研的第二年，当我试图招募父母进行正式访谈时，有两位家长联系了学校，他们对这项调研感到困惑。我并没得到与这两位家长交流的机会，更遗憾的是，他们最终把孩子撤出了调研。下次我将为调研对象举办一个非正式的面对面"介绍会"，向他们介绍有关调研的信息，并回答任何困扰他们的问题。我从此事中学到的一个经验是：最好提前询问！
>
> 加尔文·齐默尔曼
> 《自寻烦恼》

但是许多研究并不是在正式的机构中进行的，而是在非正式的群体（例如，同伴、帮派、朋友等）中进行的。你需要他人指导如

> **尽可能地接受邀请**
>
> 尽量不要拒绝研究参与者的邀请（除非你感到人身安全受到威胁），即使你必须为此取消其他计划。进行严肃的民族志研究意味着你必须适应对方的时间安排。
>
> 科林·杰罗马克
> 《从天堂到地狱》

何开展工作，而且应该听从赞助人的意见。你需要呈现友好的状态。对研究有帮助的做法是你要来到现场，然后"待在那里"，一开始不要问太多令人生厌的问题。熟络以后，你再问更多的问题。

尽管如此，当引你入群的人向其他人介绍你时，有时还是会错误地描述你的身份以及你在做的工作。这会使你陷入尴尬，因为你不想让介绍者颜面扫地。在《不平等的童年》一书的案例中，我和一个天主教白人工人阶级家庭——德赖弗（Drivers）一家一起出游。他们的女儿温迪（Wendy）每周都会参加天主教课程。温迪应该带一个作业来，这项作业是总结上周的课程内容，但负责这个课程项目的校长手头没有上周教学内容的描述，所以无法检查温迪的作业。校长、温迪的父亲和温迪对此事进行了简短的讨论。

我多次向这位父亲解释，我是一名大学教师，我得到了资助进行这项调研并准备"写书"。但是当温迪的老师到达时，这位父亲还是非常离谱且错误地向他们描述了我的目的，他告诉老师，一个学生进行这项调研是为了完成作业得到学分。这让我感到非常尴尬，无论我多么温和地纠正他也无济于事，还会让他颜面扫地。我处在两难的境地，一方面有义务不让他难堪，另一方面有责任准确地描述我的研究。考虑到我必须维持与温迪父亲的友好关系，我选择了前者。

老师和校长也来了。这位父亲看着校长说："我们想问她今晚是否可以在这里。她正在上学，这是一个可以得到学分的作业。她来自'天普大学'。"老师和校长看起来都有些困惑（我感到这个荒谬的说法令我进退维谷，但我有义务用一种笼统的说辞进行解释）。大家都沉默了。老师好奇地看着我。我说："我来自天普大学，我一直去温迪的学校看望孩子们，现在我在拜访温迪的家人，并试图了解孩子们的生活是什么样的。"老师说："我对此没有异议。"我说："非常感谢。"

知情同意的本质是必须告诉受访者他将参与一个什么研究项目，以及数据收集期间可能会发生的事情，并需要获得他的允许。在我看来，虽然我没有纠正德赖弗先生，但是我向他解释研究目的方式符合知情同意的基本要素。

你在现场的角色：你的身份以及你在那里做什么

当你来到一个计划开展调研的地点，必须有一个立得住脚的理由才能待在那里（有关这个问题的更多信息，参见第二章和第三章）。换句话说，你应该知道"你的身份以及你在那里做什么"。通常来说，研究参与者做什么，你也应该做什么，你应该融入其中。[3]

你需要在现场做出很多决定，包括应该尝试一起进行什么活动，与谁交往，以及在笔录中重点记录的内容等。尽管你想要跟随研究初期好奇心的指引，但随着你在现场的了解不断深入，你的研究问题也会有所改变。有时候你还需要决定如何分配时间。此时，从全局考虑会对你有所帮助。只有你自己知道在众多难以取舍的选择中，哪个应该优先，什么是你关注的重点。一项研究总有多条途径可选。例如，如果你正在研究父母如何照顾对某种食物过敏的孩子，那么你对下列哪些方面感兴趣？医患互动（医学社会学），儿童自主性（童年社会学），母亲对孩子生活的照顾（家庭社会学/母亲身份），危险评估（风险研究），或在非临床背景下遵守医嘱（健康和疾病社会学）？[4]你可以考虑哪些方面的著作是你所欣赏的，哪些问题是你认为无聊的。你需要尝试找到某些原则来指导自己的决定，而你的兴趣和激情正是你在寻求的指导原则。

你在研究地点的角色：亲临现场

在进行实地调查时，研究地点似乎不是太空旷就是太狭窄。结果是，当你观察社交互动时，通常没有一个可以站立或坐着观察的地方。在某些场所，你几乎没有选择，并且可能很受限制。通常来说，你应该遵循受访者的建议。然而，如果他们将你视为贵宾，但是你并不希望被这样恭敬地对待，那么遵循自己的意愿也没有问题。我的原则是选择地位最低的座位——在理想情况下，这是一个可以观察到现场情况的位置。例如，在工人阶级家庭的房子中，客厅很小，只有足够的空间放一个双人沙发、一台电视机和一个茶几。当我去采访时，主人会请我坐双人沙发，但由于孩子们通常坐在地板上，所以我也会坐在地板上。同样，在搭乘任何一个家庭的车时，该家庭的父母会邀请我坐在副驾驶位。但是孩子们喜欢坐在前面，如果当时只有一位家长和一个孩子在车上，我会直接坐在后座。当家长说:"您应该坐在前面。"我会说:"不用了,这样就很好。"通常大家都会安静一下(好像他们结巴了),然后家长就会耸耸肩。第二次搭车时,这套对话会重复一次,但第三次搭车时就没有人说什么了,大家都坐在自己的位置上。有时候,你最好等待别人告诉你该怎么做。例如,有一次,当我采访凯蒂·布林德尔(Katie Brindle)(《不平等的童年》一书里写到的一个孩子,她的两个叔叔也在她祖母的家中,房间里有两个沙发)时,凯蒂·布林德尔的一个叔叔(安静地)坐在一个沙发的一头看电视。我不确定自己应该坐在哪里,所以尴尬地站了一会儿,观察情况:

我们走进客厅。祖母站在茶几前的一个沙发附近(与一个叔叔一起)。女孩们站在电视前面,她们根本没有给我留下走到另一个沙发那边的空间。我不确定沙发上是否应该坐3个人,或者我是否应该绕过女孩们走到另一个沙发那里。祖母用手势表示"请坐"。她坐在中间,我坐在最边上。

有时,孩子们会希望你与他们一起玩,但是如果这样做,你就无法观察到你感兴趣的情景。[5] 在大房子里,能站着观察的位置有很多,而且人们一直进进出出。这会干扰你的注意力,但是你的调研应该尽量以研究重点为指导。

有时,我并不太擅长和孩子们玩。例如,在对低收入的非裔美国人家庭进行前几次家访时,我注意到孩子们喜欢打篮球,但他们并不总是有球可玩。因此,下一次家访时,我带了一个篮球(还听从这家母亲的建议,带了自己的运动鞋)。当我带着篮球到来时,孩子们都很高兴。[6] 但是又出现了一个新问题，我从中学以后就没有打过篮球（尽管我观看过大学的篮球赛并有所了解），我的投篮水平糟透了。因此，我根本没有投篮（孩子们认为这很奇怪），而是选择防守：

  我（在孩子们面前）挥舞着胳膊护球，跑来跑去；他们微笑着带球避开我并投球进篮。雅茨（Jazz）说："哇！她防守得还不错。"我再次防守。几乎每次我得到球时，都会迅速地用力传给他们。这让他们措手不及，但他们总能接住，然后运球并投篮。除了那场比赛中的少数几次，我再也没有看到其他人传球。[7]

  你在研究地点将自己置于什么样的地位取决于当时的情景，而且也与你在现场的角色密不可分。不过，最好在那里做一些有用的事情。例如，我还帮忙抱过婴儿（我喜欢抱孩子，那里还有一些闹腾的小孩子），叠衣服和擦干碗碟。查克·博斯克（Chuck Bosk）在他的《谅解和记忆》（*Forgive and Remember*）一书中提到他在医院里帮助护士绑绷带，并在其他方面帮忙。雷切尔·埃利斯在进行一项女子监狱的民族志研究时，通过牧师获得了采访允许。由于牧师太忙，牧师请求雷切尔·埃利斯帮她读邮件、接电话、复印文件和做其他杂活。[8] 雷切尔·埃利斯每周需要花费 7 小时在这些工作上，有时甚至更长，但是完成牧师交代的杂活对于她能够留在监狱进行观察是至关重要的。因此，你应该提供"帮助"，但也不要过头，以至于无法完成调研工作。

有效的闲聊话题

尽管霍克希尔德在她的《第二班》(The Second Shift) 一书中，描述自己在观察研究中扮演的角色类似于"家庭宠物狗"，但我发现观察者的角色需要更多互动。当你到达时，你需要向大家打招呼。你们通常会谈论天气，你来的路上的情况以及你上次来访后发生的事情。在我对家庭的调研中，我发现闲聊几分钟后事情就能进入正轨（和我一起工作的研究助理也发现了类似情况）。你可以找个座位闲坐，和大家一起看电视、打篮球或聊天。根据你的研究对象的不同，融入的方式也各有不同。在同一个情境里，有的人健谈，有的人内敛，有的人沉默寡言。我更喜欢安静（与其做参与者，我更愿意做观察者），即便如此，在许多情况下，完全保持沉默会令人非常尴尬，最好偶尔参与谈话。此外，人们会向你提问，为了应付问题，你可以简短地回答，然后将谈话引向其他人（即问一个较宽泛的、可能需要较多解释的问题）。不过，有时候你不得不参与聊天。[9]

聊什么话题比较好？这取决于当时的情境。如果你的研究对象是音乐家，你就与他谈论其他音乐家。如果你正在研究戏剧界人士，就应该了解一些有关戏剧的知识。既然电子游戏很受孩子们的欢迎，了解最新的游戏对于儿童研究可能是有帮助的。流行的电视节目或电影也是很好的话题。分享愚蠢、搞笑或可爱的视频也是不错的选择。通常来说，你最好能够紧跟体育时事新闻，因为体育是一个完美的通用话题。即使你根本不喜欢运动，也可以轻松地了解足够多的信息加入聊天。此外，准备一些有趣的故事也很有用，根据研究场所不同，你可以选不同的故事讲给大家。当我对家庭进行研究时，我经常讲一个我和我妹妹的故事，我妹妹只比我小 11 个月，我们小的时候经常大打出手。我解释道，一直到上高中，我和妹妹都住在一个房间，因此我们之间发生了很多争执。我们在房间中间画了一条线，我和妹妹两个人各占房间的一半。然后，我们会坐在屋里，把手指伸过那条看不见的线，互相嘲弄——"哈哈，我过来了"。"我们快把母亲逼疯了"，我说。这个故事包含了一些对进行家庭生活研究有用的元素：它是普遍现象，我是自嘲的口吻讲述的，表明我理解家家都有一本难念的经。

这时，你的目标是开玩笑或闲聊。你不应该在此时询问受访者严肃的问题，例如，他们以何为生。此外，我会回避任何与政治有关的话题，除非在那里待了一段时间之后，你已经弄清楚研究对象的政治立场是否与你自己的一致。如果你的研究项目是针对低收入人群的，我通常也会避免提起任何突出社会阶层中优势地位的话题，例如，昂贵的餐馆、异域情调的食物或度假旅行；但当你采访富有的人时，这些话题可能非常合适。我会尽力试着找到共同点。这就是为什么体育活动这个话题尤其有效，特别是如果你支持当地球队的话。此外，食物、交通、园艺、季节、天气、除雪和季后赛等都是很好的话题，讲一些笑话也很有帮助。在采访时，失误是在所难免的，不小心说错话的情况很容易发生。如果发生了，你应该立刻道歉（"对不起！我母亲总是问我，我是否能养成站在别人的角度看问题的习惯，因为我总是会说错话"），然后继续采访。

如果研究参与者请求提供帮助，应该如何回应

如果你的研究对象是低收入人群，他们可能手头拮据。因此，

参与者向你寻求帮助不足为奇——也许请求搭车、小额借款或礼物等。尽管这是研究人员在实地调查时经常面临的问题，但对于什么样的回应合适尚无共识。有些研究人员会提供帮助（把研究对象当成朋友一样帮助），这是马特·德斯蒙德（Matt Desmond）在他的《扫地出门》（Evicted）一书中的立场。有些研究人员会拒绝。就我而言，我在调研家庭度过普通的一天时，发现许多研究对象没有车。我开车前往这个家庭，停好车，然后和这家人一起乘公共汽车，这是一件尴尬的事情。因为我在研究社会地位如何影响孩子和父母的日常生活，我需要了解这个家庭乘坐公共交通带孩子就医和进行其他活动时所面临的挑战，这一点很重要。当他们请求搭车（早晚会发生）时，我告诉他们大学保险法规不允许这样做。[10]另一种方法是认真倾听，"像镜子一样"重复他们提出的请求，然后拒绝。一位年轻的白人女性社会学博士生布莱尔·萨基特（Blair Sackett）就是这样做的。她在肯尼亚的一个难民营进行民族志研究，她与我和其他学者就如何推动进展进行了多次长时间的讨论。她给研究参与者提供（适当的）报酬，接受采访的人会获得一些食物，同意参加观察研究的人会得到 40 美元。但是萨基特拒绝了其他请求：

> 经常有人向我求助——从提供购买食物或鞋子的钱到来美国安家。我选择一种不干预的策略，对每个请求都一视同仁。首先，当对方提出请求时，我会看着他的眼睛并认真倾听。当他说完，我会"像镜子一样"重复他的话（"我想您的意思是"），然后总结他们的请求，问"是这个意思吗"。一旦我明白了这个请求，我就会直视对方的眼睛并告诉他们："对不起，我无能为力。我只是住在这里做调

研的学生,并不是社会福利工作人员。对于您的问题,我真的很遗憾。我希望您能从其他渠道得到帮助。"不过,在调研开始之前,我已经决定,如果遇到危及生命的问题(例如严重疾病),我会尽我所能帮助对方。幸运的是,这种情况尚未发生过。[11]

倾听他人的意见(而不是置之不理)很重要,仔细倾听并重复对方的话表明你已经"听到"了他们的请求并且在认真对待。无论你做什么,对研究中遇到的所有人都应该一视同仁,因为消息会传得很快。有的研究人员会遵循某些原则——在情况危及生命或这个家庭将受到永久性伤害的情况下提供帮助;有的研究人员只会帮一点小忙,而且希望得到回报;有的研究人员仅对那些他们最亲近的人提供帮助,但不会帮助其他人;还有的研究人员特意从不携带现金。如何妥当地回应参与者的请求是一个非常个人化的决定。此外,一些研究人员不会在数据收集期间提供帮助,而是等到数据收集结束之后。就我本身而言,我没有在数据收集期间向我研究的家庭提供额外的帮助(除了付给他们参与研究的报酬),不过,我每年都会送一个礼物。有一次,当一个男孩面临被中学退学时,我应他的母亲的请求给学校写了一封信(那一次他没有被退学,但是几年后还是被勒令退学了)。归根结底,当你努力制订自己的策略时,我能提供的最好建议是请你思考自己能够接受什么样的结果,不能接受什么样的结果。然后,在写作时与读者分享你的决定和理由。

你在研究地点的角色：成功地进行实地调查的一些指南

前往研究地点前务必吃点东西

参与观察这一调研方法的问题之一是，你永远无法确定事情会如何发展。这是在你可控范围之外的。如果你想闯入某一人群中，那么你需要遵守他们的规则和计划。因此，原本应该只有2小时的采访有时会变成4小时。吃饭将是你面临的一个问题。既然你是闯入者，你不应该饿着肚子前往，请对方提供餐食。另外，如果对方请你吃东西或喝饮料，你应该尽可能地接受，除非有非常强烈的拒绝理由。你可以客气一下，然后高兴地接受食物或饮料（拒绝可能会冒犯对方）。你很难确定对方是否会请你吃东西或喝饮料，通常来说，如果他们没有做饭，你也不会想麻烦他们为你准备食物。出于以上原因，我为自己制定了一条原则，即前往研究地点前必须吃点东西。人在饥饿的时候很难集中精力，而且我认为实地调查工作压力很大，最好吃饱饭再投入工作。[12]显然，这意味着你有时需要在短时间内吃两次饭。带着蛋白棒也是个好主意，如果饿了可以悄悄地快速吃完。然而，在任何情况下，如果受访者没有吃东西，你就不应该在他们面前吃东西。

另外，关于吃什么也会有不同意见。例如，在某些情况下，一些特定饮食选择者（例如素食主义者）可能会被视为奇怪的，甚至不尊重对方，但是如果坚持这种饮食对你来说很重要，那么你需要当时就告知大家，最好是开个玩笑或用自嘲的口吻告知。还有众口难调的问题。例如，我不喜欢喝汽水，但在某些圈子中这是一种非常普遍的饮料。在对工人阶级家庭调研时，如果我接受汽水，对受访者来说是最方便的，但是我真的非常不喜欢汽水（当然，我没有透露我不喜欢汽水）。我只是婉拒，同时请求给我一杯水。当时，我在调研中接触到的所有工人阶级家庭和贫困家庭的人都认为我只喝水（而且喝不放糖的茶）是非常奇怪的。我很难评估这种做法是否伤害了我与他们的融洽关系，但是由于我不愿意在这方面让步，我们双方都在这件事上进行了调整。

最重要的是，接受对方提供的一些食物和饮料，表示感谢并高兴地享用。如果你想婉拒他人提供的食物，最好当时就坚定地表达出来，并向对方致以歉意，并请求一个合理的、不给对方添麻烦的替代食物。他们在知道你的偏好后，会逐渐适应。

尽早拜访，尽量频繁地拜访

进入研究地点这件事总会伴随着一些正常、可预测的压力，因为你和参与者都在彼此习惯对方。你去那里的次数越多，就越容易开展工作，因此，如果你有时间写实地笔录，最好在一开始就尽可能地多写。拜访的频率因研究地点而异。然而，有一种可能性是在合适的情况下这样告诉对方：一开始我每天都会来，在一切步入正轨之后，我会每周来多少次。一开始，你会经常前往，认识所有人并熟悉环境（例如，找到卫生间、卖咖啡的地方，认识这里的人并了解他们每天的生活节奏）。我发现每次"只"去几个小时比较合适，这样能给写笔录留下足够时间（在研究初期你需要描述研究地点和人物，因此你需要较长的时间完成笔录）。除非你能保证有时间完成上次采访的实地笔录，否则就不应该再次前往研究地点。没有实地笔录的拜访不仅没用，还会干扰你的记忆，因为你只记得一部分事情。因此，参与观察研究的一个关键要素是在实地调查之后完成笔录。

只要你有时间写笔录，就应该频繁拜访。

你的身份会影响你的观察

在访谈和参与观察研究中，研究人员出现在现场会对数据收集过程产生不可忽视的影响。你无法避免成为这个角色（某些人将其归类为"偏见"）。相反，它与"主观性"相关，而"主观性就像一件无法脱掉的衣服"。[13]主观性具有多个元素。例如，个人背景会左右你认为"看到"什么内容是有意义的且重要的；你接受的教育会影响行为；你的社会地位——年龄、种族、性别和其他反映社会地位的信号——会影响他人如何看待和对待你；他人对待你的态度会影响你的行事方式等。

由于主观性是不可避免的，因此意识到它的存在并定期反思，包括记录在备忘录中，会对你有所帮助。例如，在与研究助理的密切合作中，我惊讶地发现，每个人的实地笔录都有所不同，而造成这种不同的最重要的原因是每个人的童年经历。中产阶级家庭出身的研究助理习惯于孩子直呼成人的名字，他们特别评论了住在住房援助项目里的孩子对成年人使用敬语，比如"嗨，拉伦达小姐""您好吗，莎莉小姐"。相比之下，工人阶级家庭出身的研究人员看到孩子对父母说"我恨你"或大声发牢骚时会感到震惊，因为他们认为这是粗鲁的和不尊重的行为。中产阶级家庭出身的研究人员看到父母对孩子说话非常直白或威胁孩子时，会很郁闷。另一方面，研究助理约翰·皮尔森（John Pearson，化名，一位非裔美国人）在实地笔录中表示，他从未介意家长威胁说要"打孩子"。另外，在他看来，孩子持续不断的哭闹和父母的纵容会使他的耐心达到极限。实地笔录还显示，他曾与一个白人中产阶级家庭——塔林格（Tallinger）一家共乘一辆车，车程20分钟左右，他在笔录中流露出了厌恶之情：

我开始头疼（听了15分钟的哭闹）。

我想踢他的母亲一脚，因为她允许孩子（家里最小的孩子，一个4岁的男孩）这样哭闹，而不做惩罚。我还想踢那孩子几脚，因为他表现得如此幼稚。我惊讶于这位母亲几乎什么都没说，只是说："好了，山姆。我们必须走这条路。"她听起来好像在恳求他。到底谁是家长？

研究人员在实地调查时对研究对象感到恼火是很常见的。在某些情况下，研究人员会感到被鄙视（马林诺夫斯基在一系列日记中的描述最为人所熟知）。[14]当然，实地调查人员无疑也会令他们的研究对象感到厌烦。

这个问题没有简单的答案，不过自我认知和自我反思是非常有帮助的。如果你知道，与你的社会地位相似的人可能对某种行为有特定的解释，那么你应该"从对方的角度看问题"，并尝试以不同的方式看待这个环境。记录受访者的何种行为取决于你的个人背景，也取决于你对此行为含义的解释。如果你决定了想观察什么，那么在做决定时，前者的影响会少于后者。例如，在观察现场看到体罚孩子是一个激烈的讨论焦点。两位不同的实地调查人员都可能记录体罚的例子，但是他们在解释这种儿童教养方式上可能有很大不同。[15]总而言之，了解自己的立场、假设和偏好可以帮助你"抵抗"这些主观因素的影响。

最后，值得注意的是，你的气质和社交能力也会塑造你在现场的角色。有很多例子显示，如果研究人员善于社交并且性格偏外向（但仍然能够认真倾听并且不主导社交互动），那么他进行参与观察研究会更容易。性格内向和极度害羞的人认为参与观察调研特别具有挑战性。不想闯入他人圈子的人也会觉得进行这类调研具有挑战性，有时，他们担心进行调研会让人们感到不自在，而拖延着不开始行动。对于这项挑战，并没有简单的解决方案，不过有些做法会有所帮助，包括了解自己的优势和缺点，与朋友讨论这个问题，倾听建议并制订策略。你可以完成高质量的工作，但是可能需要迫使自己跳出舒适圈，或者花费更多的时间来掌握这类研究的技巧。

保持开放的态度

在进行数据收集时，你需要保持开放的态度。正如雪莉·布赖斯·希思（Shirley Brice Heath）经常在教育专业的课堂上说的："你不能用数据收集和分析来证明你在课堂上对自己不认可的理念的先验批判是正确的。"同样，米奇·杜艾伊尔坚持要求民族志学家做出"谦虚的承诺，接受令人感到惊讶的事物"。[16]保持开放的态度是进行参与观察（和访谈）研究的一个关键部分。也就是说，你应该对正在研究的环境充满好奇，并且试图了解生活在那个环境中的人的经历。你不应该假设知道事情是如何运作的。在这个方面，你不是专家，而是新手（这令人感到谦卑）。你在那里的目的是了解，但通常你并不完全知道你想了解什么，你需要接受不确定性。你也不能太早决定重点，但需要"忍受它"一段时间，直到对正在发生的事情有了一定了解。如果你有一些朋友和同事对你的调研持怀疑态度并提出尖锐的问题，与他们会面并探讨可能会对你有所帮助。此外，你应该对研究对象心怀莫大的尊敬，并放弃你知道怎样做是最好的这种想法（例如，在养育孩子、求职等方面），这一点是至关重要的。我也会注意寻找机会证明自己的预感有误。例如，如果我得出一个结论"女性的经验与男性不同（例如，她们在理财方面的金融知识）"，我会想是否存在某些偏差，这些差异是否与性别完全没有实际的联系。我会孜孜不倦地寻找可能影响这些结论的其他因素（例如，以前的工作经历、教育背景或童年经历）。我的怀疑主义心态引导我寻求驳斥性的证据来"瓦解"这个结论，从而证明我过于草率。[17] 除了要收集足够大量的证据，证据的质量也很重要——尤其是某些对参与者具有深刻意义的证据。有时，罕见事件有可能影响结论的普遍性。我在收集数据的同时也在不断思考。

仪式化地进入和离开考察地点

参与观察研究可能会令你情绪紧张。[18]

当你在考察地点逐渐被大家接受，你就会感觉越来越自在，这是很好的现象，但随后你会发现，回到正常生活后会不适应，你可能开始以全新的眼光看待你的生活。实地调查会令你疲惫，而家应该是一个慰藉心灵的港湾。当你以新眼光看待自己的家，即使这是有启发性的，也会令你感到疲惫。因此，我会仪式化地进入和离开考察地点，在进行实地调查时，我会穿特定的衣服，吃特定的食物

（即回家后先喝一杯茶）。有些人能够立即投入撰写实地笔录的工作，但我尚未掌握这项技能，我需要通过看电视、读小说、打个盹或做一些运动解压。在几个小时以后，我才有精力坐在电脑前，开始撰写实地笔录。尽管我曾经试图强迫自己，我还是不能立即过渡到写笔录的状态。正如有人给写文章赋予仪式感一样，许多人都会给实地调查工作赋予某种仪式感。与其抗拒你的习惯，不如了解并好好利用它。你的习惯提供了一种组织研究过程的方法。

> 实地调查是很辛苦的工作，你需要安排时间恢复精神。
>
> 凡妮莎·穆尼奥斯
> 《每个人都必须思考》

实地调查会使人疲惫，这意味着你需要在完成一次考察后休息一下。这可能很困难，因为你希望尽可能多地前往这个地点，获取更多知识，让研究对象接受自己并且每次拜访后都需要完成笔录。另外，你可能还得做其他工作（例如教学）。你可能还需要维持家庭或其他关系。尽管如此，如果可能的话，你还是应该安排短暂的、可预测的休息时间。

拖延前往研究地点：这是正常的

实地调查人员有时会对前往研究地点发怵。他们可能感到尴尬和不自在，不知道该说些什么，感觉自己待在那里很显眼。有时，如果他们放下研究问题，只是融入其中，就会很享受这个体验。当他们不得不写实地笔录时，已经疲惫不堪。

你可能会发现自己想一直拖延下去，总是推后前往研究地点。

对我来说，我总是需要给自己鼓劲才能走出大门，前往研究地点。即使很想去，我也经常拖延着不出发。我甚至对自己承诺，完成调研回家后会奖励自己一些东西（我奖励自己的可能是甜品，例如纸杯蛋糕；其他人奖励自己的可能是其他美味的食品，例如薯片）。有时，你可能必须强迫自己前往研究地点。

关于这一点，无须赘述，这种感觉是正常的。如果你不想去，也没什么大不了，只不过研究工作的确具有挑战性，而且之后撰写笔录的工作会更加艰难。有人说这是他们职业生涯中最艰难的一项任务。

在某些情况下，这种恐惧感与你在调研地点遇到的一些亟须解决的问题有关。例如，某人对你冷漠，或者你需要了解某个重要问题但无法找到切入点。也有可能是你还没有弄清楚你前往那里的目的，以及观察到的东西是否对你的项目有价值。请弄清楚什么令你感到困扰，然后思考可能的选择也许会有所帮助。与朋友交流或写日记也很可能有帮助。

然而，正如我已故的母亲曾经告诉我的，只有在椅子上坐得住才能完成作业。同理，只有前往研究地点才能完成实地调查工作。这类工作是非常有难度的，你应该为自己能够胜任而感到骄傲。

在研究地点做出决定是不可避免的：即时决定

由于研究过程具有逐渐明朗的特性，因此很多情况下你必须做出即时决定，有些决定会令你感到不自在。一方面，你正在尝试适应；另一方面，你可以接受的程度是有限的。有时，这些因素会发生冲突，正如我对白人低收入家庭布林德尔一家的家访中所遭遇的。母亲允许女儿凯蒂和她最喜欢的堂姐艾米（Amy）一起去祖母家玩。

当时我在场：

那是一个周五晚上，凯蒂和我都在她祖母的家中。她的叔叔瑞安（Ryan），一个 40 多岁的白人工人阶级家庭的父亲，带着他的女儿艾米也在那里。年龄相仿的艾米和凯蒂正在一起玩。突然，瑞安宣布他将去买圣诞树，女孩们很兴奋，她们想和他一起去。我们都挤进车里，我坐在副驾驶的位置。当我们进入车里时，他说汽车有点问题："我的转向或刹车有些问题。我不想去购物中心或较远的地方。"通常来说，我在开车或搭车时，都会系上安全带，但那次没有人系安全带。之后，我在笔录中写道："我没有系安全带。我非常想系上，但其他人都没有这样做。我感到不安全。"

那天晚上是我第一次见到瑞安，我不知道他是否喝了酒，他开车的技术如何，车的状态怎么样——尤其是他公开抱怨刹车可能有问题。然而，我担心自己看起来站在道德高点并隐形地评判对方，所以在这次短暂的（10 分钟）行程中没有系安全带。我们买到圣诞树后就返回了。我相信我看上去很平静，但实际上我为自己和车上每个人的安全感到担心。

如果是今天遇到这种情况，我会系上安全带，并开个玩笑："请不要介意我系安全带，我的母亲把我培养成了一个神经质的人。"这只是研究人员必须做出的无数即时决定中的一个小例子。[19] 除了必须保证安全并避免做任何不道德的事情，没有明确的经验法则。正如威廉·F. 怀特（William F. Whyte）在他的附录中所写的——在描述了他如何在一天内投了 4 次票之后——非法活动会导致各种道德后果，还可能危及你自己和你的研究。[20] 对你来说，这意味着你应该找到一个值得信赖的朋友，定期与他讨论实地调查开展的情况；你还应该至少每隔几个月与顾问或值得信赖的导师交流。当局者迷的情况很容易发生，你需要在他人的帮助下厘清状况。

收集和记录数据：从首次接触就开始记笔录

你首次做某事时带去的全新视角和洞察，通常会在再次前往时迅速消失。因此，即使你尚未正式进入研究地点，也应该写一些与之有关的实地笔录。你应该保留通话记录、邮件往来、拜访记录等。你发现了什么？即使起初的笔录不像调研开展以后那么完善，也应该尽早开始，因为这会有助于你更快地适应新环境。如果你已经融入了研究环境，那么可以通过接纳新的观点、提出新的问题，并加强自我意识来"发现熟悉事务中的新奇之处"。[21]

记笔录或不记笔录

有些人喜欢在现场做笔录，他们会在进行观察时掏出一个笔记本并开始书写。他们喜欢这样做，因为这会让在场的人知道他正在做调研。不过，有些人不会这样做，因为这种做法时刻提醒大家，你正在做调研，而他们是调研对象。在这个问题上并没有绝对正确的答案。你在实地调查工作中的首要任务是认真倾听。尤其是在刚开始时，你很难在记大量笔录的同时认真倾听人们的话。有人用手机记笔录再发给自己，这通常是可以被接受的。你也可以去洗手间写下简短的笔录或口述笔录并录音（不要让研究对象听到）。在某些场合，打开笔记本电脑写下笔录并无不妥。

然而，在其他场合，例如在家庭晚宴上写笔录是奇怪且令人不自在的举动。阿里亚·拉奥（Aliya Rao）对失业人士进行了参与观察研究，她在一篇合著的文章中指出：

这些小家庭一般包含三四名成员，多出的一个人显得很突兀。例如，在吃饭聊天时，所有人都在场，无论你写笔录时多么低调，都不合适。[22]

尽管如此，拉奥还是对研究参与者坦白，她确实记了笔录：

对方知道她会做笔录，而且每个被观察的家庭中至少有一个成年人问她为何不做笔录——他们期望她在现场做笔录。她解释说，她会在回家的路上根据观察到的情况做笔录。之后会在24小时内将这些零散笔记整理成完善的实地笔录。[23]

通常来说，随着时间的推进，你的实地笔录会越来越好。通过训练自己认真倾听，你能记住更多内容。如果你逐字逐句地提醒自己，就能一字不差地记住一些短语（为了测试自己，在另一个地点进行一次互动并录音，写下笔录并进行比较）。请记住，把握情绪或掌握概念将有助于你的记忆。如前所述，休息好也可以提高你的记忆力。

在某些情况下，研究人员前往现场时会随身携带录音机。录音（或录像）越来越常见。你必须询问研究参与者是否介意，不可以秘密地进行。在《不平等的童年》一书的研究项目开展过程中,我担心实地笔录的质量,因此所有研究人员都会全程录音。有些参与者不在乎录音机,但有些参与者总是很在意它们的存在。通常情况下,正如一位经验丰富的民族志学家曾经告诉我的那样:"如果他们可以接受你,那么他们就可以接受任何形式的录音或录像。"我发现情况的确如此。此外,你可以向对方保证,如果他们在观察结束后觉得不喜欢被录音,你会当面删除这些录音,他们说了算。视频可以作为很好的礼物送给研究参与者,尤其是经过剪辑和精修的视频。有些人还会给对方看视频回放,并请他们讨论这些互动中发生了什么。这个策略可能产生更有价值的数据。

撰写实地笔录需要很多时间——很可能是你在现场时间的两倍,有时甚至长达 12 小时。我通常每次在研究地点逗留 2 到 3 小时,然后预留 5 到 6 小时写笔录。不过,在我为《不平等的童年》一书的研究项目做调研时,我有助理的帮助,每次家访后的笔录时间从 5 到 12 小时变成了 2 到 3 小时。在下一个章节中,我将重点关注"手电筒式"写作策略与"泛光灯式"写作策略的对比,还会重点介绍导致笔录质量参差的因素。然而,这里的重点是,你必须在结束拜访后不久、记忆犹新时及时完成笔录。

一个经验法则是在拜访结束后的 24 小时内完成笔录。实地笔录是一个项目的命脉,在许多情况下,当你对关键细节的印象逐渐模糊之后还需要查看笔录。正如我在下面解释的那样,你应该在完成上一次拜访的笔录之后,再前往研究地点。正如第二章和第三章中讨论的那样,你可能需要安排每隔一天前往研究地点一次,还要确定一个时间表来平衡工作时间、撰写笔录的时间和个人生活。

对我来说，连续做 6 小时的笔录是我的极限。如果我的某次访问时间异常的长（例如下一个章节中描述的，去了一整夜），我需要认真制订一个两天的计划，以确保在第二次拜访前能够完成上一批笔录。做笔录可能会很痛苦，但是你投入的这段时间会给你带来回报，即使这意味着必须忽视其他重要的社交活动。几个月或几年后，你可能需要使用这些笔录；到那时，你的记忆已经模糊了——只有笔录可以信赖。因此，应该尽可能写下详细且重点清晰的笔录。请记住，并非每天的笔录都一样优质，研究人员也是人，也会犯错。但是你应该尽可能地在每次拜访后撰写出高质量且内容丰富的笔录。如果某一天的笔录质量不佳，请不要为此懊恼，你应该向前看，在下一次拜访后写出更好的笔录。

当你写作时，应该倾听你了解到的信息和自己的想法。因此，你应该在每次实地调查结束后写一个"分析备忘录"，以突出你所了解到的关键主题，以及这些主题与学科文献的关联（将在第八章中详细讨论）。你应该在每完成 3 次实地调查后与朋友或顾问见面交流一次，与他们讨论如下要点：你了解到什么？有什么是令人兴奋的？有什么是令你惊讶的？你观察到了什么样的模式？为何这很重要？这个例子与什么概念相关？观察到的信息如何在细节上加深或补充现有研究成果？通过倾听自己的内心和倾听他人的反馈，你可以逐步设定写作优先级。

针对你的早期发现组织第二个"电梯演讲"

当你频繁出现在调研地点时，那里的人会询问你在研究什么

（有时他们是真的感兴趣，有时只是出于礼貌）。你在那里待了一段时间之后，需要根据了解到的信息修订"电梯演讲"，这很令人伤脑筋。你希望调研对象的行为尽可能自然，因此不想让他们关注研究的目标，但也不想虚与委蛇。与你较早准备的那版演讲（细节模糊但主题明确）一样，这一版也应该如此。如果是我，我会专注于一个令人惊讶但无伤大体的方面。"我很惊讶，这所学校的家长参与程度很高；他们筹集的资金总额之高令人惊讶""孩子们都很棒，我喜欢来这里。我很惊讶，这些孩子旅游过的地方真的很多"，或者"我真没想到，你们需要填写的表格真多，令我惊讶"。你提到的那个主题应该是一个让自己看起来具有敏锐的洞察力，表明你很用心而且争议性不大的主题。你还应该提及一个希望进一步了解的主题。

制定成功的个人生活管理策略

进行参与观察研究意味着把自己置身另一个社会圈子。如果你花时间在那个圈子，就无法同时花时间在自己的圈子。所有工作都会造成工作与家庭的冲突，但是这项工作引起的冲突比较独特。正如民族志学家的工作具有闯入他人生活的性质，参与观察研究也会闯入你自己的日常生活。兼顾这些难以取舍的义务具有很大的挑战性。这些问题很少在方法论文献中提及，然而，由于它们是你的研究经验的重要组成部分，因此我在此分享一些个人看法。

在你开始研究之前，明智的做法是考虑研究过程中可能出现的、意料之外的个人挑战，以及如果发生这些情况，你是否可以继续研究。例如，如果兄弟姐妹或年迈的父母有生命危险，家庭成员有慢性精神疾病，家中装修，伴侣换工作或其他会影响研究的事件。这些事件在很大程度上是无法预料且无法控制的，但它们也很重要。尽管这完全取决于你的社会支持，但是当你照顾暮年的父母，正在经历离婚或其他对你影响较大的事情时，是很难进行民族志研究的。即使是诸如搬家、车祸或膝盖手术这类事也可能把研究计划完全打乱。你的民族志研究肯定可以继续，但必然会延迟。此外，人生的重大挑战会消耗你的精力。如果正在进行参与观察研究的人员同时也在经历人生的重大挑战，通常他需要别人的支持才能兼顾各种难以取舍的义务。如果你有间隔划分的能力，也会很有帮助。

> **在你开始研究之前**
>
> - 你是否确定了如何向他人介绍自己并解释你的项目？
> - 你是否提交了 IRB 申请？
> - 你是否找到了一个可以讨论在调研中了解到的知识的人？
> - 是否有时间完成实地笔录？
> - 你是否推脱了一部分家庭责任和其他工作上的义务？
> - 你是否考虑过你在实地调查中的角色？你希望做什么，不希望做什么？如果你必须拒绝做某事，你计划如何拒绝？
> - 你会听从他人给你的建议吗？
> - 你会如何表达感谢？你是否准备了适合这个场合的小礼物或其他方式，让对方感受到你的诚意？

此外，就像你出发去尼泊尔进行 6 个月的背包旅行那样，临行前得到家人的祝福会很有帮助。在开始参与观察研究之前获得亲人的理解和支持对你大有裨益。当然，我们的大多数家人都不知道我们在大学里具体做什么，更不用说了解如何进行参与观察研究（他们何必需要了解呢？这是一个不同的世界）。尝试向他们解释你的研究目标以及研究方法可能是有益的。当你解释时，应当表现出对该项目的热情（并强调这项研究对你未来的职业具有重大益处）。你应该强调自己对此有多兴奋（或紧张），并说明这项研究对你来说非常重要。

总结：开始研究之旅

参与观察研究的初始阶段有多个步骤。正如第二章和第三章所讨论的，你应该考虑为什么进行这项研究以及你希望了解什么。你还应该确定调研地点，并且确保能够经常前往。"开始之前"任务盒中的某些事项只有在研究的过程中才会浮现，但是最好提前考虑这些问题。

参与观察研究很特别，因为它涉及一系列悖论：你需要融入，但始终是局外人；你是参与者，但也是观察者；你正在了解知识但常常一无所获，并且你经常不知道如何进行下去。不过，一段时间以后情况可能会好转。参与观察法拓宽了我们深入了解其他领域的视野。你还应该与他人分享你学到的知识。民族志研究的核心原则之一是"每个人都拥有自己的价值和尊严"，这也是进行参与观察研究是一项荣幸的工作（假设你遵循 IRB 的原则）的原因所在。你可以把人们带入未知的世界，并帮助人们更深入地了解这个世界。然而，要做到这一点，你必须非常精确地记录自己的所见所闻。下一章将探讨如何撰写高质量的实地笔录。

第七章

撰写高质量的实地笔录：细节决定成败

参与观察方法是为社会科学调研项目收集数据的一种手段——这些数据通常无法以其他方式获得。当你将所见所闻付诸笔墨时，就意味着把它们冻结并保存在实地笔录中了。最终，这些笔录向读者展示你的论点的基础，从而帮助你说服他们（而不是要求读者信任你）。但实地笔录始终无法在广度和深度之间达到两全。在某些情况下，你需要打开"泛光灯"，展示某个社会环境的概貌。在其他情况下，你需要借助"手电筒"，展示人们的实时互动。因此，你必须决定记录哪些细节。高质量实地笔录的特点是生动而准确地描述社会过程。在《如何做田野笔记》（*Writing Ethnographic Fieldnotes*）一书中，埃默森与合著者称之为"热闹的"（lushly）写作风格。

在本章中，我将展示如何在日常生活的诸多琐事限制中写出高质量、详细的实地笔录。我还提供了实用技巧，包括首页上需要包含的信息，笔录中应该涵盖的关键问题（我将其概括为首字母缩略词"WRITE"），以及常见的挑战。我展示了两个实地笔录的案例，作为撰写高质量笔录的具体指南。总体来说，撰写实地笔录的目标是随着时间的推移创建一幅肖像。这就导致每次的实地笔录都会有所不同。特别是每次笔录的质量会有参差，因为有些日子里你会精力充沛，但有的日子里你可能精力不济（此外，有时候可能发生比较有趣的事）。这是正常的。另外，笔录的重点也会有所不同。在有些拜访中，你只关注"泛光灯"下的事物并提供一个概述。在这些笔录里，你无须捕捉情感变化和密切的互动。其他时候，你可能会像"手电筒"一样集中记录 15 分钟的细节。我在此列出了高质量笔录的理想目标。然而，正如我所展示的，有时我做的笔录会很糟糕，而且也可能会有那么几天，你所做笔录的质量与你的目标相去甚远。这是理想情况吗？不是。这是现实吗？是的。通常来说，在下一次拜访之后，笔录的质量会有明显提高。

实地笔录的第一页

在研究结束时，你将积累很多实地笔录。在实地笔录的第一页总结访问要点是很有帮助的，因为每次访问通常会产生 10 页（单倍行距）的笔录，并且很快就会越积越多。你需要对关键事件（发生了什么）和这些情况引发的分析性主题进行简短的总结。人们组织笔录的方式各不相同，这是我在《不平等的童年》一书的调研中的一个例子：

泰勒，AL，4.15，2，放学后（这个文件名的意思是：泰勒家，我的名字首字母 AL，拜访日期是 4 月 15 日，第二次拜访，主题是"放学后"）

2 小时 13 分钟：下午 3 点 47 分至 6 点（访问时长）

5 小时（额外的撰写笔录时间）

晴好的春天，50华氏度（天气）

事件摘要

下午3点57分，到达，喝水

下午4点05分至5点，和朋友一起坐在客厅地板上，聊天

下午5点，泰雷克建议出去玩，穿外套

下午5点至5点30分，在外面玩球（泰雷克担心母亲回家）

下午5点30分，母亲回到家

下午5点40分至6点，去商店买水和冰块

下午6点，说再见，约好明天的拜访，离开

分析主题

儿童自发玩耍

街区游戏

日常生活节奏

违反规矩

    一些基本信息会记录在纸张的顶部：何人、何事、何时、何地、如何发生。请注意，实地笔录是按时间顺序编号的。从项目一开始，我就选择在所有文件中使用家庭的化名（我称之为"代号"），这样会让我自己习惯使用家庭的化名。

    我还要求实地调查人员也始终使用化名称呼研究对象：使用"扬内利一家"或"威廉姆斯一家"这样的化名，保证研究的保密性只增不减。在实地笔录的正文中，我使用了参与者的名字而不是

姓氏。

我通常不会在调研的一开始就确定分析主题。完成笔录并揣摩一段时间后,我会回到第一页,填写主题栏。

其他人的第一页的总结方式各不相同。下一个例子来自英国白人博士生彼得·哈维(Peter Harvey)的笔录。他在一所精英私立学校进行调研,观察一个四年级和五年级合并的课堂。他对孩子们如何学习基于社会阶级的文化技能非常感兴趣。[1] 这是他在笔录第一页列出的时间表:

彼得·哈维

10 月 18 日,星期三,上午 10 点 55 分至下午 1 点 16 分

事件概述

上午 10 点 55 分至 11 点 05 分　点心时间
女学生们翻我的书包,偷偷拿走我的东西。
上午 11 点 05 分至 11 点 15 分　上课
教师 1 批评了肖恩,他很抵触;她说会给他更多自主权。
教师 2 尝试接着给其他学生讲课。
上午 11 点 15 分至 12 点 22 分　有关希腊民主的课程
孩子们强调男性公民比教师 2 更重要;
雷切尔期望当她叫教师 2 时,他能够过来;
几个孩子打断教师 2 说话;亚伦(Aaron)拍了拍教师 2 的肩膀,加布(Gabe)拒绝和别人打招呼。

上午 12 点 22 分至下午 1 点 16 分　女孩科学俱乐部

科学课老师鼓励学生开始唱和；

女生们做出了正面的回应，并为当着老师的面讲话道歉①；

做游戏；

各小组的权利结构不同，但没有人占主导地位；

女孩互相称呼为"伙计"（guys）。

摘要页面记录了参与观察调研花费的时间，因为民族志学者记录实地调查花费的小时数是一种流行的做法。为此，你需要做完善的记录［即应该把花费在观察上的小时数与其他工作的小时数（例如通勤或撰写实地笔录）分开］。制作一个实地调查工作日志会为工作提供便利，工作日志应该包括日期、事件、在现场的时间、文件名和位置。最好把备份存在硬盘里。

> **细 节**
>
> "内容丰富热闹"的笔录可以通过文字让读者感到身临其境，从而使读者更好地理解你的主张及其基础。

---

① 这是一种课堂管理方法，类似于教师带着学生唱歌或吟诵，同时学生以言语或动作回应，目的是让所有学生集中注意力。——译者注

撰写高质量实地笔录的指南

WRITE

W:"何人、何事、何时、何地、如何发生（who, what, when, where, how）"

R: 反应（reaction），对有关行为的反应，以及对反应的反应

I: 无所作为（inaction），对某个行为沉默以对或不做出语言反应

T: 时间（timing），一个人说话或开玩笑是快还是慢

E: 情绪（emotions），脸、手和身体其他部位表现的情绪迹象

尽管实地笔录是民族志研究的命脉，但一天的时间是有限的。如第二章和第三章所述，你需要确定可以花多少时间在研究项目上。我会按照在研究地点花费时间的2倍至3倍来计划撰写实地笔录的时间。如果你在那里待了2小时，应该计划大约花5小时写笔录。可以用计划写实地笔录的小时数来反推你应该在研究地点观察的小时数。如上一章所述，你需要在完成拜访后的24小时内完成笔录。在我看来，在完成上一次实地笔录之前，你都不应该再收集更多数据。

尽管如此，做实地笔录依然没有一种绝对正确的方法。即使是与同样的人重回同一个研究地点，每次的体验都可能会不同。有时会发生很多事情，有时几乎无事发生。有时你会觉得自己如鱼得水，但有时会觉得自己很碍事。每次撰写实地笔录都应该描述一些关键问题，我把这些要点总结为"WRITE"。

W：何人、何事、何时、何地、如何发生

在新闻业中，新人记者需要遵循以下原则：文章的第一个段落应该描述"何人、何事、何时、何地、如何发生"。在实地笔录中，也应该遵循这个原则描写事件并适当调整细节。

这些信息在事件概述和笔录主体中都会有所体现。尽管如此，你仍需要设定优先级。对于某些事件，可以采用"手电筒式"的描述，意思是像慢放视频那样，尽可能多地描写细节。例如，在一次拜访中，15分钟的行为可能需要占3页纸。拜访中发生的其他事可以粗略地记叙（"泛光灯式"）。在描述时，要特别注意那个环境中的气味、明暗程度、噪声水平，周围物品的纹理、颜色和其他元素。你正在为观众创建一个画面，这并不是一种文学手段（尽管它使阅读更有趣），而是为了让读者身临其境并理解你的主张及证据。尽管如此，你在写作中还是应该小心区分亲眼观察到的事物和他人明确告诉你的事物；你应该避免干扰研究参与者的感受。

因为素材太多，所以你应该以主要学术目标（尤其是你的重要理论目标）为指导选择性地记录，在某些情况下，你可以用"手电筒式"的描述记录某个看起来重要的方面。当然，由于这些会随着时间的推移而改变，因此在参与观察调研的前半部分（当你仍在寻找研究重点时）尽可能全面地记笔录会有帮助。逐渐地，你的重点会变得清晰，但是还需要找到驳斥性的证据，所以应该保持一个宏观的视野和开放的心态。

R：反应

追踪受访者和他们的行为需要你付出大量的工作，以至于很容易忽视人们对某种行为的反应。然而，就像打乒乓球一样，在民族志笔录中，你应该记录行为、对行为的反应，以及对反应的反应，这是一个循环。你还应该追踪事件的主角和目击者，就像以利亚·安德森（Elijah Anderson）在他的《街角一隅》(*A Place on the Corner*) 一书中所做的那样：

> 在周五晚上6点左右，大约25名男子聚集在Jelly酒店，与朋友一起庆祝发薪日。人们开玩笑，谈论各自的家庭生活、工作、妻子和孩子；他们谈论好时光和坏时光的故事。T. J.和赫尔曼笑着打闹在一起——他们俩都是高个子……突然，一声响亮的巴掌声穿透屋内的噪声。在玩闹时，T. J.开玩笑地拍了赫尔曼的脸，但他不小心用力过猛了。

接下来，安德森巧妙地描述了赫尔曼（被打的人）的反应，T. J.默默地听着赫尔曼的愤怒，而且重要的是，他描述了其他目击者的反应（"人们开着玩笑，谈论各自家庭生活"和"房间里突然安静了"之间有鲜明的对比）。他继续描述接下来的行为，安德森不仅描写了赫尔曼的愤怒，而且还描写了T. J.的（无声的）反应，以及房间里其他人的反应：

> 尽管T. J.并不是故意要打赫尔曼耳光，但不是所有目击者都明

白这点。房间里突然安静了，人们都在等着看赫尔曼会怎么做。赫尔曼把脸伸到 T. J. 面前，表情严肃。他说："如果你再这样做，我发誓我会杀了你。如果你再敢这样做的话。"T. J. 只是站在那里看着地板，任由赫尔曼继续威胁、辱骂。很快，大家都转回身去继续刚才一直在做的事情，噪声又越来越大，不过一直没有再达到 T. J. 那一巴掌之前的程度。一段时间后，赫尔曼平复心情，回家去了。[2]

安德森的刻画凸显了围绕焦点记录多个人物行为的重要性。人们的反应很重要。

I：无所作为

当有人说了些什么而人们对此沉默以对或毫无反应，你应该记录这种情况。当然，沉默也是各有不同的。有些是宁静致远的沉默，有些是剑拔弩张的沉默。我的《不平等的童年》一书收录了贫困线以下白人家庭的实地笔录：10 岁的凯蒂、她的母亲西西、18 个月大的弟弟梅尔、姑姑玛丽和一位实地调查人员咪咪（Mimi，一位年轻的白人女士）一起共度下午时光。他们都在客厅里，大多数时候大家都会看肥皂剧和奥普拉脱口秀（Oprah）：

凯蒂开始自己打自己，她的母亲和姑姑就在几英尺开外。毫无疑问，她们两人已经听到也看到了她的行为，但没有任何反应。

凯蒂开始用拳头击打自己的额头。她坐在床上，在击打额头时向后倒下。她用右手击打，持续了大约 3 分钟，在我看来，这似乎是一个很长的时间。

此外，梅尔开始模仿她：梅尔爬到凯蒂和我之间的床上，开始模仿凯蒂。他这样做了大约1分钟。西西和玛丽看着孩子们，一言不发。凯蒂对我说："这就是我进医院的原因。"我问："什么原因？"她说："我伤害了自己。"我问："他们对你做了什么？"她说："他们把我关起来。"我问："在那之后他们做了什么？"凯蒂说："他们教我应该自爱自尊，告诉我不要伤害自己。"我望向西西和玛丽，她们正在看奥普拉脱口秀。[3]

在这个家庭中，大家都认为凯蒂总是大惊小怪，这可能是她母亲和姑姑如此反应的原因。无论如何，实地笔录的要点是表明母亲和姑姑听到孩子的行为，但没有反应。

在其他情况下，作者会通过分析来检视这种不作为。在蒂莫西·布莱克（Timothy Black）的《当真心变顽石》（*When a Heart Turns Rock Solid*）一书中，他分析了导致胡利奥退出帮派的事件。胡利奥曾经是一个帮派的头目，他的两名帮派成员被枪杀。他对此进行了报复，枪击了3个人——子弹打在他们的屁股、肚子和胳膊上。这3人都活下来了，胡里奥逃去波多黎各待了几个月。他回来后就退出了帮派。蒂莫西·布莱克的描述提到了可能发生的情况：

胡里奥离开后不到一年，10名成员因毒品和枪支被指控……在这18个月里，胡里奥走了两次大运——他在大街上打伤3名男子，但这3人都没有死亡。他在联邦调查之前退出了帮派……如果他还是帮派的头目……也难逃牢狱之灾。[4]

因此，在实地笔录和分析中，描述与你的研究重点相关的沉默时刻和有可能发生却没有发生的事件是有帮助的。

T：时间

有的人说话如连珠炮，有的人说话慢条斯理。有时，在一个地方，人们熙熙攘攘，摩肩接踵，空气里弥漫着一种紧迫感，而在其他时候，比如炎炎夏日，一群人可能几乎没有动静。因此，你应该在写作中表现出时间的流逝：某件事从言语发展到行动是快还是慢？阿什莉·米尔斯（Ashley Mears）有关模特行业的《美丽的标价》（*Pricing Beauty*）一书中的一段摘录展示了一种标记时间流逝的方法。该书展示了"成为超模"需要的训练，下文描写了她与一家机构签约，机构鼓励她在时装周之前参加"步态训练"：

一个星期三的下午6点30分，在一天试镜8次之后，我到达地铁，见到了另一位模特，22岁的贝丝（Beth）和那天负责培训我们的T台教练菲利克斯（Felix）。

菲利克斯是个40多岁的小个子非裔美国人……他说自己是同性恋。他将我们带到机构里，那里有一个长长的走廊……我们换上高跟鞋，开始训练。

首先，我们在饮水机前排队进行"胯部训练"。几分钟后，我们开始步态训练了。在接下来的1小时里，菲利克斯让贝丝和我轮流走向他，然后再走回来。有一次他在我走了一个来回后告诉我："不要'气势汹汹'的，试着让姿态柔和一些。"

米尔斯记录了自己的训练时间和体验：

> 菲利克斯拉过一把椅子，坐在迷你T台的尽头观察我们。他订了一份比萨饼……菲利克斯指示我们如何走得更好，时不时咬一口比萨饼。现在是晚上8点，我真的又累又饿。每走一步，我崭新的细跟高跟鞋都会磨烂我的脚后跟……我们围成一个圆圈，然后同步行进。这是一个奇怪的军事化场景，我的脚真的很痛。菲利克斯坐在那里，点头说："你们很棒，姑娘们，就是这样，对了！"[5]

在这里，米尔斯告诉了我们开始时间（"下午6点30分"）、他们花在胯部练习上的时间（"几分钟"）、订比萨饼的时间，以及到了晚上8点，她已经饥肠辘辘，而且她的脚疼痛难忍。她用生动、准确的语言（"我崭新的细跟高跟鞋都会磨烂我的脚后跟"），让我们可以身临其境地感受她的经历。

时间是对整体环境描述的一部分，整体环境不仅包括事件发生的节奏，还包括气氛，例如光线、空间、距离、噪声、气味、颜色和纹理等。

E：感情

在参与观察中，你希望你的叙述能够揭示日常生活中复杂的身体互动——包括表情，例如愁容、皱眉、扬眉或严厉的眼神，以及肢体语言，例如肩膀紧张、姿势僵硬或快步行走。你不应该简单地写"他在笑"，因为笑容有许多不同类型：焦虑地笑，浅浅地笑，兴高采烈地笑和咧嘴大笑。你应该尽可能地在写作中贯穿对情绪和肢体动作的描述。

人们通常会要求研究人员"展示而不是讲述"。在这个例子里，罗宾·莱德纳展示了在麦当劳第一天上早班的烦恼。当时员工培训师戴安娜（Diana）"没有仔细向我解释程序"，莱德纳解释说："我必须不断向戴安娜或其他同事寻求指示。"当店里开始忙起来时，戴安娜给他的"帮助"让他更加迷惑：

我继续接单。几乎每次我为顾客取餐，戴安娜都会说："我会取餐，你只管收钱。"更糟糕的是人越来越多，我还没来得及收前一单的钱，她就接了下一单。当我忙于找钱或其他事时，她会大喊："您要点什么？"然后，她期望我听到第二单的要求，记住它，并在我完成输入上一单后立刻输入第二单（至少我想这就是她的期望）。我不得不经常问她顾客点了什么，或请顾客重复他们告诉戴安娜的内容。此外，戴安娜有时会伸手过来，直接在我的收银台上输入订单。如果我在收银台旁边，我还可以忍受，但是有时候，我转身取餐后再一回头，发现我的收银台有了新订单，而此时戴安娜在大喊："收钱！"如果有几位顾客在柜台前，我甚至不知道是谁下的订单或应该收谁的钱。[6]

当莱德纳总结说"我强压怒火上完了早班"，那么你就会明白为什么了。她接着说，这段经历帮助她理解了"如果不遵守麦当劳公司的培训程序会发生什么"，以及为什么需要"不间断地努力"加强培训。

总而言之，实地笔录中包含各种不同的元素，但"WRITE"抓住了最关键的那几个。

撰写实地笔录的注意事项

记录社交互动中的各个步骤

社交互动无疑是复杂的，因为它包含多个不同的步骤，并涉及多人做多件事。在理想情况下，你的实地笔录中应该记录下所有关键人物做的事情。下面是谢瑞尔·弗格森（Sherelle Ferguson）的一篇出色的实地笔录的摘录，是她的一篇关于大学生与大学校方互动中的阶级和种族差异研究的一部分。她对一所学费昂贵的综合大学进行了观察，展示了来自工人阶级家庭的非裔美国女性玛雅（Maya）如何急于向她的解剖学教授提问。在关于骨骼的讲座中，谢瑞尔·弗格森描述道，玛雅向她的朋友艾丽西娅（Alicia，来自中产阶级家庭的拉丁裔学生）"大声询问"杏仁奶是否对骨骼强度有好处。谢瑞尔·弗格森当时是一位20多岁的社会学博士生（来自非裔美国人家庭），她和她们一起听课，并仔细记录了玛雅不愿向教授提问，并向她的朋友施加压力替她提问的所有步骤，以及艾丽西娅询问教授后发生的事情：

我们是讲座结束后留在教室里的最后一批学生。艾丽西娅走到讲台前与教授谈论期末考试，并问了一个关于牛奶中维生素D含量的问题。玛雅和我继续收拾包和笔记本。艾丽西娅回来后，玛雅用平静而满怀希望的声音问道："你问过教授关于杏仁奶的事了吗？"

艾丽西娅害羞地笑了笑，说："没有。"玛雅急切地问道："你会问她吗？"艾丽西娅开玩笑地建议道："你自己问她吧。"艾丽西娅带我们进入走廊，朝门口走去，但我们似乎走得很慢。玛雅磨磨蹭蹭地走着。玛雅重复道："你问她吧，求你了。"艾丽西娅犹豫着，我们不确定地又走了几步。她们的声音足够大，教授很可能听见了。我看到教授朝我们的方向望过来。玛雅再次祈求："求求你了！"艾丽西娅深吸一口气，转回身，大步走到教室的另一侧，问教授："那么杏仁奶呢？"玛雅没有转向教授并与她交流。教授迅速地、实事求是地回答："杏仁奶里加入了维生素 D 和钙，有时候比普通牛奶更好。"玛雅悄悄地说："太好了！"并舞动了几下，以庆祝杏仁奶是她经常喝的饮料。当我们走出教室时，我问玛雅："你为什么不想问教授？"她没有看我，不屑一顾地嘟囔道："我不知道。我就是不想问。"我又试了一次："她可怕吗？"她尖声说道："不是的。"然后，她试图改变话题，转头开始与艾丽西娅谈论晚上的计划。[7]

弗格森写道："玛雅显然对接近她的教授感到不安，宁愿让她的朋友替自己提问。"这个笔录是一个典范，因为弗格森按照方法学的方式展示了事件的步骤：收拾书包、艾丽西娅提问、玛雅给艾丽西娅施压、艾丽西娅再次向教授提问、这时玛雅没有转身、教授"实事求是"地回答、玛雅开心的反应。通过描述艾丽西娅、教授和玛雅每一步的反应，弗格森预见了读者可能提出的问题，并做出了回答。

使用对话，尽量做到用寥寥数句表达意思

对话能够使描述更生动。但是事实证明，在某些情况下，你可以凭借记忆，只用几个短语就能生动地刻画一个时刻（拜访结束后立即写作）。回到彼得·哈维的校园观察中，他通常会去四年级和五年级的教室，但是在这个特殊的上午，他在吃点心的时间来到学校，这次他先去了操场。他发表了一篇文章，写到他对儿童进行研究时在研究方法上遇到的挑战。他在文中描述了自己的迷茫状态（liminal status），他努力"融入"孩子们，却被孩子们看作一个可以开玩笑且不需要遵守成年人规则的大哥哥。[8] 他的耐心在这一刻经历了考验：

> 我到达杜鲁门（Truman）学校，看到（我的学生们）在操场上吃点心。当我走近灰色的大门时，大多数女孩与往常一样都在大门附近的区域玩耍。帕丽斯（Paris）隔着大门看到了我，蹦蹦跳跳地尖叫着："彼得！彼得！"其他女孩也看到了我，她们同样变得兴奋……我按了门铃，进入学校。还没迈进大门，孩子们就把我拉进校园……其中一个把我的背包取下来，她们七嘴八舌地问："你的背包里有什么，彼得？"……我不抗拒他们拿我的背包，反正里面也没有什么值钱的东西。然而，这群女孩立刻拉开背包拉链，把背包里的东西一件件拿出来，举起来给彼此看，翻来覆去地摆弄，像是要把刚发现的"百宝箱"中的"珍品"据为己有一样。

哈维越来越焦虑，他看着孩子们翻看他的东西：

帕丽斯拿出我的自行车头盔，一下子扣在自己头上。克莱尔（Clare）拿出我的公寓门禁卡，以为是信用卡，她叫道："我们有你的信用卡！"艾娃（Ava）开始时有点胆小，但被这种情绪感染，从我的三支笔中选了一支，打算据为己有；弗朗西斯卡（Francesca）拿了另外一支笔。然后，帕丽斯和安娜贝尔（Annabelle）发现了我从未使用过的自行车车座的黑色塑料罩。帕丽斯笑着问道："你为什么有发网？"我解释说这是一个自行车座套，她耸了耸肩，继续在我的包里翻找其他宝藏。克莱尔拿出我的钱包，她的眼睛瞪得很大，脸上挂着大大的笑容，高举我的钱包，喊着："我有你的钱包！"对此，我用较严肃的语气说："啊，把它给我。"克莱尔犹豫了一下，真的把它还给了我。如果安娜贝尔找到了它，我可能很难拿回来……安娜贝尔找到我那副音质还不错的入耳式耳机，并试着将它们从包中拉出来，但它们好像被挂住了，我可以看到耳机线拉紧了。我担心耳机头部会掉下来，于是我拿起背包，实际上是在帮帕丽斯把耳机线解开，因为我不想它被弄坏。帕丽斯一把抓住了耳机线。

这帮女孩拿着哈维的东西一哄而散：

在这一切发生时，瑞恩（Ryan）先生并不在附近，所以无人干涉……他可能在看其他孩子踢球。然后，他向所有人喊道："排队！排队！"孩子们立刻急着跑去排队。帕丽斯拔腿就跑，我的自行车头盔从她的头上掉落，砸在地上，把遮阳板碰掉了（安装得不是很结实）。帕丽斯甚至没有瞥一眼，更不用说捡起它了。然而，她手里还抓着我的耳机。艾娃明确地告诉我："我要留着这支笔。"克莱尔是最守规矩的女孩之一,已经把我的钱包和门禁卡还给了我,这似乎达到她顽皮的极限了,她对此感到不自在。

尽管这段描写很长,有足够的细节并还原了当时喧嚣情景,但实际上,你能直接用的引文不多。的确,在这个不算短的摘录里,彼得·哈维需要记录 5 个女孩的话(即"彼得!彼得!""你的背包里有什么,彼得""我们有你的信用卡""你为什么有发网""我有你的钱包"和"我整天都要留着这支笔"等)。此外,他还记录了老师的话("排队!排队!")和他自己的语言("啊,把它还给我")。其余的摘录是他对事件的描述,并未记录对话。不过,他有效地重现了现场。由此可见,在民族志研究中,使用一些精心挑选的词汇能够惟妙惟肖地再现当时的情景。

重现场景

不要忘记记录现场的气味、光线、声音、颜色和纹理。

当然,这只是那天发生的一件事。那一天他在学校逗留了 2 小时 21 分钟(上午 10 点 55 分至下午 1 点 16 分),并写了大约 5000 字的笔录(包括几张照片),大约 10 页单倍行距的篇幅。通常来说,对于每次 3 小时的拜访,他的笔录是 13 页到 15 页(单倍行距),而且,正如常见的那样,笔录质量不尽相同。哈维谈到他在学校观察时,会公开地在一个小笔录本上做笔录(因为在那个地点做笔录并不会令他感到不自在,这样做也提醒研究对象他作为研究人员的角色;另外,在现场做笔录更准确)。不过,几个词汇和短语也可以为读者描绘很多精彩时刻。

描述现场的气味、光线、声音、颜色

感官在现场观察中很重要，听觉、嗅觉和视觉的描述可以重现当时的声音、气味和光线。你还需要注意记录色彩——它们是深度饱和的宝石色调还是灰白色调；黑白格子地板是干净得闪闪发光，还是暗淡无光并有破损的瓷砖？你不应该只描述人们的行为，还应该传达身处那个环境中的感觉。社会科学研究的使命与小说家的使命大不相同，因为社会科学研究使用数据作为支持主张的依据。然而，社会科学研究的使命与小说家的工作也有共同之处，即他们都用词汇刻画场景。因此，阅读小说有助于提高你的写作技巧。当你阅读时，可以与作者找到共鸣，学习他们如何用简练的语言重现场景的细节和感受。

刻画一个场景是复杂的工作，但是一些生动的词汇可以帮助读者在脑海中重现当时的画面。在这一点上，雷切尔·埃利斯在《在这个名为"监狱"的地方》(*In This Place Called Prison*) 一书中，描述了女子监狱里远离牢房的一个社交空间（"大厅"），囚犯在那里学习圣经、GED 课程并进行其他活动：

囚犯和工作人员通过双层门从监狱院子进入大厅。人们进进出出，这扇门不断开开合合。大厅的走廊通常是喧闹的，充斥着囚犯的谈话声、争论声、歌声，警官接听电话的声音和对讲机的"哔哔"声，偶尔夹杂着警官下达命令的洪亮声音。这座建筑给人一种严肃乏味之感：墙壁由水泥砌成，刷着刺眼的白色油漆；地砖是棕褐色的，囚犯负责每天擦拭；头顶上方的荧光灯发出强烈的光线。这个空间明亮而干净，经常能闻到来苏尔（Lysol）牌清洁剂的气味。在吃饭时间，从自助餐厅里偶尔飘出来的荤菜的气味相当浓烈，甚至会引发一些人的抱怨，例如在热狗日（Hotdog Day）提供的德国酸菜。有时候，当你在下午走进那条走廊，会隐约闻到爆米花的气味，那是值班的狱警和在大厅工作的囚犯的零食。

雷切尔·埃利斯在此提到了许多气味："来苏尔清洁剂""德国酸菜""爆米花"，以及让人感觉这个地方"严肃乏味"的视觉元素——由水泥砌成的刷着刺眼的白色油漆的墙壁、棕褐色的地砖和发出强烈光线的荧光灯。埃利斯还描述了背景中的噪声："哗哗"声、囚犯的谈话声、争论声、歌声，等等。她只用了一个段落的篇幅，利用描述感官重现了监狱里的画面。此外，她还使用了许多令人回味的词汇："强烈的""飘出来的"和"隐约"。

不要记录所有细节：优先考虑那些能够回答你的关键问题的观察结果

有时，撰写实地笔录会顺利进行。你回到家，放松一下，然后开始写实地笔录并且能够很快完成。有的时候却不那么顺利。有时我感觉自己身处痛苦的折磨中，虽然源源不断地产出笔录，但质量堪忧。例如，我们对白人中产阶级的塔林格一家开展了观察调研〔他们有3个儿子，大儿子是四年级的加勒特（Garrett）〕，我是首席研究员。我通常每周拜访三四次；其他几天的观察由另外2名研究助理完成。除了连续3周的每日拜访，我还在那个家庭过过一次夜（过夜观察的效果不佳，因为这样做很少见。当你不断地前往研究地点,并让人们习惯你以后,实地调查工作会更有效)。我在 5 月末的一个夜晚去那里过夜。我于下午 4 点 30 分到达,与塔林格一家一起吃了晚餐,加勒特为春季音乐会做好了准备,我们开车前往。那天晚上从 7 点 45 分至 9 点 35 分我们都在观看演奏会,然后开车回塔林格家。孩子们准备上床睡觉,从晚上 10 点 36 分到 10 点 46 分,孩子的母亲坐在黑暗里(我也坐在那里)等着两个大些的孩子睡着。之后我和孩子的父母待在一起,直到我上床睡觉(晚上 11 点之后)。我在早上 7 点 20 分醒来(孩子的母亲已经在早上 4 点 30 分出门赶航班)。父亲帮孩子们准备上学的用品并做早餐。孩子们喂了宠物。父亲就像一位手忙脚乱的牧羊人,早上 8 点 20 分他把我们都送出门。在这次拜访中,有很多有趣的时刻。但是我很累,因为在塔林格家睡得不好。我已经为这次过夜观察计划了一段较长的时间来写笔录,但是时间还是不够。在写笔录时,我只是简单地描述了这次拜访刚开始时发生的事情,就词穷了。第二天早上,我看到这篇贫乏得可怜的笔录:

父亲让斯宾塞(8 岁)找一下关于图书馆的书籍。

斯宾塞找到了这本书。

父亲翻看斯宾塞的活页夹,扔掉一些纸。

父亲把萨姆(5 岁)的午饭拿出来。

萨姆想知道中午吃什么,他说不想吃布丁;父亲说留着它,他可能晚点会吃。

父亲深深地叹了口气,给应聘保姆的人回电话,并给对方留言,再次检查狗的食物和水。

萨姆从午餐里拿出布丁交给父亲。

父亲深深地叹了口气，然后把它放在冰箱里，告诉孩子们，我们已经准备好了。

笔录漏掉了很多时刻，包括父亲快速地翻看儿子的书包，把纸团成一团扔掉（很少有父亲这样做），以及萨姆把巧克力布丁拿出午餐盒的叛逆做法。然而，我从前一天下午就一直在不间断地观察这个五口之家，到了第二天早餐时我已经筋疲力尽。前一天晚上的笔录质量要好得多。实际上，前一天晚上发生了一个重要的无声时刻，当父亲晚上10点左右回家时，母亲正在哄小儿子睡觉，加勒特吃了晚上的点心，我坐在餐桌旁：

父亲走向电话边的日历前，查看上面的内容。当他看到这天晚上除了实地调查人员的名字都是空白后，他效仿举重运动员庆祝胜利的方式，握紧拳头高举双臂（他脸上绽放出一个微笑，好像在心中喝彩"太好了"）。

尽管有这些有趣的瞬间，有时候我还是会陷入写作的困境。在结束一次较长时间的观察后，我会因为太累而粗略地快速记录发生的事。这是不可取的。我应该缩短在现场的时间，留出更多的时间写实地笔录，完成笔录后再次前往研究地点。

我发现在设定写作优先顺序时，给研究概念的优先级排序会有所帮助。我会列出一些我想为读者描述的时刻和引文，然后按照分析的重要性排序。每当我完成其中一个描写后，就把它划掉。这一方法取得了令我满意的效果。实际上，对工作满意度的研究发现，如果工人能够直观地看到进度，就会更加享受工作。在这个笔录中，我只是按时间顺序从访问开始到结束记录下事件。我应该做的是坐下来评估需要写什么，然后考虑如何排列写作和分析的顺序（在那个阶段，这对我来说是一件难事）。此外，由于这是我第一次（也是唯一的一次）在调研对象家中过夜，有许多新的事情需要注意（与头几次拜访一样）。而且，你应该尽可能地把笔录的重点放在详细且生动地描写与关键分析性问题相关的内容上。

使用同义词词典

撰写高质量的实地笔录通常涉及大量形容词和副词。同义词词典是一个很有价值的资源。例如，在撰写一批笔录时，我会快速检索同义词词典 15 到 20 次。通过练习，你可以在几秒内从同义词词典中找到更生动的词汇。与其写"说"，不如写"咕哝、惊呼、喃喃、低语、嗔怪、呻吟、抗议或抱怨"或"愉快地、欢快地、热情地、热切地、急切地、热烈地、兴奋地或认真地"。假定某个词准确地概括了你观察到的内容，使用一个更生动的词汇可以加强精确性，从而更好地传达你的意思。

每一个表达感觉的词汇都有很多同义词，比如，表达愉悦感的词汇有温柔、狂喜、欢欣鼓舞；表达兴趣的词汇有好奇、专注、全神贯注、关切；有关恐惧的词汇有害怕、焦虑、警觉、惊恐、担心、胆怯、惊颤、威吓；表达冷漠的词汇有冷淡、中立、矜持、不感兴趣；关于良好感觉的词汇有镇定、平和、放心、自在、满意、鼓励、感到惊讶、满足、安静、确定、放松、宁静、洒脱、光明、幸运和安心。[9] 同义词使你的笔录更加精准。类似 Word 的文字处理程序有内置同义词词库功能，使用真正的同义词词典效果会更好。我强烈推荐。

每次拜访后写一份实地调查反思备忘录

在我写实地笔录的同时，也会写一份反思备忘录。写备忘录的目的是复盘这次拜访并退后一步重新审视。实地调查是很繁忙的工作，你当时可能全神贯注于所见所闻而无暇顾及其他。有时，正如我在下面展示的那样，反思备忘录可以是一个发泄情绪的空间，让自己充分释放拜访中看到的某些事带来的情绪。此外，这是一个反思全局的机会。实地调查是如此耗费精力，以至于在这一刻，甚至很难回忆起吸引你进行这个项目的问题。在一个反思备忘录中，我问自己："我今天了解到了什么？""这如何推进我对所研究的问题的思考？""这些信息与我读过的研究有什么关系？"当然，开始落笔时，我的大脑里一片空白。但是，我强迫自己坚持做这项任务 15 分钟左右。逐渐地，我的思绪开始围绕分析性主题运转。为了在以后的数据收集中保持专注，我在反思备忘录里列出了在未来需要关注的要点。在撰写备忘录时，我可能会想起以前读过的、可能有助于我推进这项研究的一篇文章。撰写反思备忘录的过程还使我对自己在研究地点扮演的角色有更深刻的见解。反思备忘录也可用来评估你在研究地点结交的人，你应该考虑与他们待在一起是否能够引出新的洞察。正如我在后面有关数据分析章节中所述的那样，每月我会写两三篇更详细的分析性备忘录，这与反思性备忘录有关但并不完全一样。我在分析性备忘录中剖析实地笔录中提到的问题，认真探讨学术文献并提出可能的论点。我还会与他人共享分析性备忘录并请他们提供反馈。反思性备忘录通常只供研究人员自己使用，或者在某些情况下只与调研团队分享。

两组实地笔录范例

在此分享的实地笔录来自我与研究助理合作完成的家庭观察研究，这一研究的成果发表在《不平等的童年》这本书里。如前一章所述，本书分析了白人家庭和非裔美国人家庭教养儿童的方式。我们发现，中产阶级家庭的儿童教养方式与工人阶级家庭和贫困家庭的儿童教养方式不同。[10]我在研究中使用的"深入家庭观察"法不同于通常的民族志研究，通常来说，研究人员只是待在研究地点。我的方法是，访谈结束后，研究团队的每个成员以陌生人的身份进入被观察的家庭，每天进行家访，持续一段时间（在案例中为3周）。[11]我们分成三人一组，每次家访通常持续2小时左右，但有时会更长。至关重要的是，每次家访后，我都会与实地调查人员通电话，指导他们撰写实地笔录。[12]

本章里的笔录摘录自调研早期家访的一个家庭，笔录包括一次家庭聚餐，那时我们还处于互相熟悉对方的阶段。我在摘录后加上了我的评论，提醒读者注意笔录中的优点和缺点，我还在适当的地方建议替换成更生动的词汇。

一组质量参差的实地笔录

我在此分析的第一组实地笔录是由一位新手完成的——一位

勤奋、聪明、有爱心的博二学生梅根·威廉姆斯（Megan Williams，本章分享的实地笔录全部使用化名）。摘录来自梅根对一个低收入的、极度虔诚的非裔美国人家庭的家访，家中成员包括塔拉（Tara，10岁）、塔拉的哥哥德韦恩（Dwayne，12岁）、塔拉的祖母卡罗尔（Carroll）女士和塔拉的叔叔。塔拉的母亲塔比莎（Tabitha）有全职工作，而且经常前来看望，但卡罗尔女士拥有孩子的监护权（塔拉的母亲已经从她人生中一段艰难的时期中恢复过来了）。在这个特殊的星期日，梅根在前往教堂之前与祖母卡罗尔女士见面（因为其他人早些时候都已搭车去了教堂）。梅根和卡罗尔女士一起在公共汽车站等车，搭上车，参加礼拜，然后与这家人共进晚餐。她和他们一起度过了7个多小时，与一些家庭成员是初次见面。梅根是一个非裔和白人混血儿，来自一个不信教的家庭，她喜爱交际，社交能力非凡，总让人感到如沐春风。她运用自己出色的社交技巧与这家人建立了融洽的关系，这对于调研极为宝贵。但她的笔录质量却参差不齐，有些很完美，有些需要更多细节。

梅根把自己与卡罗尔女士一起搭车前往非裔美国人教堂的经历描述得非常好，既生动又详细：

上午11点，我们听到街对面传来一声汽车喇叭声，我看到一辆蓝色汽车从小区里开出来，在红灯前停了下来，卡罗尔女士说："来吧，梅根！我们有车可搭了！"我问那是谁，她说："那是我的邻居，万达（Wanda）修女。"我们穿过马路，尽量避开水坑，朝汽车跑去，我比她先到。卡罗尔女士叫我上车。我停下来，犹豫不决，问她这样做是否妥当，因为她的朋友不认识我。她哈哈大笑，说直接上车吧。我拉开车门，不好意思地向那位女士打招呼，等她叫我上车。那位女士没说什么，只是微笑着，当卡罗尔女士赶上来时，这位女士才叫我上车。

<u>在这部分笔录中有细节描写（即避开水坑和搭便车的兴奋）。她带领我们重温了每一步（例如听到喇叭声、跑过马路、到达车旁和上车）。这份笔录有很多优点。</u>

然而，她对长达1小时45分钟的五旬节（Pentecostal）教会礼拜的笔录却很笼统，读者难以想象人们的互动：

我们大约在上午11点15分进入教堂，一直待到下午1点之后，礼拜包括唱歌、诵经和祈祷，以及公告……合唱无疑是最重要的。合唱开始后，唱诗班的一位女士走到平台中央，使用麦克风高唱一首赞美诗，起先是独唱，（大约5分钟后）唱诗班成员加入歌唱，然后全体信众齐声合唱，直到最后。她在平台上旋转了好几分钟，显然被歌曲的"精神"深深感动。

<u>在理想情况下，我们想更多地了解这位女士、她的情感、歌曲的内容、音乐的来源、信众的反应，以及她的歌喉如何表达出这种"精神"。但是笔录过于笼统。</u>

2周后，她再次和卡罗尔全家人（包括塔拉的阿姨和几个表兄弟）一起去教堂。进行实地调查的梅根体贴地评论了孩子们的痛苦：

在整个礼拜过程中，孩子们看起来非常无聊：女孩们要么发呆，要么看起来很累，要么聊天或者写圣诞贺卡。随着时间的推移，塔拉和蒂亚（Tia，她的表弟）开始在教堂的时间表上画画，而且看起来好像在玩某种游戏……礼拜期间，有几次乔迪（Jody）阿姨特意告诉塔拉要安静。塔比莎（塔拉的母亲）从没有这样做……在布道期间，塔拉做鬼脸并向（附近的）一个宝宝挥手。

<u>这段观察很有价值，但如果能更多地描写他们脸上的情绪和肢体动作将很有帮助。她们发呆的时候是什么样子的？是面无表情还是看起来很生气？他们会扭来扭去并忍住打哈欠吗？对9岁的孩子来说，1小时45分钟的教堂礼拜是很令人厌烦的。</u>

当礼拜接近尾声时，梅根对比了不同成年人的不同情绪，结果很有趣：

合唱达到了高潮，歌声持续了好几分钟，情绪变得越来越狂热，唱诗班成员跟着节奏起舞，击鼓的孩子们也加入进去（塔比莎在她的座位上忘情地舞动着，虽然她已经穿上了外套）。很多人踏着舞步走出圣殿。

<u>在这里，她描写了塔拉的母亲穿着外套在座位上跳舞以及人们踏着舞步走出圣殿，这是非常好的细节，但关键细节缺失了。塔拉母亲的脸上是什么表情？她是笑容满面的，还是阴沉忧郁的？</u>

在梅根的反思备忘录中，她为这个对比进行的分析很有价值：

我对孩子们在教堂里的无动于衷感到非常惊讶。即使音乐响起，他们也没有反应。然而，环顾四周，在我看来，在场的大多数孩子脸上都是同样茫然的表情，就像他们只是在等待这一切结束。因此，大多数成年人的激情满满与孩子们的无动于衷形成了巨大的反差。

<u>有一种说法是儿童与成人处于不同的社会世界，实地笔录为这个有趣的理论提供了一些支持，但是距离理想的有力支持还相去甚远。这些笔录浮于表面。</u>

作为一个几乎完全陌生的人进入一个家庭是极具挑战性的，但是梅根擅长让人们感到自在并融入环境。有时她不确定该怎么做，比如在礼拜结束后的周日晚餐上，人们请她落座（但其他成年人都没有坐下）：

我在靠着后墙的一张桌子旁坐下。卡罗琳（塔拉的姑妈）请我第一个去取餐，她甚至还没有为孩子们盛菜（只有她一个人在为孩子们盛菜，她逐个问每个孩子想吃什么）。

我犹豫着要不要去取餐，感到很不自在，因为这似乎是一个约定俗成的规矩，客人应该先取餐。卡罗琳看到了这一点，说："如果你愿意，什么都盛一点。"所以我每样都盛了一点，又加了一小块鸡肉（肉汁拌饭、馅料、西兰花、蜜饯红薯、烤通心粉、烤奶酪、玉米、烤牛肉、鸡肉块和面包卷）。

<u>这些细节有助于了解家庭文化。看起来孩子们处于不同的社会世界；研究人员被邀请与成年人同座，这使她陷入了困境。她必须和大人交谈，但是坐在这里就不能清楚地看到孩子们那边发生的事情。然而，对此她无能为力。</u>

我听到孩子们在聊天，他们也会跑来和卡罗琳交谈，但我无法加入，因为卡罗尔女士坐在我的右边，乔迪（另一位阿姨）坐在我的左边，她们和我相谈甚欢。乔迪首先问我信仰什么宗教，然后我们聊了很多关于不同类型的教会、不同的信仰表达和"赞美主"的方式。

研究人员在这里陷入两难的境地。她是成年人，因此被邀请与成年人一起就餐，但正如她所指出的，"我听到孩子们在聊天"，但"无法加入"，因为有人问她问题。尽管如此，她还是对晚餐的速度（"吃得很快"）和孩子们"消失"的方式感到震惊：

几分钟后，取餐变得自在多了，其他人都落座了，人们请别人把桌上的东西递给他们或自己伸手去取。卡罗琳女士和唐（Dawn，第三位阿姨）很快就盛了第二份餐，我也一样，这次是通心粉（准备得很多）。然而，我对晚餐的速度如此之快感到惊讶。孩子们都不想要第二份，大约10分钟后，他们都吃完了，然后就像他们进餐厅时一样快速地从餐厅里消失了。

虽然她的行动范围受到了很大的限制，但是笔录里还是展示了一些非常有趣的发现，如果有更多的细节就更好了。例如，从座位上她能看到房间里的什么东西？孩子们在祈祷时是否低头？孩子们向成年人提问题了吗？大人们有没有看顾孩子或告诉他们注意举止？祷告词是什么？他们一起傻笑吗？电视开着吗？他们大声争吵了吗？餐厅里有刀叉碰撞盘子的叮当声吗？晚餐结束后他们去了哪里？孩子们在另一张桌子吃饭时大人有没有和他们交流？有没有培养他们的兴趣？这些事实对研究项目来说都是非常重要的，但很难通过这些笔录得到一幅完整的画面。

总结：这组实地笔录提出一些亟待回答的问题

在早期的拜访中，研究人员表现出色，与这家人一起前往许多不同的场合。能够与许多素未谋面的人一起参加周日晚餐，并受到这家人的喜爱，这是一个相当大的成功。她还提供了对这个家庭的宝贵洞察，特别是她发现这个家庭中的儿童和成人有各自独立的世界——这对本研究的核心来说至关重要。她观察到在这么长的教堂礼拜仪式中，孩子们完全没有参与，而成年人则乐此不疲；她还注意到晚餐时成年人与孩子们几乎没有交流，孩子们进来、吃饭，然后很快就从餐厅消失了。鉴于中产阶级家庭的父母（此处未做讨论）总是在向孩子们提问，而且持续与他们互动，这一发现令人震惊。

然而，这些笔录并没有尽可能多地捕捉到人们的社交互动。尤其是对教堂的那段描述，没有突出塔拉的形象，而且在家庭聚餐中，读者很难明白孩子们究竟在做什么。我们也无法得知人们从椅子上起身时是面无表情、咧着嘴笑还是沉重叹息，母亲对女儿说话时是否用了气愤的语气，以及人们在社交时的情绪和肢体大概是怎样的表现。具体来说，尽管祖母和母亲之间的紧张关系很明显（研究人员在周会中提到了这一点），但笔录中没有体现这一点。很多时候，笔录的重点是记录行为——事件发生的顺序，却忽视了人们的反应——其他人对某人所说的话的反应，或者没有反应——当某人讲话时被沉默以对。读者很难想象出事件发生的时间、背景以及在餐桌上的实际情景。笔录并未将焦点持续放在家庭互动上。

一组富有成效的实地笔录

以下是研究助理阿什莉·泰勒（Ashleigh Tyler）撰写的实地笔录，内容更丰富、更详细。她是一名白人博三学生，举止略带拘谨，但也喜欢开玩笑。她有某种诀窍，能够写出生动简洁的优秀笔录。阿什莉正拜访白人中产阶级家庭中的汉德隆（Handlon）一家，重点研究的孩子是上四年级的梅勒妮（Melanie），她的哥哥汤米（Tommy）上六年级，另一个哥哥哈利（Harry）上八年级，她的父亲是一名会计师。她的母亲（拥有社区大专学历）是一名教会秘书。他们住在一栋四居室的郊区住宅中，房子给人一种温馨、轻松的感觉，物品杂乱无章地散落各处，比如餐桌上堆着没来得及叠好的干净衣物。我们在12月拜访了这家人，但装饰圣诞树的工作已经停滞多日，正如阿什莉的笔录所示：

圣诞树立在房间的角落里，上面挂着灯饰和装饰品。房间很乱，地板和椅子上堆放着成箱的装饰品。圣诞树周围的地板上落满了松针。大部分箱子是打开的，而且半空着。

阿什莉开车来到这家，下午3点15分，阿什莉和汉德隆女士出发去学校接梅勒妮。在路上，汉德隆女士抱怨说她今天想和梅勒妮烤更多的饼干，但这取决于梅勒妮能否完成家庭作业：

"希望梅勒妮今天早点完成作业，我们可以多做一些饼干。"她补充说："她昨天和她父亲一起做了 4 小时作业。从下午 3 点做到了晚上 7 点。我简直不敢相信老师周末还留这么多作业。他们就没有别的事要做吗？"

帮助梅勒妮完成作业成了这家人每天都要为之战斗的事。笔录记录了汉德隆女士试图教女儿做乘法。梅勒妮和阿什莉坐在餐桌旁，梅勒妮蜷缩着身子看着数学作业：

梅勒妮手里攥着铅笔，一会儿看看书，一会儿看看作业本。梅勒妮从桌子边跳起来，拿着她的作业本走进厨房。我听到汉德隆女士说："加油，梅勒妮，8 乘 4 等于多少？"梅勒妮给出了错误的答案。汉德隆女士说："不，不对。你需要思考这个数字是什么，然后看看你是否可以代入更大的数字。你认为 7 是最大的吗？"我听到梅勒妮说："哦哦——我就是不会做。这太难了。"汉德隆女士让她再试一次。梅勒妮回到餐厅。

<u>这些笔录的质量很高，记录了对话。拉长的"哦哦"传达了情感；描写梅勒妮"跳起来"表现了行为。最好能知道汉德隆女士说"不，不对"时的语气。另外，我怀疑梅勒妮说"我就是不会做"时的语气应该是带着一点叽叽歪歪。笔录跳过了一步，梅勒妮走进厨房后，一定把书拿给母亲看了，但我们不知道她的母亲说了什么。</u>

大约 5 分钟后，汉德隆女士拿着一个杯子出来（热牛奶和蜂蜜），把它递给了梅勒妮。梅勒妮问母亲是否可以帮助她做功课，汉德隆女士建议她自己试一试。梅勒妮说："我的确想自己试一试，但

我不会做。"哈利（梅勒妮的哥哥）进来了，然后跑进了餐厅。他走到梅勒妮身后的饼干罐子那里，挑选了一块饼干。然后，他厌恶地问："你们在听什么？"并走进起居室，将收音机切换了一个频道。

<u>作者跟踪描述多个人的方式很好。哈利很厌恶刚才的音乐，这一点很有意思。梅勒妮再一次寻求帮助（尽管我们不太清楚她的语气，也不清楚汉德隆女士有多么不耐烦），不过实地笔录捕获了行为以及对行为的反应。</u>

笔录继续写道：

哈利站在梅勒妮旁边，拍打着吊灯上悬挂的一个驯鹿挂件。梅勒妮正看着他。她开始唱一首西班牙歌曲，哈利问梅勒妮她的名字用西班牙语怎么说。他大概花了 5 分钟时间和梅勒妮开关于西班牙语的玩笑，梅勒妮骄傲地说她可以用西班牙语从 1 数到 10，并且正确地做到了。汉德隆女士在梅勒妮旁边坐下，哈利走进客厅。她问梅勒妮作业做得怎么样了，然后快速说道："哦，梅勒妮，你看，你还是犯同样的错误。你知道那是行不通的。再算一遍。× 乘 × 是多少？"汉德隆女士手里拿着一支铅笔，当梅勒妮开始写答案时，汉德隆女士开始不耐烦地用力在作业本上敲击。当梅勒妮写下错误的答案，汉德隆女士就会用力敲击本子，并说："再算一次。现在检查这道题。"梅勒妮做完了一道题，然后得意扬扬地说："我做对了。"汉德隆女士说："很好。现在，再做两道题，我不会帮你。"梅勒妮咕哝了几句："但我自己不会做。"

<u>这份实地笔录捕获了汉德隆女士对梅勒妮的烦躁情绪。现场观</u>

察人员捕捉到了语言和非语言信号——"你知道那是行不通的"或用铅笔"不耐烦地用力敲击"。这是访谈中永远无法捕捉到的绝妙细节。回想起来,当时最好能查看作业本,记录那个特定的数学作业以及错误的答案。当孩子做对了题时,阿什莉使用"得意扬扬"这个词,这也有助于传达情感。她对梅勒妮的表情描述应该更多一些。

[在数学作业戏剧性的一幕发生的同时,研究人员详细描写了汤米去看电视(家长不允许孩子在下午看电视)和母亲不耐烦地把电视关掉的场景。她让汤米去问今天的家庭作业是什么。汤米给朋友打电话,发现今天没有留作业。]

汉德隆女士回到厨房不久,我听到了电动搅拌器的声音。现在是下午 5 点 30 分。

研究人员后来私下抱怨说,她很难集中注意力,她想知道梅勒妮怎么能在这么嘈杂的环境中做功课。在这里,她详细描写了噪声。

汤米走进客厅,开始弹钢琴。乐曲悠扬响亮且富有起伏。厨房里的搅拌机也在嗡嗡作响。收音机仍在播放乡村音乐。这种情况持续了约 5 分钟。然后哈利走进起居室,又回到客厅,我注意到乡村音乐的音量大了很多。搅拌器、钢琴和收音机的声音势均力敌,持续了 8 分钟。梅勒妮仍然手握铅笔,看着作业。

这段叙述突出了噪声,这很好。最好知道汤米演奏的乐曲名字以及同时播放的乡村音乐歌曲名。此外,目前尚不清楚音乐声为什么停止。

然后，汉德隆先生问我晚餐有什么计划，因为"我们家做了足够的晚餐，我们希望你留下来吃饭"。我同意了，在晚上6点5分，我们在厨房餐桌旁坐下。梅勒妮请我坐在她旁边，虽然哈利已经抢了她的位子。当梅勒妮弱弱地抗议时，他说："我为什么不能坐在那里？我总是坐在那个位置。"汉德隆女士说："她想让阿什莉坐在她身边。让着她吧。"厨房的桌子上摆满了食物，桌边坐满了人。桌上摆着一个长玻璃烤盘，里面装满了去皮的鸡胸肉和清酱。另一个透明烤盘里装着意大利贝壳面，一个较小的蓝烤盘里是豌豆。

由于我们的研究也与社会阶层和品位有关，晚餐的食物对于分析很有用。晚餐的笔录帮助我们想象人们在吃什么。不过，在写作中你不太可能引用有关吃晚饭的实地笔录；相反，你大概只会进行概括性描述。晚餐开始时，汉德隆先生责备儿子没有先给客人盛菜，这显示了这个家庭的社交礼节。

汤米正打算把鸡肉放在自己盘子里，汉德隆先生说："汤米，你就只管给自己盛菜吧。"汤米立刻把鸡肉放到我的盘子里，用开玩笑的语调说："你看，我本来就是给阿什莉盛的。"然后他给每个人都盛了鸡肉。大家传递着意大利贝壳面，然后是豌豆。当门铃响起时，梅勒妮的盘子里已经装满了食物，而她的母亲刚刚切完鸡肉。汉德隆女士说："钢琴老师来了，我们会给你留饭。把它放在微波炉里吧。"梅勒妮听话地照做了，然后就去钢琴前准备练习曲。

钢琴老师来了。如果能观察梅勒妮的钢琴课就更好了，但是研究人员出于礼貌留在了餐桌上。父亲再次轻推儿子，只是这一次是要说祷告词。遗憾的是，她没有记录汤米所说的全部祷告词，但她也捕捉到了一个时刻，孩子出其不意地将一项繁重的任务交给了他的父母。

每个人的盘子都满了，汤米咬了一口鸡肉。汉德隆先生说："你来祷告吧。"汤米随后为"我们面前的美味"祷告。大家开始享用晚餐。晚餐时间的交谈内容主要是汤米宣布，他需要打印他母亲的巧克力慕斯食谱，带去课堂上。然后他说："哦，对了，我们需要为32个同学做那个（巧克力）慕斯蛋糕，妈妈。"汉德隆夫妇吓了一跳，他们询问了这件事的来龙去脉。汉德隆女士表示，她不会给他做，因为做慕斯蛋糕太贵，还有感染沙门氏菌的风险。父母似乎被他的要求弄糊涂了，都责备他在1周前就知道这件事，但是没有早说。最终，他们协商了一个妥协方案，做奶油布丁。

大约40分钟后，梅勒妮冲进厨房，兴高采烈地对汤米说："轮到你了。"

实地笔录展示了学校的活动给父母增加的工作量。但笔录中没有写清楚汤米什么时候需要把为32个同学准备的慕斯带去学校，也没有写明哈利在晚餐期间在做什么。如果能够记录汉德隆女士抱怨甜点费用时的语言就更好了。这是一个"泛光灯式"描写的例子，而家庭作业场景是一种"手电筒式"的刻画。

笔录里继续描述梅勒妮加热她的食物，她的父母表扬她刚才的演奏，她突然说她第二天需要一套合唱演出服，然后开始吃晚饭，还没吃完就"从书包里翻出"另外一份作业让母亲签字。几分钟以后，研究人员感谢这家人的款待，约定下一次拜访，然后告别离开。

研究人员这次家访的时间异常长，超过了4小时，而大多数拜访只有大约3小时。在反思备忘录中，她表达了她认为的"霸凌"以及混乱的家庭环境带给她的巨大的挫折感：

由于我的感官受到过度刺激，我感觉这次家访的时间特别长且令人不自在。在按照时间先后叙述事件时，我用响亮的音乐作为节点。在观察梅勒妮写作业的这段时间，我感到很困扰，因为在她"写作业"的50分钟时间里，好像只完成了2道题。显然，屋里各种干扰对她写作业的速度都有害无益……在我拜访期间，我一次都没有听到她回答正确的乘法表。

我很惊讶她的学习区如此逼仄……我也被汉德隆女士对女儿的粗暴态度和蛮横干预惊呆了。她似乎一心希望孩子能够掌握乘法表，这似乎是个无可救药地被误导的目标。从汉德隆女士在车上的评论到教乘法表时急促的语气，帮助梅勒妮的努力似乎偏离了目标，只会让问题越来越糟。显然，即使题目很简单，梅勒妮也习惯性地依赖"我不会做"这句话。没有人对此进行干预，并说："你可以学会。"看起来汉德隆一家人的行为总体都是懒散懈怠的。

研究人员对所见所闻感到焦虑，反思备忘录为她提供了发泄的空间。但这次拜访也有积极的方面。她强调了梅勒妮的学习空间并没有以孩子的需求为中心，母亲对女儿的暴躁态度和无效啰唆，以及这个家庭"顺其自然"的特征。这些主题很有价值，对阐明意义也很有帮助。尽管研究人员经常对他们的受访者感到烦恼，但应该接受这种感觉并尝试化解。你还应该尝试站在对方的角度了解情况。我们应该对研究对象的行为怀有深切的尊重，而不是抱以轻蔑的态度。

在每周例会上，我分享了一份根据我的实地笔录撰写的分析备忘录，指出中产阶级家庭这种操心劳力的儿童教养模式可能会给孩子们带来痛苦。这些想法最终用在了一份有关父母如何周旋于各种机构之间的分析中。在这本书中，我展示了中产阶级家庭的父母具有的某些优势，但就汉德隆一家而言，他们的家庭-学校关系中存在许多矛盾和困难。分析性备忘录侧重于把数据与以前的文献相比较，如同进行一场对话，从而凸显该研究对学科的贡献，并回答"那又怎样"这个问题。相比之下，反思性备忘录给你机会发泄情绪，反思你所观察到的事物（特别是你对所见之事的反应和可能对此做出的评判，这些都反映了你的立场），并思考如何更有效地进行下一步数据采集工作。

结论：严谨、决心以及撰写高质量的实地笔录

写出详细、生动的实地笔录是一项可以学习的技能。在笼统或含糊的实地笔录中，通常可能包含几段优质的文字。因此，我们的目标是稳定地产出细节丰富的高质量笔录。换句话说，你并不需要具有罕见的天赋也能写出出色的笔录。我见证过很多人成功地掌握了这个技能。通常来说，如果新手研究人员能够持续不断地得到详细的反馈，他们的实地笔录会在几次拜访后有明显的进步。因此，第一个教训是当你开始进行参与观察调研时，应该立刻寻求批判性

的反馈。第一次拜访时你是从一个全新的视角看待事物，在那之后你会认为那些情况是理所当然的。寻求帮助，请更有经验的民族志学家指正你的笔录。然后，接着写更多笔录，请其他人阅读并给出反馈。每次访谈的前 15 分钟是一个重要的时间节点，与之相似，在观察研究中，前几次对调研地点的拜访也是一个特殊的时间节点，你可以从中获得有价值的洞察。

撰写实地笔录的心境与参与观察期间的兴奋和压力截然不同。即使你很疲惫、心情不好或者根本不想动笔，也必须完成笔录。即使这意味着不能与他人一起玩乐、放松或与朋友外出，也必须完成笔录。花几个小时来复述你的经历是乏味的工作。尝试用文字生动地重现复杂的社交事件也是一项艰巨的挑战。实际上，日复一日地、不偷工减料地写实地笔录需要"强大的精神力量"，但这是你必须做出的严肃承诺。你在研究地点待的时间越长，就越习惯一些事情，越容易写下例如"梅勒妮和母亲又进行了一场家庭作业之战"这样的文字。但这是错误的写法，因为只有生动的细节才能给整个调研过程带来深度。随着你了解更多，与更多人交谈，阅读更多文献并逐渐找到重点，你的观点会发生变化。撰写实地笔录的目的是用文字传达你的经历，让读者感同身受（虽然是以不同的方式），同时向他们展示你的数据。钻研数据是一项持续性的工作，不过一旦你获得所有数据，就能够以新颖和原创的角度对其进行分析。这是下一章讨论的主题。

第八章
数据分析：在研究过程中不断思考

有些研究使用的依据必须是数字，研究者必须等到数据录入、整理和其他相关工作完成后才能对其进行分析。同理，对于访谈和参与观察研究，在获得整个数据集之后，你也应该花一段时间查缺补漏、完善论点并思考论点是否有理有据。处理数据的一个重要环节是将它们正规编码——无论使用软件与否（如我将在后文讨论的那样）。

在定性研究中，数据分析也贯穿于整个过程。如第一章所述，你的研究重点是逐渐明朗且不断演化的。你在整个数据收集过程中应该做的是：修订最初的研究问题，评估新出现的结果，考虑各种可能的解释并深挖研究重点。当你阅读访谈转写或观察研究的实地笔录时，甚至在你写作的时候，都应该不断思考。这是一种"迭代性的"工作——意味着这是个循环，查看数据、钻研数据、再次查看数据，如此循环往复；你在这个过程中不断思考。[1]事实上，这就是参与观察法的优势——你可以在新问题出现的第一时间就予以处理，也可能发现新颖的东西。数据收集本身具有"零和"性质，因为你肯定会顾此失彼，根本无法收集所有可能感兴趣的信息。你应该在进行了几次访谈或进行了几周的参与观察后反思研究目标，这将有助于确定数据收集的优先次序。你还应该向自己提出一些尖锐的问题，比如问自己，这个逐渐明朗的结论是否可以合理地解释所观察到的现象，是否有强大的数据支持，以及是否有其他观点可以解释你所观察到的现象。思考这些问题会让你在收集更多数据时重点更明确、目的更清晰。正如第二章所述，每项研究起始时的具体研究问题各不相同，研究目标亦是如此，其范围跨度涵盖对社会过程的细腻描述到解决特定的理论问题。

> **主题和问题**
>
> 研究主题就是一个研究方向。对比而言，研究问题更为具体。一个研究问题可能有多个解释。

请记住，这次研究之旅将从一个宽泛的角度构思的研究主题（topic），过渡到一个具体的研究问题（question）。研究主题是一个题材，即调研领域（例如，调研监狱中的女囚、无家可归者、粮食短缺情况、儿童活动或警察的种族歧视等）。你研究的主题可能是令人感兴趣的，但它并未提出一个具体的问题，也没有给出可能的答案。与之相比，虽然要研究的问题目前也没有答案，但是它更具体。例如，父母的社会阶层如何影响儿童的教养方式？因为入狱而与孩子分离的母亲在监狱中的经历是怎样的？暴力威胁如何影响无家可归者？机构文化如何影响警察过度使用武力？一般来说，一个研究问题有多个可能的答案，换句话说，有多个难以取舍的解释。随着时间的推移，你的研究问题和概念会越来越清晰，越来越精练。此时，可以在你的领域中寻找欣赏的理论概念，作为指路明灯。这是一场学术思辨，而你正在为增强依据而努力，这是指导数据收集、数据分析和学术写作的原则。除此之外，你对现有研究的局限性的关切、你所拥有的数据，以及你认为令人兴奋的、有趣的概念对研究也是有帮助的。你的目标是回答"那又怎样"这个问题,而这个目标将指引整个过程。

正如我们所见,数据收集既具有挑战性又令人疲惫,而且很难及时跟进数据整理、录音转写和实地笔录等工作。由于大量的工作在同时进行,研究人员有时会顾不上其他而只关注数据收集也就不足为奇了。但这种对数据收集的专注是有代价的:你可能会忘记思考。

在本章中,我将讨论确定研究重点的关键步骤和技巧。[2] 这些技巧在数据收集过程中很有用处。此外,一旦完成数据收集,你应该以先"深入"再"后退"的方式来进行正规的编码。随着数据分析的进展,写作和数据分析之间的界限越来越模糊,因为在写作的每个阶段,编辑引文都与你的分析目标密切交织在一起。在整个过程中,你应该"倾听"你的数据,而不是为了支持你的想法进行牵强的解释。本章的最后一部分重点介绍了将原始访谈记录转换为经过编辑的引文的步骤。尽管这部分内容也可以放在"学术写作"那一章,但编辑引文需要做大量的数据分析和思考,因此我将这个部分放在此处。

其他学者已经对理论与数据之间的关系进行了广泛讨论,而且这个关系也因学科而异,所以本章不再讨论。[3] 专注于理论的民族志学家,如迈克尔·布洛维(Michael Burawoy)声称:"我们需要用最基本的词汇描述一套假设、问题、概念、编码方案——理论,才能理解其意义。理论指导我们应该寻找什么信息……一个好的理论应该能够成功地做出预测并引出某些意料之外、情理之中的成果。作为社会科学家,我们的最终目标是……从案例中学习,以扩展科学知识。"[4] 当然，社会科学家采用的方法各不相同。无论理论的作用如何，定性研究人员都面临着许多实际挑战，如何整理收集的数据就是其中之一。

如何整理这些数据

通常来说，在研究结束时，你会在数据中游弋（但具有讽刺意味的是，有时你仍然会感到恐慌，担心可能错过了什么并想收集更多数据）。每次实地调查一般会产出至少 10 页单倍行距的笔录。此外，大多数人会收集各种格式的文档进行分析。许多博士生在开始进行正式的编码阶段时，已经收集了 1000 到 4000 页的实地笔录和访谈录音转写。

因此，我再次强调：你必须在研究过程中不断思考。当完成二分之一到三分之二的工作时，你的研究应该有一个明确的重点。在理想情况下，完成了三分之二的数据收集工作之后，你应该对如下方面有一个相对清晰的认知：研究目的、具体的研究问题、应用在研究中的关键概念，以及你认为能够为你的主张提供强有力支持的证据。

正如我们所见，项目的规模各不相同。我的本科生在短短一个学期的时间里，要进行 8 至 10 次实地调查和 4 次访谈，收集的数据量如此巨大令他们招架不住。在一个本科课程里，你可能会为一篇本科论文进行 5 次访谈或者每周 1 次的参与观察，而硕士论文可能需要 25 到 30 次访谈或持续一学期的参与观察。对于更大规模的研究，你需要做的工作更多。但是让我们想象一下，你每周进行 2 次观察调研，持续8个月左右，但有时你每周拜访3次，目标是总共拜访65次到75次。只进行1次参与观察就确定研究问题还为时过早，但是在10次观察（超过3周）和5次访谈（以达到目标为准）之后，你应该开始聚焦于一个重点。你需要持续努力一段时间才能确定项目的核心问题。至于应该关注什么，这部分取决于你感兴趣的文献（下文将详细讨论）。你的重点应该基于民族志研究中让你感到惊讶和兴奋的发现，以及你认为重要的知识。你应该边推进研究，边记录逐渐成型的想法。

如前几章所述，你应该在收集数据期间定期撰写"分析性备忘录"，反思了解到了什么，为什么这些知识有可能很重要，备忘录如何与其他研究"对话"，以及下一步计划。这些备忘录很难写，你写起来甚至会很痛苦，因为你必须迫使自己把关注点从经验细节转向思考大局（换句话说，它们要求你将注意力从手中的树叶转移到更广阔的森林上）。你应该在数据收集过程中时不时地回顾所有的分析性备忘录，在每一次回顾之后，写一份新的备忘录，记录研究进程中浮现的新想法。

细化你的研究问题和逐渐明朗的论点

你应该如何决定？

一种做决定的方法是拿一张白纸，写下你能想到的所有研究问题。不要做出评判，只需一个接一个地写下问题，然后将其放在一边，过一段时间回顾这些问题，并根据宽泛的主题整理它们。就这样，你可能从10到20个问题开始，然后将范围缩小到3到5个不同的问题。[5] 随着研究的进展，你最终会决定一个最重要的问题，以及一些次要问题。如何选择这个最有意义的研究问题取决于许多因素：你感兴趣的方面是什么，你了解到了什么新的信息，你了解哪些文献，你关心的重点是什么，其他学者感兴趣的是什么，以及你在哪个方面拥有最多的数据。大多数研究可以向多个方向发展（就像你可以在不同的地方享受度假、有许多不同的爱好，甚至在截然不同的职业经历中获得满足感一样），没有一个选择是完美的。

在开展研究项目时，你可能很难弄清楚自己究竟在做什么。为什么进行这项调研？你希望了解什么？其他学者有什么发现？有时你可能会觉得没有观察到任何有意义的东西，也可能觉得没有任何感兴趣的发现。与他人交谈和倾听他们的反馈是很有帮助的，因为当研究人员深陷数据时，可能会当局者迷。其他方法还有创建一个写作小组以获得定期的建设性反馈，给其他专业做演讲，就课程主题开展客座演讲，或举办一个"不成熟想法"研讨会。虽然在研究进程中进行自我批评可能会有所帮助，但现在不是自我批评的时候。构建你的观点，然后请那些愿意花时间帮助你的同事、朋友或其他人给出反馈，从而找到研究重点。你不想在一个观点尚未有机会成形之前就扼杀它。

最终目标是构建一个具有知识立场的研究重点（或"论题"），这个研究重点既有充分的数据支持，又能为你的学术领域增添新价值。在这个过程中，你很容易在不同的研究问题之间跳来跳去。通往这个最终目标的旅程不可避免地充满了死胡同和挫折。例如，我发现我在初期的一些答案或过于宽泛，或过于狭隘，或虽然有趣、新颖且重要，但遗憾的是，我收集的数据无法支撑这些回答。万事

第八章
数据分析：在研究过程中不断思考

开头难，这是正常的。对一些人，特别是那些习惯于在学校取得优异成绩并掌控生活关键方面的人来说，实地调查的混乱和不确定性令他们焦虑。如果是这种情况，你应该认识到这个调研过程是受到时间限制的，保持信心一定能找到焦点。通常来说，在你不断收集数据、思考和与他人交流的过程中，一定会找到适合你的研究问题。你可以退一步，从大局出发考虑研究路径，以获得更好的视角。为什么从新视角看待事物，也就是同时从微观和宏观角度看待问题很重要？

首先，你试图找到某种方法来研究你从实地调查中学到的东西，从看似一团乱麻中寻找关键主题。你试图弄清楚到目前为止了解到了什么。

其次，记住文献阐述的内容，并专注于研究重点。换句话说，你正试图确定一个学术对话伙伴。研究社会网络、工人及其劳动过程、社区活动、时间利用、身份认同、工作与家庭平衡等的学者可能会对某一组数据感兴趣——例如，对联合办公空间的参与观察。[6]

最后，尝试用数据来证明当前的文献有缺陷或不完整，找到对解决"那又怎样"问题的贡献。你的目标是确定现有文献的不足之处并提出解决方案。

思考方式

- 和朋友探讨你所观察到的现象
- 在日记中写下关键主题
- 阅读一篇文章并写一份备忘录，陈述你的结果有何相似或不同之处
- 做任何曾经有助于你思考问题的事情

在多个研究问题中做选择的范例

一组数据可以对许多不同的子领域研究有所贡献并解答许多不同的问题。正如霍华德·贝克尔所说的，"没有一种方法是绝对正确的"。[7]

只有你自己可以决定你想做什么。你的决定不是一个严谨的理性选择，而是一种"心灵的召唤"，你会辨别出对你有吸引力的主题。此外，一个很常见的现象是，你在项目刚开始时希望能找到某个发现，但最终却得到另一个发现。在进入现场之前，你的想法往往不完整或不太正确。

举个例子，在我读本科时，在民族志方法课上我认识了罗布·莱昂斯（Rob Lyons，化名），一个20多岁的白人男生，他旁听这个课程以了解更多关于社会学的知识。他大学毕业后在无家可归者收容所全职工作，所以能够进行实地调查的时间很有限。当罗布·莱昂斯和我讨论他在全职工作时可以进行什么样的研究时，我碰巧提到我对宠物主人的社会阶层是否影响他们对待宠物狗的方式很感兴趣。自从我的关于社会阶层和儿童教养的书出版以来，很多人都告诉我，他们观察到中产阶级家庭的宠物狗主人会给狗讲道理并哄劝它，他们会对宠物狗说："菲多（Fido），我们要耐心一点。等我做完家务，我们就出去玩，好吗？"类似他们抚养孩子的方式。相比之下，工人阶级家庭的宠物狗主人会下达指令"别闹了"。此外，虽然家庭社会学家尚未充分考虑将宠物狗纳入家庭的定义中，但对许多孩子和父母来说，宠物狗是家庭不可分割的一部分。罗布·莱昂斯对这个想法很感兴趣，并决定在公园里进行观察。他还提交了

IRB 申请，并获准对狗主人进行访谈和跟随狗主人进行观察。

他为这项研究做出了很多工作，他完成了 4 次访谈，与未婚妻一起暂时照顾一只斗牛犬，记录了自己与寄养的斗牛犬的互动并在当地公园进行了参与观察，我们一起汇总分析了他所了解的东西。他发现，在一些家庭中，来自不同社会阶层背景的宠物狗"家长"在如何养狗方面存在冲突。有些人对狗较为放纵，有些则较为严厉。这些差异似乎与宠物狗的品种或其他家庭因素无关（例如主人是否居家办公，或者白天家中是否有人）。他还发现，正如以利亚·安德森在他的早期研究中所解释的那样，在他居住的多种族、多阶级社区中，非裔美国人和白人之间围绕宠物狗存在种族矛盾。[8] 他和未婚妻会花时间与寄养在家中的狗一起散步、玩耍；当他带着斗牛犬散步和开车时，他（一个白人）经历的种族间的紧张情绪（例如，人们盯着他看，在街上避开他，开车经过他身边并大喊"别遛狗啦，白人小子"），比生活在这个街区多年加起来的都多（在这里，他指的是文献，尽管他想不出任何与安德森所展示的不同的东西）。随着收集的数据越来越多，他开始对人格和"公民身份"的概念越来越感兴趣。在流浪者收容所上班时，他注意到孩子们被关在小房间里，不允许在收容所的大厅里游荡。工作人员也没有考虑到孩子们需要锻炼或呼吸新鲜空气。相比之下，宠物狗的主人很注意让他们的狗得到新鲜空气和锻炼。赋予狗合法权利的运动越来越多。在最近的一些案件中，宠物狗在主人去世后拥有自己的律师。[9] 他还采访了一位狗主人，她说她的狗是她生命中最重要的"人"。

简而言之，罗布·莱昂斯的项目可以朝着几个不同的方向发展：宠物如何加剧出身不同阶级家庭的伴侣之间的阶级冲突（这一点在有关婚姻中阶级冲突的研究没有被讨论过）、对待宠物的态度如何成为异质型社区（heterogeneous neighborhood）中种族紧张情绪的爆发点，以及如何利用宠物所有权来检验人格和公民身份的观念［例如，把狗当作人的社会建设（social construct）、狗被赋予的权利和特权、比较给予狗和儿童的特权］。还有"如何定义家庭"这个问题，以及家庭的定义中是否应该纳入宠物。每个分析问题都涉及不同的前期研究（即阶级和日常生活、种族和城市生活、社会中的动物、童年和公民的政治概念等）。它们都很有趣，但各不相同。此外，也没有任何逻辑充分的理由在这些可选的方向中进行取舍。尽管如此，他仍对公民身份的概念特别感兴趣，对现有的公民身份研究没有充分体现儿童权利和需求受到的限制而感到烦恼，而且他强烈地（日益增长地）认同狗也应该享有某些权利。然而，这将他引入了两个方向，即对法律地位变化的历史分析，以及有关宠物狗和儿童的民族志研究。

最终，罗布·莱昂斯决定专注于公民身份问题，这个研究方向引领他进入政治社会学文献的世界，而将家庭社会学文献抛在了脑后。他逐渐明确了研究问题，即"在行动自由、社交互动和户外体验方面，宠物狗和儿童享有哪些权利？"他随即根据这个研究问题确定了数据收集方法。

对罗布·莱昂斯来说，解释这些问题并列出选择的过程并不容易，因为他经常面对众多令人困惑的不同想法和问题。通过写反思性备忘录和分析性备忘录、做课堂演示，以及与我讨论难点，他逐渐在多条研究途径中找到了方向。在某些情况下，当研究人员没有看到预期的结果时，他们会感到茫然失措。在构建一个新主题的过程中，如果你读了关于某个领域的 10 到 20 篇文章，但对另一个领域不太熟悉，就草率选择较熟悉的主题，这会是一个"因小失大"的错误。

如果你对收集的数据感到沮丧，或者这些数据一开始看起来并不有趣，应该怎么做？与其他人交流是有帮助的。你应该找到一些积极的、知识渊博且能够给予建设性批评的人。以我的一位学生为例，我表述了自己如何理解他的新研究发现，并告诉他我认为他的研究问题中有一个要素是现有文献尚未涉及的。换句话说，我选出了一些我认为令人兴奋的元素，以帮助我的学生聚焦重点。

你还能做什么？你应该对这个主题感兴趣、好奇、兴奋并保持开放的态度；在你开始一项研究后，不应该对研究问题的答案有先入为主的成见。有一点头绪是好事，但是仅仅因为你"知道"某事是真实的并且想证明它而开始一个研究项目是错误的。理想的情况是你在开始研究时并没有一个清晰的答案，而且你将了解到的东西有可能挑战你最深刻的信念。你应该能在这个领域找到一些你所欣赏的研究文章，学习这些研究使用的方法（即使这些研究是基于与你所在领域截然不同的人所做的研究）。请记住，这不是你一生中唯一的项目，它应该很有趣，但它并不需要十全十美。

其他领域的类似之处

选择重点、论点和分析并不是学术研究特有的工作。其他领域的从业者也会做出这类决策，包括艺术领域。许多形式的艺术——建筑、舞蹈、歌剧、说唱和电影——都是在讲述一个故事。如果你的故事重点明确，那么它更有可能得到人们的认可。尽管如此，抓住这个重点仍不容易。电影导演弗朗西斯·科波拉（Francis Ford Coppola）在一次电台采访中讲述了他对电影《教父》(*The Godfather*)最后镜头做出的决定，在那个镜头中，人们聚集一堂，承认迈克尔（Michael）为新任教父，此时房间的门当着迈克尔妻子的面关上了。[10] 弗朗西斯·科波拉的解释揭示了民族志研究中的一些关键决定与艺术创作中的决策过程是相似的：

当我拍电影时，我总是事先决定一个主题，最好是我可以用一个词来描述的主题——当我拍摄电影《对话》(*The Conversation*)时，主题是隐私；当我拍摄《教父》时，主题是继承。

在这里，弗朗西斯·科波拉指出，他用一个单词就能描述的主题来指导他的电影创作。确定这个主题帮助他做出了无数的决定：

（作为电影导演）每天都必须回答很多问题，例如，她应该留长发或短发？她应该穿长裙还是半裙？他应该拥有汽车还是自行车？大多数情况下你知道答案，所以只需吩咐下去。但是你偶尔会不知道如何决定。那就问自己："嗯，电影的主题是什么？"

主题将帮助他弄清楚自己在做什么：

因此，电影的主题，对《教父》来说是继承，我始终知道，我需要讲一个关于继承的故事——关于一个"国王"和他的3个儿子的故事。我知道……我在做什么。

在访谈和参与观察中，如果你知道自己在做什么并可以用一个词描述你的主题，会有助于你做出各种大大小小的决策——观察什么、阅读什么和探询什么，以及最终如何讲述你的故事。通过数据收集过程，你将缓慢而逐渐地汇编出研究的精华。找到这个核心就意味着放弃其他可能性（有可能在未来重拾那些研究）。但是现在你试图找出前人研

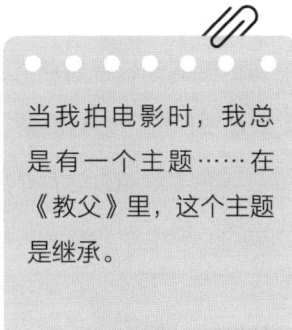

> 当我拍电影时，我总是有一个主题……在《教父》里，这个主题是继承。
>
> 弗朗西斯·科波拉
> 电影导演

究的不足之处、专注于你最重要的事项，并确定你的研究对学科的重要性（另可参见第二章中求知之旅的内容）。总之，你在追求自我认识：你是谁？你在这项研究中的目标是什么？一旦确定，做出其他决定会更容易。

数据收集应该支持研究问题

在确定你的研究重点时，应该确保你能用收集的数据回答主要和次要的研究问题。如果不匹配，更改研究问题比更改研究地点更容易（尽管有些人可能对在研究过程中做出修改而感到不安，那是因为他们可能不了解定性研究的现实）。能够调整收集数据的方法是定性研究的一项优势。此外，研究的目的不是总结样本人群做出某些行为的频率；相反，你的目标是构建新知识。你要为自己的主张构建坚实的基础。有时，你可以通过使用几种不同的方法来证明某种模式——来自多人的证据和不同形式的证据（即观察、访谈、文

档或政策)。正如我将在稍后讨论的那样，你还应该认真考虑一下犯错误的可能性；考虑从其他角度解释研究问题，并寻找可以推翻这个逐渐明朗的理念的证据。

例如，曾经有一位本科生对研究合法移民对于非法移民的态度感兴趣。为了回答这个问题，他开始在一个为移民提供服务的非营利组织做志愿者。他还参加了非法移民组织的会议（他们计划发起游行以抗议反移民立法），这个团体里有几位合法移民，但多数是非法移民。因此，他的研究初衷是比较合法移民和非法移民，但这个团体的成员组成不能满足研究条件。他很快了解到这个群体中的许多有趣的事情，包括那些在美国生育子女的非法移民如何找到能够照顾孩子的人，以防他们自己被毫无准备地驱逐出境（在美国出生的孩子的美国公民身份受到美国宪法第十四修正案的保护）。但是该项目遇到了问题（包括道德伦理问题），[11] 即收集的数据不足以让他了解合法移民对非法移民的态度。他需要修改研究问题或更改数据收集的方向。例如，他可以试图了解促进或阻碍政治激进主义的因素，也可以研究非营利组织工作人员如何克服低收入、法律支持不足以及组织动态中的混乱，坚持为有需要的人服务。但是他担心无法进入这些团体，而且项目所剩的时间有限。既不想修改研究问题，也不愿更改数据收集方法，最终，他的论文没有足够的数据来支持他的主张。

数据收集应该支持研究问题：谁是"你的人"

能够帮助你精确地框定研究问题范围的那些文献几乎都使用了

类似的研究方法。可以肯定的是，定量研究可以展示某个因素和结果之间的关系。然而，如果没有对所涉及的机制进行明确的解释，那么这两者之间出现关联的原因就是一个"黑匣子"。相比之下，定性研究提供的结果强调我们需要更多地了解过程或机制。这个漏洞很重要，但这只是研究的初始步骤。你可以查看你所在领域的学者如何对现有机制形成概念，这可以帮助你对文献中的不足之处进行更完善的陈述。这意味着你需要阅读其他使用访谈法和参与观察法进行的研究。

以阶级和儿童教养方面的文献为例。关于社会阶层差距（对此有不同的定义，这里采用的定义标准包括母亲的受教育程度、社会经济地位指数和收入）对儿童教养方式的影响程度（扩大、保持不变或缩小）存在争议。许多研究表明，父母的教育程度与孩子的教育成果之间存在正向相关性。其他研究展示了不同阶级教养儿童的各个方面，包括亲子时光、给孩子读书、给孩子报名课外补习班、限制看电视时间，以及参加其他拓展活动等。对实地调查人员来说，一个很好的研究问题是尽管父母的行为受到社会赞许性的限制，但还是应该记录发生的频率。[12] 坦率地说，这对进行定量研究的人来说是一个糟糕的问题，因为汇总一个很小且非随机样本中某种行为发生的频率并没有太大意义。此外，在许多定量研究中，很难从概念上解释为什么两个因素之间存在关系。进行定量研究的学者只能研究这个过程，但并不能通过这些精确的过程形成某种概念。

定性研究通常可以帮助我们补充文献中概念上的不足。例如，在儿童教养这个领域，我们可以了解普遍的理想（例如，父母在家庭中拥有权威）和现实（例如，在不同时刻，孩子会抵抗、伤害或羞辱父母）之间的差距。许多家庭支持对每个孩子都一视同仁，但在一些家庭中，一些孩子受到偏爱。定性研究可以让我们了解有关日常生活中的权威关系、边缘化、无能为力、身份认同等关键社会过程。例如，道恩·道（Dawn Dow）展示了非裔美国人中产阶级家庭的母亲在养育孩子方面为保护孩子免受种族歧视所采取的策略上的差异。[13] 她对阶级和儿童教养模式提出了挑战，指出它们的差异比之前承认的要更大。因此，在开始研究之前，你应该已经参考过其他定性研究（或实验研究以及定量研究），并了解两个因素（即变量）是如何相互关联的。父母怎样了解孩子的需求？"人生抱负"这个概念对孩子是否有意义？它会在日常生活中表现出来吗？有些人表示，中产阶级家庭的父母会培养孩子的优越感，事实是如此吗？此时，你应该阅读有关母亲身份、儿童教养或儿童日常生活的其他定性研究，你的评判也应该集中在对上述这些社会过程的其他研究上。你的评判表明我们对这个主题的理解有某种不足，而你的研究试图填补这个不足。有时，研究同一个社会过程可能会让你进入不同的实质性科学（substantive field）领域。例如，为了了解狱警和囚犯之间的关系，你可能会研究其他"全控机构"（total institutions），例如军队和军官与士兵之间的关系。军队和监狱是不同的场所，但是对军队的研究也可以揭示权力动态。简而言之，你要找的是对研究中的行为明确或隐性的概念化。有时，人们只是肤浅地讨论或完全忽视某些关键问题。如果你发现文献中对关键机制的概念化存在欠缺，这可能成为一项新研究的出发点。在一定程度上，一个好的研究问题来自你对文献的理解。

问题是你在审查文献时，面对大量的工作很容易不知所措，前人完成的研究体量巨大。

乍一看，你似乎得花上几个月的时间来阅读它们。如果你把所有的时间都花在阅读文献上，你将如何进行工作并完成项目？霍华德·贝克尔称之为"对文献发怵"。但请继续阅读、写备忘录并倾听自己的内心，你一定能够找出最感兴趣的主题［注意，焦点在你身上，而不在其他人（包括你的教授、父母、伴侣等）身上］。想想你熟悉的且希望更多了解的那个领域。你可能会为了更好的专业发展而选择一个问题（例如，未来能带来更多的机会），并放弃另一个。即使在你考虑了所有这些因素之后，也是有得且有失的。我再说一遍：没有一种绝对正确的方法。

寻求反馈

虽然现在看来还为时过早，但当你进行数据分析并试图建立一个逐渐明朗的论点时，获得反馈和其他人的观点是有用的。为什么？

感觉遇到了瓶颈

写一份备忘录！当你写下研究结果时，你可能会发现自己日复一日地徘徊在同一个出现问题的段落。给自己一些时间反思所写的东西有助于你重拾动力。试着写一份备忘录，阐明你陷入困境的原因以及渡过难关的方法。你可以这样做：当我开始写项目草稿时，我希望达到什么目的？什么是有效的，什么是无效的？为什么？我可以采用哪些其他方法？如果可以的话，请把备忘录给同事、朋友或导师阅读并讨论。

本杰明·谢斯塔科夫斯基
《风险资本主义》

你应该确保自己构建的这个研究问题是重要的，是其他人真正关心的问题，并且根植于文献中的确存在的不足之处。你还希望他人能告诉你，这个暂定的主张（逐渐明朗的论点）是合理的。你需要准备好接受负面和正面的反馈。我的一位学生曾经向一个期刊投稿，以下是他收到的反馈：

作者设立了一个不切实际的目标……除了一些教条，我认为没有人真正相信这一点。

同样，另一个学生收到了这样的评语："作者的本意是在文中提出一个新颖的理论贡献，但其实这个理论并不那么新颖。"我的合著论文收到过这样的评论："这个论点相当薄弱。从本质上讲，这篇论文认为中产阶级家庭的父母能够也确实为他们的孩子做出了集体努力（collective effort）。这并不奇怪，也不像文中所提出的那样新颖。从文献综述和概念覆盖范围两方面来看，这篇论文都是比较狭隘的。"[14] 因此，与金发姑娘和三只熊①的故事相似，你不应该要一个框架过于狭窄的概念性论点，也不应该要一个过于宽泛的论点，相反，你应该力求一个"恰到好处"的概念框架。你的朋友和批评者可以指出你何时达到了这一要求。但是我向你保证，通常你不会在第一次、第二次甚至第三次的尝试中获得成功。找到一个"更好、更强有力、更有趣、更重要"的问题和框架是一个随着时间的推进

---

① 这个故事讲的是一个女孩进入棕熊的家，发现家中的东西都是合适三只熊体型的大中小三个型号。这里的意思是你的论点应该适合自己。——译者注

而发展的过程。[15] 当你不再听到（来自老师、同行和审稿人的）"你需要进一步拓展你的学术贡献"的批评时，你就知道你做得不错了。不过，在收集数据期间确定研究问题是有好处的，这会督促你添加更多的数据，寻找挑战论点的驳斥性证据，并实时"测试"你的观点。正如克里斯廷·卢克指出的那样，在她认识的人里，有人曾经只差"一个信息（或一份数据），就能毫无悬念地证明论点，但是他并不知道自己需要这个信息因此没有收集，或者信息找不到了，又或者他负担不起重回研究地点再次收集信息的成本"。[16] 她还强调了在整个过程中不断思考的重要性，指出一些研究人员收集的数据远比需要的多，如果他们在这个过程的早期能够更深入地思考，就可以避免这种情况。

因此，你的求知之旅（第二章已重点讨论）涉及思考、评估，确定几条可能的途径并选择最适合你的那条。大多数伟大的研究背后都有中肯的批评。一旦你接受了这样的批评并找到重点，就可以相应地调整数据收集。

正式的编码阶段：既要深入，也要退后一步

在获取所有数据之后，"从头开始"系统地分析数据会对研究有帮助。数据分析的目标有很多个，有时这些目标会互相矛盾。一方面，你应该真正深入地分析数据。你应该非常熟悉所有的笔录，每个人在访谈中所说的话以及所了解到的信息的细微差别。了解这些的最佳方法是阅读笔录和访谈转录，并反复听录音（例如，当你骑自行车或洗碗时）。另一方面，你应该退后一步进行思考。在某种程

度上，寻找共同的主题，并找出可能推翻论点的驳斥性证据有助于你纵观全局。思考你的研究如何关联或挑战文献中的某个或某组观点。将数据编码有诸多益处，可以帮助你清点收集的证据，查看你在哪方面的证据足够，哪方面的证据较薄弱；还可以帮助你找出驳斥性证据。[17]

一个编码方案的示例

通常来说，你并不清楚应该设定多少个编码类别，而且很容易感觉编码类别太少或太多了。每项研究都是独一无二的，但是为了让你了解高质量编码方案的规模和范围，我在此分享（经许可）本杰明·谢斯塔科夫斯基（Benjamin Shestakofsky）在民族志研究中为他的《风险资本主义：创业、技术和工作的未来》（*Venture Capitalism: Startups, Technology, and the Future of Work*）一书制定的编码方案。该书聚焦于一家名为"All done"的软件公司的组织变革，该公司为当地社区的服务和客户提供了一个线上交易平台。在19个月的时间里，谢斯塔科夫斯基在3个地点进行了参与观察研究。他主要驻扎在旧金山总部（软件开发在这里进行），但他也担任组织角色，因此拜访了菲律宾（幕后的信息处理工作）和拉斯维加斯（这里的员工提供客户服务）站点，并与这两地的员工密切合作。谢斯塔科夫斯基确定了5个主要的代码类别：ACROSS（代表不同工作地点的员工互动交流）；ME（他自己的想法和思考）；每个地点分别有一个代码，SF（旧金山）、P（菲律宾）和LV（拉斯维加斯）。然后，在每个主要类别中，他都确定了类似ACROSS代码中的子类别。

ACROSS：文化冲突；ACROSS：情绪；

ACROSS：情绪：兴奋；ACROSS：情绪：关联性工作；

ACROSS：礼物；ACROSS：会议；ACROSS：肢体上的；

ACROSS：特权；ACROSS：推测

此外，他为三个站点都编写了额外的代码（见表8-1）。他书中的一个关键点是风险投资人希望快速获得投资回报的愿望成为创新的动力。这些持续的创新对旧金山、菲律宾和拉斯维加斯的员工产生了影响。

表8-1 谢斯塔科夫斯基研究的公司中三个站点
（旧金山、菲律宾和拉斯维加斯）的代码

○ SF：传记	○ P：传记	○ LV：焦虑
○ SF：承包商和当地外包	○ P：与其他工作的比较	○ LV：传记
○ SF：成本	○ P：冲突	○ LV：魅力型领导
○ SF：实验型企业文化	○ P：组织动力学的后果	○ LV：冲突
○ SF：人物描述	○ P：成本	○ LV：食物
○ SF：兴奋	○ P：文化	○ LV：性别
○ SF：乐趣	○ P：下游	○ LV：艰苦
○ SF：性别	○ P：情绪	○ LV：缺乏组织知识
○ SF：礼物	○ P：情绪：关联性工作	○ LV：士气
○ SF：目标、未来和风险投资	○ P：家庭：紧张	○ LV：组织结构

续表

○ SF: 成长	○ P: 性别	○ LV: 抗拒改变
○ SF: 招聘	○ P: 感恩	○ LV: SF: 可见度
○ SF: 忽略 P 和 LV	○ P: 被 SF 忽略	○ LV: 推测
○ SF: 创新	○ P: 隐形	○ LV: 团队成员: 描述
○ SF: 创新: 自动化	○ P: 缺乏组织知识	○ LV: 技术恐惧症
○ SF: 创新: 常规化	○ P: 爱	○ LV: 对 SF 的看法
○ SF: LV: 隐形	○ P: LV: 礼物	○ LV: 工作时间
○ SF: 动机	○ P: 会议	○ LV: 工作空间
○ SF: 建立人脉	○ P: 对变革的叙述	○ LV: 劳动力统计数据
○ SF: 办公环境	○ P: 组织结构	
○ SF: 乐观主义	○ P: 绩效	
○ SF: P: 成本	○ P: 优先级	
○ SF: P: 性别	○ P: 招聘	
○ SF: P: 关联性工作	○ P: 反向替代	
○ SF: 派对	○ P: SF: 礼品	
○ SF: 政治	○ P: SF: 关联性工作	
○ SF: 特权	○ P: 写作团队	
○ SF: 招聘	○ P: 调查团队	
○ SF: 关联性工作	○ P: 匹配团队	
○ SF: 场景	○ P: 培训	
○ SF: 推测	○ P: 不稳定的自我	
○ SF: 资本主义观点	○ P: SF 可见度	
○ SF: LV 的看法	○ P: 居家办公	

○ SF：我的看法	○ P：工作时间	
○ SF：P 的看法		
○ SF：工作时间		

由于这些不断的创新对每个站点的影响都不同，他调整了自己的编码方案（使他可以深入挖掘），同时用"跨越"代码反映每个群体的成员彼此互动时产生的模式。最后，谢斯塔科夫斯基用代码表示自己在现场的角色（例如"归属感"）及他对事件的反应（例如"情绪""不适：特权"和"工作：混乱"）。在所有情况下，他将 ME 列为主要类别（例如，"ME：归属感"）。这种编码方案帮助他梳理了数千页的实地笔录和非正式访谈笔录。正如他在方法附录中所解释的那样，只有通过定期创建分析性备忘录并与他人交流、回顾数据才能逐渐形成这些观点。

表 8-1 中展示了 3 个站点的编码。请注意，编码的数量不是完全相等的。谢斯塔科夫斯基在一段时间后还发现有些编码是可以合并的。

谢斯塔科夫斯基在编码时借助了软件（Atlas.ti），你也可以用另一种方式，即打印出实地笔录，将它们剪开并放入文件夹中，或用不同颜色在电子版实地笔录中做标记。你也可以将数据输入电子表格中。定性研究的数据编码软件已经很普遍，对大量数据来说，这个工具是非常有用的。不过，仔细阅读采访转录、发掘主题并考虑可能驳斥这个论点的证据也非常有用。有些学者即使在做大型调研时，也不使用定性研究软件。[18]

我认为一种很有用的编码方式是创建数据矩阵。[19] 你可以找一张大纸并画一个表格（也可以使用 Excel 文件，把表格打印出来并粘贴到墙上，以帮助你纵观全局），将受访者放在一个竖列，关键观点或概念放在第一行。然后，在单元格内放入一些词语、引文的片段或者证据总结。你的脑海中会有很多挥之不去的生动陈述或戏剧性时刻，你很可能受到它们的影响。但是也应该注意沉默的时刻以及人们的语言，那些没有获得关注的人才是你应该重点"倾听"的对象。

这个表中的空白单元格是有意义的，因为它表明样本人群对某个问题的反应是不尽相同的。空白单元格对应的人——对于某个问题没有什么可说的——也应该被重视，并且赋予他们与健谈的受访者相同的权重。数据矩阵可以在你对数据进行分析思考时助你"倾听"。我再次强调，在数据分析过程中你必须保持强烈的好奇心并完全诚实。你正在寻找一个研究问题的答案（假定你不知道答案）。将自己沉浸在数据中和体验编码的过程能帮助你找到切割数据的不同方式，从而在努力"从熟悉事物中寻找奇异之处"时考虑多个方案。[20] 要点是：编码有很多不同的方法，它们通常需要你深入其中（认真"审视"你的数据），然后退后一步（以获得宏观视角）。

写作之前的工作：评估所有的引文，包括那些驳斥你的观点的引文

当你在论点上取得进展时，请再次查看你的实地笔录和访谈笔录，确保它们支持你的观点。这项工作既算是数据分析，也算是写作的早期阶段，或者至少是写作之前的准备。此时，首先应该确保你有大量数据来支持你的主张。它们不仅来自实地调查现场，而且

来自多个被研究者。通常来说，定性研究凸显了日常生活中的常规互动，这就是为什么你需要一次次前往调研地点直到得不到新信息为止。该模式不必应用在整个数据集上。毕竟，研究的目的是揭示人们对某种情况的反应有何不同——而你的研究对象通常会有不同的反应，因为现实世界往往是混乱的。此外，期望这组数据中的每个人都报告相同的经历是不现实的。研究工作与评估学生有类似之处，你要寻找的是明确表示自己有过某种典型经历的研究对象。至于应该有多少人，我很难给出一个数字，但这个主张应该是"有据可依的"，因为很多人都表达了这个观点。这在访谈研究中更难，有时只有少数人会提出一个重要观点。我很欣赏的一位民族志学家告诉我，在这些情况下，对于一个很小的子概念，最好至少有 3 个人（在理想情况下是来自同一个组织不同地位的 3 个人）提出相同的观点。对于一个主要观点，你应该有大量强有力的数据支持。你不仅需要确保自己不会被口若悬河的演讲者说服，还应该留意那些有可能推翻论点的证据。不能忽略看起来不支持论点的案例或证据，你需要承认它们存在于数据中，但应该结合实际情况评估其重要性。

当我努力想弄清楚某一个观点却不得法门时，我会将引义复制到一个新文档中。我经常给选定的引文附上一些识别数据（例如，化名卡特的非裔美国人中产阶级家庭的母亲）。有时，对于每个受访者，我会找出两三个引文或现场笔录节选。此时我不会编辑引文，而是将它们一股脑地放在文件中，并命名为"引文：观点"（写上逐渐形成的观点）。然后，我会寻找挑战这个想法的证据，将它们放在文档底部"挑战"或更简单的"不合适"副标题之下。我会一直阅读现场笔录和访谈转录以寻找好的引文，有时，我会使用便利贴或单词搜索突出显示，不过单词搜索是一种非常原始的方法，如果我使用了编码软件程序，就可以直接在编码上勾画。我不断将引文移入文档。随着数据集的变化，这个杂乱的文档可能会很大（一个观点可能会有 10 到 20 页单倍行距资料）。然后，我停下来，回去读更多的文献或重温现有的文献，思考我的论点，尝试弄清楚主要观点，以及如何把这三四个观点融入整体论题。此外，我试着对我的新发现保持怀疑的态度，并考虑这个新论题所面临的挑战。通过这些工作，最终呈现的论点对持怀疑态度的读者来说应该更加可信。

在某个时候，我积累的引文远比我能够使用的多。一份 30 页双倍行距的手稿里（例如会议论文、书籍章节、高年级论文或文章）通常只有大约 25 条引文。这意味着我在发布的作品中，每个观点只能展示有限数量的引文，每个主张通常需要 2 到 4 条（有时只有 1 条）。生动的引文——活灵活现、精确、有画面感、充满感情和吸引人——是最理想的，但至关重要的是引文与数据集中的其他结果要保持一致（或者你可以重点提出作为驳斥某个一般性主题的证据）。引文或多或少地捕获了数据集中一个重要的主题——它们更适合用来捕捉某个关键社会过程，而非捕捉某个人的状态。我在实地调查时总是有最喜欢的引文或时刻，我认为这很有启发性——它们或具有戏剧性，或幽默有趣，或一针见血地指出关键问题。

尽管我的思路越来越清晰，我依然会再次"从头开始"，回顾实地笔录和采访转写。我再次给自己施压，以确保能从细微处思考数据——在我迫切渴望提出一个主张时，我不会像压路机那样碾平可以驳斥它的证据。我会试着想象"如果你错了怎么办"。因此，当我为《不平等的童年》一书进行调研时，我想到"如果社会阶层在抚养子女中无关紧要，该怎么办？有什么证据？"我还想到，"也许这全部与种族有关，而与阶级毫无关系？"然后，我会寻找证据。当然，我们每个人都在社会中扮演自己的角色，每个人在社交世界中都有独特的地位——不仅是种族、社会阶级地位、性别和年龄，而是一系列政治信仰、理论取向和偏好品位。我们将这些都带进研究过程。举一个例子，如果你对气候变化问题有强烈的看法，就很难理解和同情那些持有强烈相反意见的研究参与者。在整个过程中，你应该对自己的偏见和看待世界的方式有清晰的了解（在这里，写备忘录和自我反思性文章会很有帮助；向其他人展示你的研究，包括那些与你观点不同的人，也是有用的）。你应该挑战自己，不要简单地将你的世界观生拉硬拽地强加于数据，而是要从收集的数据中汲取知识。这种资料收集原则背后有实际和道德方面的原因。例如，如果你在收集数据之前就对某事坚信不疑，带着成见进行辛苦的数据收集工作是低效的，甚至是浪费时间的。向你的读者保证你的主张以收集的证据为基础，但是忽略那些可以驳斥你的主张的证据，这样的做法是不符合道德的（正如我在第九章中解释的那样，当你把论点呈现给读者时也要考虑到对其提出的挑战，这会让你的论点更可信）。由于数据是私密的，大多数人不会知道你为了找到另一种解释而在挖掘数据上作出的努力，不过，慢条斯理、彻底和仔细地对另一种解释进行分析是非常重要的。

编辑引文使分析更清晰的指南

将原始访谈记录和实地笔录转化成编辑后的引文需要大量的

解释和分析工作。编辑过程也就是帮助读者聚焦于你的关键学术贡献——你的论点——的过程。因此,当你编辑引文时,通常会面对许多判断和抉择,可能会缺失明确的指导方向。然而,几乎没有著作涉及写作过程中的这个时段。[21] 研究人员通常会提供基本的指导方针,例如,"不要用真实的名字",或者正如我经常写的:

为了便于阅读,删去了语言中的一些口头禅,包括口误和"嗯""哎""你知道""并且""就像""所以",以及重复的话,诸如"我——我"之类。如果我删除更多的单词,则会用"……"表示此处有省略的部分。在某些情况下,我也会调整说话的顺序。例如,如果受访者在访谈中两个不同的时间点谈到了同一个问题,我会把这两个例子放在一起,但后面说的话可能提前出现在引文中。

尽管我的这个步骤总结很重要,但它并没有揭示研究人员在编辑引文时需要做出的众多决定背后的隐藏机制。这些引文对于支持学术观点是非常重要的。同时,这个步骤总结也无法检验研究人员的工作,例如,无法像检验定量数据那样,将数据集排序并进行分析。然而,有些作品带给我一种挥之不去的不安感。例如,在我读过的作品中有些研究参与者的语言让他们看起来是谈吐流畅、知识渊博的人,这令人惊讶,导致我不能完全相信书中的引文,我感觉作者对此做了不少美化。另一方面,我在读一些书时会渴望作者写的更多一些,让受访者的意思能够明确且清晰地表达出来。不要把重点埋没在一片"嗯""呃"和"你知道"的海洋中。当然,达到恰当的平衡并不容易。

作为我对数据分析过程概述的一部分，我在此提供了关于编辑引文的具体指导。不过，编辑引文是高度个人化的，我不认为我的方法一定是正确的（当然，当我编辑引文时，我也在写作，下一节也可以包含在第九章中）。我使用的例子里有访谈数据，也有一小部分来自《不平等的童年》一书中我对一个家庭进行观察时的实地笔录。马歇尔（Marshalls）一家（化名）是一个住在大城市郊区的非裔美国人中产阶级家庭。这家的父母都拥有大学学历，母亲在计算机领域工作，父亲是一位公务员。这家有两个女儿，斯泰西（Stacey，10岁）和弗恩（Fern，11岁半），她们参加了许多组织活动。

寻找生动的短语

该研究的目的是了解儿童教养的过程，特别是了解不同阶级、种族和民族的父母的行为。我感兴趣的是他们对孩子的期望以及他们为在孩子身上实现自己的希望和梦想而采取的不同方式。这个例子用的是采访一位母亲的访谈笔录，她解释了她女儿在组织活动中的经历；如果我用的是观察调研的实地笔录，这个过程也是类似的。在阅读笔录时，我仿佛可以听到受访者的语言，同时也能感受到她如何用语气和非语言信号表达意思。我把了解到的东西通过写作传达给读者。在甄选引文时，我会首选转录和实地笔录中生动的短语。但有声有色的短语通常会被湮没。原始转录过于冗长，杂乱无章，无法直接引用。然而，在这份原始转录中，有一些很出彩的短语立即引起了我的注意，包括"空闲的晚上""空虚""非常便宜""她玩得非常开心"，最重要的是对于社会阶层和关系网的讨论，"从一些家长的话里，我听到了他们之间流传的内线秘诀"。其中一些短语，尤其是"空闲的晚上"和"内线秘诀"是我想使用的引文。这几个生动的词汇把我论点的关键方面活灵活现地展示给了读者（例如，中产阶级家庭的孩子异常忙碌，母亲利用她所在阶级的关系网来打听信息）。但是你必须把这些引文"带入语境"，读者需要足够的细节才能理解发生了什么。在写作过程中，当你为读者设定场景时，应该勾勒出当时的语境。然而，在编辑过程中，你应该打磨引文，平衡可读性、准确性和简洁性；引文表达的观点应该能够有力地强调你的分析观点。

原始访谈转录：

我：您是怎么让她开始练习（体操）的？

R：她，嗯……我记得是她三年级那年，嗯……她上三年级的时候，我找不到一个女童子军让她参加。她参加了四年巧克力糕队……而且，嗯……弗恩在一个女童子军团队，而斯泰西还不到参加的年龄，所以我们有了一个"空闲的晚上"（笑）。所以，斯泰西，我需要她……我希望她参加点什么，而且她……这段时间是空着的……你知道。嗯……而且我不想让她总坐在电视前面，还有，还有诸如此类的事……西尔万镇，我们住在这里，在晚上组织这些项目。呃……娱乐项目，其中包括体操。地点是在弗恩明年要去的学校。呃，我打了电话，综合考虑以后，我认为这个课程很便宜，非常便宜。我记得是12个星期的课程，总共25到30美元。你知道。嗯……我问："斯泰西，你有兴趣吗？"她说，当然。嗯……我在秋季给她报了名，学单跳和，嗯……我记得他们没有平衡木。他们有高低杠。嗯……我忘了还有什么设备，我想有几个吊环。她玩得非常开心。她真的，很明显，她，你知道的，很快就跟上进度了，嗯……所以……所以我给她报了名——那是秋季的课程。春季的时候，我继续给她报名。再一次，很明显，她能很好地掌握那里的教练教她的东西。而且镇上的教练，呃……第一位是，嗯……我记得她在一所教区学校教体育课。你知道，第二位实际上是一个……一个高中女生，她在一个体操队，我想她在（一所天主教高中），距离并不远。她……她是很好的。她已经争取到了她（第一位教练）……她教课的权利。呃……她甚至说，她说，"你知道，斯泰西很优秀"。你知道。我甚至没有回答她。我说："好吧，你认为我应该让她参加一个课程吗？"她说："哦，是的。"其实是她告诉了我关于那个……那个Y。她说："你知道，Y有很好的项目。还有私人俱乐部……但它们更贵。"她是对的，你知道的。嗯，从一些家长的话里，我听到了他们之间流传的内线秘诀，嗯……而且……我听到很多人都说："嗯，如果孩子真的喜欢体操，那我就要送他们去赖特体操学校。"你知道。我记得，在斯泰西读三年级的那个春季，我给赖特体操学校打了电话，他们告诉我，嗯……通常夏季是让孩子参加其中一个课程的好时机。夏季课程……比较放松，他们通常有空缺，因为人们在度假……一整套的话术。所以，嗯……我向斯泰西提到了这件事，她很兴奋，我们就是那样……那样开始的。

我做的第一件事是尝试将这么长的一段话分解成更易读的形式。当我反复阅读转录时，有许多分析要点让我印象深刻。第一，她把斯泰西的生活安排得满满当当，甚至不想让孩子有一个"空闲的晚上"。第二，从本质上说，斯泰西开始练习体操是机缘巧合。第三，马歇尔女士在作出许多决定时利用了关系网，包括体操教练的建议。第四，关系网的作用如此强大，以至于马歇尔女士对此专门用了一个短语"内线秘诀"。当时我在写一本关于协作培养的书，马歇尔女士的这些重要观点与我在书中提出的更宽泛的概念相关，即中产阶级家庭的父母会系统性地采取一系列计划来培养他们的孩子。协作培养的一个关键方面是母亲努力让孩子体验由成年人组织和控制的各种活动（相比之下，工人阶级家庭和贫困家庭的儿童对自己的闲暇时间有更多的控制权；他们的父母认为照顾好孩子很重要，但他们对做好父母的定义并不包括让孩子们参加许多组织活动）。这里的主题是中产阶级家庭的母亲会采取系统性安排让孩子体验各种活动，而且母亲的行为是一种劳动形式。在这个主题框定的大范围内，我开始在马歇尔一家的话语中寻找有用的引文。转录中有许多可能有用的句子，例如，对这个家庭来说，闲暇时间是如此短缺，以至于即使一周里有一个"空闲的晚上"，这位母亲也不会认为这是放松的时间，而是"没有事情做"。她试图给孩子找事做，避免孩子做自己喜欢但母亲认为无意义的事（例如看电视）。然而，当我刚开始编辑引文时，我通常对试图表达的想法只有一个模糊的概念。因此，我会尝试在有限的范围内弄清楚受访者说了什么。然后，根据我宽泛的想法来揣摩这句话所表达的意思。所以，在编辑引文时，分析（即思考）方面和技术（即编辑）方面是交织在一起的。

编辑引文使分析点更清晰的指南：决策过程剖析

如何决定在哪里分解一篇转录？一般来说，一个看起来"流畅"的访谈转录中会有一些节点。我会对应访谈过程的阶段/观点/

步骤将长的句子截成"段",粗略地说就是:①如何提到参加体操课;②她调查了哪些地方;③她到达那里后发生了什么。显然,这些"段"并不反映分析重点。

这时,我不会删除任何词语。如果我因为有些句子不合适而无法将材料分成"段",那么我会忽视这几句话,并将其暂时移至脚注。这样既不碍事,需要时也能找到。

当我把引文分割成易于处理的段后,就开始"清理"工作。我做的第一项工作是尝试在不扭曲原意的前提下为这段引文找到强有力的开头和结尾。在口语中,很少有人说话像书面语那样简明。通常来说,人们逐渐熟悉一个话题,并多次重复关键的短语。在这段未经编辑的引文中(开头很模糊),请注意马歇尔女士说了两次同样的事(斯泰西读三年级):

我:您是怎么让她开始练习(体操)的?

R:她,嗯……我记得是她三年级那年,嗯……她上三年级的时候,我找不到一个女童子军让她参加。她参加了四年巧克力糕队……而且,嗯……弗恩在一个女童子军团队,而斯泰西还不到参加的年龄,所以我们有了一个"空闲的晚上"(笑)。所以,斯泰西,我需要她……我希望她参加点什么,而且她……这段时间是空着的……你知道。嗯……而且我不想让她总坐在电视前面,还有,还有诸如此类的事……西尔万镇,我们住在这里,在晚上组织这些项目。呃……娱乐项目,其中包括体操。地点是在弗恩明年要去的学校。

整理这段话时,我删除了"她,嗯……我记得是她三年级那年,嗯"。清理后的引文是"她上三年级的时候，我找不到一个女童子军让她参加"。我删除了原话里重复的内容以及表示犹豫的词。在这个特定的研究中，她是二年级、三年级或四年级都不是特别重要（如果研究是关于儿童的年龄、成长和参加活动，我会保留"我记得"）。我假定读者会理解这句话是从一篇较长的转录中摘抄的。有些人在写作中用到引文时总是以省略号开头。我一般不使用省略号，除非我认为我的确截断了受访者的思绪，或者当我删除"嗯""哦"之类的词时。我认为这是一个合理的起点。

谈到结尾，一句话的最后几个词非常重要。结尾词的作用在于它们会在读者的脑海中挥之不去，一直在你耳边回响。如果可能的话，我会把最重要的词放在段落的末尾。我以"我不想让她总坐在电视前面，还有，还有诸如此类的事"结束这句话。在后来的版本中，我删掉了"还有，还有诸如此类的事"。这样做并没有歪曲这句话的意思，反而使观点更清晰，最终的效果更好：

她上三年级的时候，我找不到一个女童子军让她参加。她已经参加了四年巧克力糕队，而且……嗯……弗恩在一个女童子军团队，而斯泰西还不到参加的年龄，所以我们有了一个"空闲的晚上"（笑）。所以，斯泰西，我需要她……我希望她参加点什么，而且她……这段时间是空着的……你知道。嗯……而且我不想让她总坐在电视前面。

我已经把引文的"前后书挡"设置好了，现在要做出一些文字编辑方面的决定。在这句话中，"她已经参加了四年巧克力糕队，而且",我删除了"而且"这个词,因为这个词在我的可删除的词汇清单中。我也去掉了"嗯"。我将"斯泰西还不到参加的年龄,所以我们有了一个空闲的晚上"这句话一分为二,而且没有在文本中为读者标记。这句话里实际上有两个不同的意思。将其分成两个句子比保留一个句子更容易阅读和理解。尽管如此,当我删除"我需要她"这句话时,我还是用省略号表示此处删除了短语。我删除的那个短语并不是讲述者的口误。它的措辞(即"我需要她")和它后面的短语(即"我希望她")不同。当我为了尽量突出引文的原意而做出这些取舍决定时,实际上是在同时做两件事。一方面,我提高了文字的可读性;另一方面,我揣摩这句话所表达的意思。随着编辑好的引文越来越多,我把它们列在一个数据文件中,它们为我即将提出的论点提供了一个路线图。因此,论点和编辑引文是密不可分的。

在编辑引文的过程中还需要做出其他决定。大多数决定不费什么时间。例如,当马歇尔女士说"她……这段时间是空着的"时,我删除了"她"。或许我应该在此处加上省略号,但这会使文本看起来混乱。字与字之间没有视觉上的连贯,在这种情况下,我的判断是这里很明显是口误。访谈者从"她"切换到"这",替换了一个语法正确的代词,句子的意义没有变化。

然而,在下一句中,为了谨慎起见,我删除了"你知道"和"嗯",但我在此处用省略号标记。我本可以将其删除而且不做标记,因为这些单词属于可以删除且无须让读者知道的那种。但在这种情况下,马歇尔女士似乎有点犹豫。她似乎在斟酌说一些难以表达的东西(有三个信号表示她在犹豫:"你知道""嗯"和"而且")。省略号可以"减慢"阅读速度。没有它,这段文字会让她看起来坚定、果断，但是在实际访谈中并非如此。没有省略号的文本是这样的：

所以，斯泰西……我希望她参加点什么，这段时间是空着的。而且我不想让她总坐在电视前面。

我否定了上述选项，因为意思的转变太大。现在我需要决定怎样做。当然，我本可以不修改：

所以，斯泰西……我希望她参加点什么，这段时间是空着的。你知道。嗯……而且我不想让她总坐在电视前面。

事实上，我差点把"嗯"去掉，留下"你知道"，那么就会是如下内容：

所以，斯泰西……我希望她参加点什么，这段时间是空着的。你知道。而且我不想让她总坐在电视前面。

这种方法的问题在于，读者会读到额外的词——"你知道"——但这没有太大意义。省略号让读者知道这是讲话中省略的部分。最后，我决定如下修改：

所以，斯泰西……我希望她参加点什么，这段时间是空着的……而且我不想让她总坐在电视前面。

第八章
数据分析：在研究过程中不断思考

这是最终版本：

她上三年级的时候，我找不到一个女童子军让她参加。她已经参加了四年巧克力糕队。弗恩在一个女童子军团队，而斯泰西还不到参加的年龄，所以我们有了一个"空闲的晚上"（笑）。所以，斯泰西……我希望她参加点什么，这段时间是空着的……而且我不想让她总坐在电视前面。[22]

我本可以在文笔方面进行其他加工，但我决定不这样做。我本可以删除"我希望她参加点什么，这段时间是空着的"之前的"所以，斯泰西"。但马歇尔女士的确说了这句话。此外，我认为引文中包括女儿的名字让这段引文更生动。孩子的名字有助于读者记住这句话。它不同于"你知道"这个平淡无奇的词。我本可以去掉"她参加了四年巧克力糕队"这句话，但我喜欢这句话，因为它让读者知道她参加巧克力糕队的时间很长。如果你知道，一直以来这孩子在每周的那天晚上都会参加某种活动，就能理解"空闲的晚上"的意思。我本可以删掉"弗恩在一个女童子军团队"，因为严格来说，这与引文的重点无关。但是这位母亲的确说了这句话，我没有任何删除它的特别理由，而且有这句话让引文更自然，尤其是读者很清楚弗恩是谁。但如果引文太长，我会删除"弗恩在一个女童子军团队"，并用省略号标代替。[23] 我也可以使用"sitting"（坐下）而不是"sittin"（更通俗一点）。你在写作中采用正式还是轻松的风格是一个棘手问题。我宁愿尽可能地保留讲话者的语气，除非它妨碍读者的理解。在大多数情况下，只要你在编辑引文时保持写作风格一致，采用何种风格并不重要。总之，在编辑引文时，我通常会反复揣摩每个词，看看它是否真的有必要。作为一名作者，我希望尽可能多地保留细节；但作为一名读者，能够少读一个字我都会很感谢。

虽然编辑听起来很麻烦，但我能够在 10 到 15 分钟内完成一条引文的全部编辑和修改。不过一篇文章中有很多引文，所以所有引文加到一起花费的时间并不少。而且，有时我会选好一条引文，对其编辑，觉得意思改变了太多，又回到原始版本，再试一次。我也可能放弃这条引文，或者把其中一个短语放入副标题或文本中。使用一条平淡的引文，也好过改变受访者的意思。有时候，你花费时间编辑引文，但最终弃之不用。有时候，我会将其"搁置一旁"一段时间，再回头审视，看看它是否合适。此外，如果某条引文不合适，那么还有其他方法可以强调关键短语。你可以将其放在副标题中，在章节开头重复，甚至在引文中使用斜体字。这些方法似乎比大幅度编辑修改引文更直截了当。更重要的是让读者一眼就能看到副标题和章节中的斜体字，但他们不会知道编辑过程中的大量幕后工作。

总结：在数据分析期间持续思考的重要性

有时，在你进行民族志研究期间，似乎所有事情都同时发生。在同一周内，你可能无数次前往现场，说服一个新人接受采访，转录访谈录音，并尽力完成一篇论文。除此之外，你还得洗衣服、与家人保持联系、赚钱和做其他事。同时处理这么多不同的事情很容易让人感到招架不住，而且很难找到时间对研究进行回顾。尽管如此，在收集数据的同时持续思考仍是至关重要的。这有助于你弄清楚完成了什么工作、了解到了什么、研究发现如何与其他学者的研究相吻合，以及接下来应该做什么。正如我将在下一章中讨论的那样，有些人会推迟做出重要的决定，因为这让你焦虑（你永远无法弄清楚该怎样做）、迷茫（你不知道自己在做什么）或害怕（你了解的东西似乎与你读过的其他研究没有什么不同）。这些都是正常且可预见的体验。这种情况会得到改善。另外，有些人会对你在研究过程中做出某些改变感到惊讶，但他们其实并不真正了解定性研究的本质。你必须做出某些改变——添加研究问题、收集额外的数据，同时在整个研究过程中努力坚守某些核心问题。即使你已经在某个问题上花费了很多时间收集数据，但若数据分析越来越清晰地表明另一种途径更有希望，也请你认真考虑调转方向。当我还是迈克尔·布洛维（Michael Burawoy）的博士生时，他强调"发现之旅不同于展示之旅"。当你开始将研究结果付诸笔墨时，你在研究中了解新洞察的旅程大多与读者无关，而你试图讲述的故事才是读者的关注点。下一章的主题是如何用一个故事来清楚地传达你所了解到的东西。

第九章

写作：较明确地阐述你的学术贡献

特雷西·基德尔（Tracy Kidder）和理查德·托德（Richard Todd）在他们的《非虚构的艺术》（*Good Prose*）一书中断言，"据我们所知，写作仍然是清晰地表达思想和情感的最佳方式"。[1] 尽管几乎所有定性研究人员都赞同书面文字确实是传达研究结果的强有力的形式，但对我们大多数人来说，写作是很难的。

部分原因是写作暴露了我们的思想。虽然我们认为自己思路清晰，逻辑明确，但在写作的早期阶段，我们的想法通常是混乱的。因此，在写作的初始阶段思绪如麻并无不妥。请记住，写作是澄清你的论点的好方法。

在本章中，我选择按照常见的顺序来介绍写作的部分：绪论、文献综述、研究方法、研究发现和讨论。对使用文字而非数字作为数据的研究来说，写作会面临特殊的挑战。例如，有关一项研究的书面产品各不相同（课堂作文、论文、期刊文章和书籍），但几乎都包含研究方法部分。在这里，读者想知道你是如何"选择"研究地点的。但现实情况是你开展研究的任何一个地点都是通过恳求才得到允许进入的。在撰写研究方法这部分时，描述这个混乱的过程令人望而却步，不过，正如我在本章中所展示的，这是一个常见的问题，因此还是有一些标准的方法可以作为指导。与之相关，"文献综述"这个词可能会让你认为应该概述那些重要研究,但实际上你应该做的是引导读者看到现有研究中的不足之处,从而明白你的研究的必要性。在使用数据构建论点时,你也会遇到写作方面的挑战。例如,你不应该在文章开头提出论点,然后仅在作品结尾时再次重申(这是新手常犯的一个错误)。你应该把论点穿插于分析中。尝试让读者相信你的数据,支持你的论点,你正在做一些新的研究,而且这很重要。此外,明智的做法是,展示一些驳斥你的论点的引文,然后向读者说明为什么这些驳斥性证据对你的论点来说不是致命的。在整个写作过程中,你应该尽量写得生动、详细和清晰。你希望读者能够想象到这个场景。我将在本章中讨论所有这些写作方面的挑战。[2]

写作很难的另一个原因是这个过程会引发焦虑。例如,在我年轻时,我曾试图将收集到的数据转化为可发表的论文,这是一次痛苦的历练。一个关键的问题是我发现初稿有很大缺陷,而且有时这种失败感是压倒性的。后来我学到一个对我有帮助的方法:事先做好心理准备,认识到初稿会不完整。[3] 它就像一株突破地表的番茄嫩芽需要阳光、空气和水的呵护,这些初期的想法也需要学识来滋养。它们不应该只是因为有些许不足就被踩踏,也不应该因为没有立刻长成强壮、显眼的植物而被视为有缺陷。

因此,写作包括两个过程,学习如何以有效的方式呈现定性数据——通过思考数据和文献之间的联系,从数据集中选择有代表性的生动引文并将数据与论点联系起来;还要学习应对与写作相关的、不可避免的不确定性(即不确定你在说什么以及读者如何接受你说的内容)。本章的大部分内容侧重于如何以令人信服的方式呈

274

现数据背后的工作，但关于应对写作过程的不确定性，我想提一些建议。

不过，在继续之前，我想强调的是一篇文章的各个部分没有绝对正确的写作顺序。有些人会从结论开始，有些人会从文献综述开始。我总是先编辑引文并围绕它们开始写作（如下所述），但也会在各项工作之间来回切换，包括阅读文献、开始写文献综述以及撰写绪论和结论。如上一章所述，我们可以用一个花哨的词"迭代"描述这种工作方式（即"不断重复一个操作循环"）。[4] 在迭代循环中，我试图弄清楚我想表达什么。我查看数据，思考将在文献综述中强调哪些作品，阅读更多文献，琢磨我认为的数据可以支持的概念，打磨措辞让读者理解这些数据对现有研究的不足之处是一种有意义的补充。在写作的各个部分之间来回跳跃有点混乱，但这个方法对我有用。不过，我的合作者埃利奥特·魏宁格尔恰恰相反。他会写出一个详细的大纲，然后严格按照大纲写作。沙姆斯·汗建议从与研究主题相关的论文中选一篇你最欣赏的，仔细研究其组织方式，用这篇论文作为范例。所有这些策略都可以让写作看起来比实际更有条理。写作过程具有迭代的性质，因为论点的形成从数据收集开始，在数据分析期间继续，在写作过程中成熟。有人说，当你坐下来写作时，已经完成了80%的思考；也有人认为，当人们开始写作时，他们只完成了一半的思考。一方面，这两种说法都强调了我们在每个阶段都需要进行大量思考；另一方面，也说明我们在落笔的过程中需要反复推敲。

准备动笔

写作困境

- 提出太多不同的论点
- 告诉读者结果而不是通过使用引文论证结果
- 没有显示足够的数据
- 用混乱的方式援引大量不同的观点
- 主张和证据不匹配
- 对不同层面的分析进行了讨论，但是讨论方式不严谨
- 在写作时出乎意料地提出一个新的想法，而且前文中并未提起过
- 随着文章的展开改变论点，绪论和结论讨论的观点不一样
- 一句话里包含太多的文字和观点
- 系统性不足
- 涉及专业术语

在动笔之前，你应该已经收集了一些数据，并认真思考你从中了解到了什么（即分析），如第八章所述。但是收集数据、分析数据、编辑和写作之间的界线是模糊的，有关数据分析和引文编辑的讨论（见第八章）也可以放在本章中，因为在动笔之前你必然需要深思熟虑。

总体来说，写作过程的核心是弄清楚你想说什么，然后整理数据以支持你的主张。写作涉及站在读者的立场去思考读者需要知道什么。这意味着少做假设，多做解释。"展示，不要告诉"是定性研究人员的口头禅，你应该分享那些引导你得出结论的真实引文和实地笔录。只有这样，读者才可以见到你眼中所见，如同与你并肩而行一样。展示某个模式比断言它存在要好得多。然而，你几乎总是受限于篇幅。例如，在一篇课程作文或期刊文章中，你通常只能展示三四点证据（事实上，你希望用不止一条引文来说明一个观点，并且还需要

展示驳斥性证据，这会增加复杂性，尽管不会推翻你的结论）。一本书的篇幅较长，但有更多内容包含其中，你需要找到重点。重点不明确（以及贪多嚼不烂）是定性研究人员在写作早期面临的最常见的问题。

你在开始落笔时过于雄心勃勃，这是可以理解的。你曾经沉浸在调研环境中，而且了解到了很多东西，并希望与他人分享。换句话说，只专注于一个核心要素来修订你的论点可能会很痛苦。有些人将这个过程形容为悲伤的——有很多有趣的事情要说，但是不能把它们全部付诸笔墨。你可能会因为删掉一个例子而耿耿于怀，就像艺术家把一首歌从最终作品中删去时那样。读者很难理解目的不明确的作品。在理想情况下，如本书前面所述，你希望通过解决现有研究中的某个不足来提高人们对某个问题的认识。阅读你的文章后，读者应该能够回答"那又怎样"这个问题。

写作的细节会因为学科和子学科不同有很大差异，因此找到一个范例不失为一个好主意，特别是对年轻学者来说。我在攻读研究生期间进行的一个论文项目的初期，发现了一篇很不错的文章。[5]那篇文章很吸引人，而且非常有趣，文中提出了一个重要的原创概念。我把它拿给我的答辩委员会成员查尔斯·本森（Charles Benson）看，问他的想法。他非常客气地说："我认为这篇文章很不错，但我认为你可以做得更好。"他的话增强了我的信心，以这篇文章为指路明灯，我把目标定为在不同的环境中进行类似的研究。当然，每项研究都是独一无二的，不过如果你能够找到一些参考文章，其中涵盖了你需要的关键要素，会对你很有帮助。在你落笔之前，应该考虑这篇文章的读者。我通常假设我的读者是聪明的低年级大学生或

"普通读者"。正如温蒂·劳拉·贝尔彻（Wendy Laura Belcher）建议的那样，希望发表文章的学术界人士可能会在开始之前选择某个期刊，并根据期刊读者的水平写作。[6]

通常来说，一篇文章应该展示你从数据中得到的确凿发现，并且从最重要的发现开始写起。尽管你的写作毫无疑问会受到某些限制，但应该首先让读者了解主线故事，再提醒他们你的写作中存在一些与主要论点不符的例外。就像著名的"三法则"说的那样，"告诉读者你的观点是什么，陈述观点，再次重申观点"。

在你写作的时候，应该尽可能地清晰——这与简单不同——你需要清晰地表达复杂的观点。思路清晰的写作通常意味着删除不必要的词汇，并且限制一句话只表达一个观点。多个从句、括号和数个观点会使句子拖泥带水，不知所云。此外，在第一次使用某个关键术语时进行简要地定义对你也是有帮助的，并且应该尽可能避免使用行话。首字母缩略词也可能让读者反感。相比之下，标题和副标题相当于高速公路指示牌，它们为阅读指明方向。同样，如果你偶尔总结已经提到过的重要观点，并提示接下来的方向，读者会感激你。试着以本科生的角度审视你的文章，检查你是否能弄清楚主要观点。正如我在本章最后一节中所解释的，征求人们的反馈并倾听他们的意见是写作过程的一个基本要素。

撰写绪论

由于绪论只占作品的5%，因此需要言简意赅。你应该阐明为什么你的项目很重要，为什么人们应该关心它。开篇用一个生动的例子会很有帮助（由于例子很多，选择起来可能很难）。不过，你的例子应该以简短的几句话写完，接下来需要向读者展示这个例子如何阐明一个更宽泛、更重要的社会过程。你应该告诉读者，你将展示当前研究中存在的一些局限性。用几句话说明你是如何开展研究的（这将在研究方法部分详细说明）。你还应该强调这个研究的主要观点。最后，告诉读者你将在正文部分中详细阐述此研究的意义。

霍华德·贝克尔在他极具价值的《社会科学学术写作规范与技巧》(Writing for Social Scientists)一书中写道，绪论不应该单纯地列出讨论的主题，这点很重要（例如，"我将做文献综述，描述我的研究方法并总结我的发现"）。它应该是一个"路线图"，你在此陈述文章中包含的观点或发现：

绪论展示了作者将要带领读者踏上的旅途，让读者把论点与内容联系起来。有了这样一张路线图，读者就不容易感到困惑或迷茫。[7]

很多人把绪论放在最后写。据说，已故的埃弗里特·休斯（Everett Hughes）曾经说过，"你怎么能概述还没有写出来的东西呢"。[8]尽管如此，我依然会先写研究发现章节的一部分（仍处于写作过程中相对较早的阶段）以及结论，然后再写绪论。接着我会把结论作为我的新绪论（因为它更清楚），并另写一个新的结论，这个新的结论又会成为新的绪论，如此循环。正如贝克尔所说的，在这个过程中，我的措辞逐渐摆脱了"含糊"和"空洞"。

举个例子，下面是我与阿里亚·拉奥合著的一篇论文的绪论，这是早期版本，内容是关于家庭观察法的要素。第一个绪论冗长、含糊而且过于宏大了：

尽管家庭社会学方面的优秀研究数量不少，但在研究结果和日常生活中的家庭动态方面仍然存在很大的空白。

首先，不可否认的是，家庭是由多个持有不同观点的个人组成的……然而，大多数家庭研究只抓住了某一个人（例如，母亲）的观点。这是很遗憾的，因为……

其次，尽管家庭成员也同时扮演着其他社会角色，但家庭仍然是一个充满能量的，并且可以说是独一无二的空间。家庭成员可以退守于此，隐私得到保护，补充能量，恢复被日常生活的挑战压榨的精力并享受家庭的温暖。人们对家庭私密性的期望是任何地方都无法提供的，一家人还可能形成特殊的家庭仪式或家风。

最后，家庭能够在更广泛的背景下发挥作用。如果家庭不遵守抚养孩子的规范（每个历史时期各有不同），政府将有权进行干预。家庭成员会前往多种场所，他们去上班、去托儿所、上学、前往教堂、参加社区活动，也可能入狱。一个家庭与每个机构沟通和协商都需要技能和知识……然而，许多研究仍然集中在家庭内部，部分原因是在研究家庭与其他机构的互动体验时，研究方法是一个巨大的挑战。

在本文中，我们的数据来自两个使用参与观察法的家庭生活研究，我们认为参与观察法在研究家庭生活方面很有用，而且参与观察法有助于填补一直以来存在于研究结果与家庭生活之间的空白。尽管如此，进入一个家庭进行参与观察研究仍面临重大挑战。例如，保护隐私的意识使得这种参与观察研究比其他领域的参与观察研究更具侵入性。

最终修订后的绪论更集中、更清晰、更简洁,而且能够直奔重点:

在研究家庭时使用参与观察法,尤其是进入住所中进行参与观察,对民族志学家提出了重大挑战——这在其他更普遍地使用参与观察法的领域中并不存在。在学术研究中,家庭通常被划分为一个独特的研究对象,因为家庭成员通常理所当然地认为能在自己家里得到休息。员工在工作场所被观察是意料之中的,但是人们认为家庭——以及住所——是更私密的地方……(而且)社会学家通常抵触从家庭中收集观察数据。

一些关于家庭生活的研究使用了从观察中得来的数据,但是在文献中,为了应对这个方法所带来的挑战而制定的系统性策略却寥寥无几。一些有关家庭生活参与观察研究的方法附录列举了研究中发生的一些具体问题……然而,除了这些研究方法附录,尚未有应对这些挑战并将其最小化的指南。

在本文中,我们解释了"深入家庭观察"方法的要素。

第二个绪论不再那么好高骛远,研究的范围也更精准明了。总之,当读者通过阅读你的文章体验你的求知之旅时,概述是一张路线图。在这个路线图中,你应该避免侦探小说家的做法,即只在作品的结尾才分享最重要的发现。毕竟,作为一个读者,你无法通过讲话者的面部表情、语气和肢体语言来理解他的观点。用文字来刻画效果是有限的,读者需要你给他们提供一切可能的信息帮助他们理解。因此,你应该一开始就阐述你的主要观点。

撰写文献综述

文献综述通常是写作旅程的第一站,而你是读者的导游。你的目的是展示此研究并未被其他人做过,而且它填补了现有研究中重要的空白。你的研究是必要的。另一位作者可以带着不同的观点和不同的研究计划审视这些相同的文献。做一个简单的类比,在芝加哥和许多城市都有导游带领游客观光,观光的范围包括从参观建筑到了解"黑帮、暴徒和罪犯"的历史。[9]有时候,参加不同观光之旅的人们穿越芝加哥的同一街区,但他们被不同的导游带领,参观的也是不同的东西。文献综述也是如此。文献综述的一个关键目的是帮助读者理解目前的研究存在的局限性,因此你的研究是必要的。我在此重申:你的研究是对现有文献的友善补充。然而,正如克里斯廷·卢克恰如其分地指出的那样,"你无须讨论所有与你的研究有关联的书或文章"。相反,你需要"以一种明智而批判性的方式为读者提供一张现有文献的知识路线图,并向他们展示……文献并没有真正回答你求解的问题"。[10]

要达到这个目的,就意味着你需要在文献综述的每个段落中介绍一个观点(或主题句)。与其一头扎进描述相关的研究工作,你不如告诉读者他们能从你对先前研究的分析中了解到什么。例如,你可能指出,文献提出了将某个社会过程转化为概念,但这种概念化过分强调了这个过程的一个方面,而没有充分关注其他方面。为了让读者明白你的意思，你应该陈述这个想法，简要地总结之前的研究，再陈述你的观点。换句话说，你向读者展示了先前研究中某些概念的形成过程不尽完善，而且社会过程的某个特定方面有必要被重点关注。概括地说，文献综述应提出一个论点。[11]

撰写文献综述时一个风险是你可能倾向于在此总结你的研究结果，但你应该避免这样做。在写文章时，你应该将文献综述放在研究发现部分，而在写作时，你应该将文献综述和研究计划总结分开。然而，对文献提出批评是很棘手的任务。你试图表明你的研究很有必要，但在此之前没有人进行过这个主题的研究。你如何才能说明这个研究是必要的呢？

首先，你必须弄清楚文献批评的内容。当你阅读现有的研究时，什么在困扰你？有没有什么东西像鞋子里的一颗小石子那样让你烦恼？你能明确指出文献中的缺点吗？如前所述，问题有大有小，并且课程论文、文章或书籍的写作范围也会有所不同。无论如何，你应该专注于社会过程。你想说的是，目前的研究要么不完整，要么忽略了另一个社会过程，要么研究的重点不平衡，要么是在一个重要的社会变革时期进行的，或者有其他缺陷。当然，在研究中包括一个以前没有被研究过的群体可能会让我们以不同的方式看待这个过程。

一旦你完成了文献批评，就应该把它呈现给读者。你可以选择的方法很多。如果有其他人呼吁进行你做的那类研究，你可以引用他们的话。有时记者（例如《纽约时报》的记者）会发表突出某个关键社会问题的文章，而这个问题尚未被社会科学家充分研究。有时，你正在研究的问题会出现在其他研究中，或是被提到，或是作为次要问题进行讨论，但缺乏深入的分析。有时，研究人员一直专注于使用某种有缺陷的方法，而对另一种方法没有给予足够的重视，因为这种新方法只出现在极少数情况下。你可以指出这些问题。当你为一个文献批评汇总想法时，你对其他研究的总结必须准确无误，这点至关重要。有时，为了强调自己的观点，研究人员会提供一个不完整的总结，甚至讽刺地描写他们批评的研究。事实上，《正义论》（Theory of Justice）的作者、已故哲学家约翰·罗尔斯（John Rawls）曾经写道："我一直假设我们研究的作家比我聪明得多。"他的方法是"以我认为最强有力的形式呈现每位作家的思想"。[12] 这是一个很好的方法。

虽然你会倾向于讨论所有可能相关的文献，但其实无须这样做，你只需讨论与你的研究问题直接相关的文献。当然，其他相关的文献也有很多，重要的是让读者知道你对它们有所了解。但由于其他研究对你的主要论点来说是次要且非核心的，你可以在脚注中提到它们。例如，"对 ××× 的完整讨论超出了本文的范围，但请参考文献 1、文献 2 和文献 3"，其中文献 1 是一篇评论文章，文献 2 是该领域的经典作品，文献 3 是最近的一篇经验之谈。

总之，你应该记住，虽然有些读者对某个主题不熟悉，但总有读者对你在文献综述中讨论的文章非常熟悉。对博览群书的读者来说，阅读他们已经熟悉的作品摘要是浪费时间（对你的研究问题不熟悉的读者可以自行查看）。你应该做的是建立一个论点，即这些研究都具有局限性。你的挑战是对文献进行明确而不夸大的批评。如果你为了发表文章而投稿，审稿人中很可能有你批评的人。正如维系亲密关系一样，人们如何表达批评是很重要的。你应该以一种尊重但有说服力的方式写出你的批评。有些人正在做的研究与你在此讨论的那些类似，对于他们来说，采用上述方法可以让他们更愿意"倾听"你的批评。

撰写研究方法

读者对收集的细节和决策背后的理由感到好奇。研究方法部分就是为了回答这些问题。在论文或书籍这样篇幅较长的作品中通常会有一个方法附录，作者在此展开陈述研究人员面对的重要挑战。不过，几乎在所有的定性研究中，你都应该在正文中提供某些关键细节。

这里的诀窍是实事求是地承认现实。研究方法部分最初是为定量研究而设计的，但是在定性研究中建立融洽关系具有"慢热"的性质，强行将其嵌入传统方法论的条条框框是违和的，有时甚至是荒谬的。例如，你是通过非正式的人脉关系获得允许进入某个地点的，而且由于获得允许非常困难，因此你只能研究同意参与的人。在这种情况下，"您是如何选择研究地点的"这个问题毫无意义。因为你实际上是在恳求进入一个地点——任何地点——你没有"选择"的余地。

然而，你仍然有一个原则可以依赖。在你四处恳求进入某个地点之前，大概已经知道你想了解谁或了解什么，也有很好的理由做这个决定。这些标准会指导你寻找研究地点和对象，你需要向读者如实陈述。这些都是至关重要的决定。例如，在我的《不平等的童年》一书的调研中，我排除了学龄前儿童、中学生和高中生。我把研究的目标定位在三年级的孩子，因为这个年龄的孩子足够大，可以参加一些家庭以外的活动，同时又足够小，不会因为被同伴团体吸引而总不在家（当时我认为这个决定非常重要，只是现在回想起来，二年级或四年级的学生也是合适的）。我分别在中西部和东北部的大城市进行了研究。在这两次研究中，我开始项目的方式都是首先询问我认识的人是否认识某个在学校工作的人，问他们是否允许我在一所学校开展调研。除了确定调研地点，还有许多其他行政上的步骤，包括IRB的批准、请校长给学生父母发信等，但关键时刻是通过非正式人脉关系认识一位校方管理层成员。尽管我当时迫切地渴望能够进入学校，但事实是我已经做出了许多调研设计上的关键决定，并根据这些决定有针对性地选择我希望进入的学校：我想研究学区的公立学校，以及中产阶级家庭和工人阶级家庭的孩子，等等。类似地，你应该确定一个特定的年龄范围（例如，学龄前、小学、初中、高中或大学）。你也可以根据特定标准选择想研究的行业。如果你是这样做的，应该与读者分享影响决定的各种因素，这有助于读者理解你的选择。如果你的理由随着时间的推进而发生了很大的变化，你也应该与读者共享你的想法（尤其是在研究方法附录中）。由于得到允许在一个地点开展调研总会涉及一些敏感的方面，因此找到担保人通常至关重要。在研究方法部分，人们很少表明他们是多么迫切地想进入某个地点。不过这些经历通常会写在研究方法附录中。然而，即使在最困难的时候，你也可能不得不放弃不符合条件的地点。这些信息都应该传达给读者。

有时，两个地点的条件相当，你没有充分的理由选择一个而放弃另一个，或者你的决定并不完美，甚至你的研究存在重大缺陷，如果其中任何一种情况属实，你需要让读者知道。同样，无须在研究方法部分隐藏这些问题，许多定性研究人员在寻找研究地点和招募参与者时都遇到过困难，你应该提醒读者，并向读者解释为什么会发生这种情况。例如，我曾经对非常富有的人开展访谈研究，但拒绝的人非常多，所以，那时我的"回应率"约为20%，我非常担忧。然而，许多其他研究人员也曾经经历这种困境。[13] 所以，我所能做的就是告诉读者，回应率没有我希望的那么高，分享我为大范围招募样本所采取的步骤，并说明其他研究的回应率与我的研究相似。如果我认为受访者在某些方面不同寻常，也需要与读者分享这些信息。换句话说，我需要"大声说出来"而不是试图隐瞒它。同样，你的研究也会存在缺陷，这是毫无疑问的。解释你的理由，并解释为什么一些可能出现的问题不会影响研究结果。你也可以告诉读者你的样本如何让你有机会了解到某些意想不到的洞察。通常来说，这是你能做到的最大努力。

下面是我通常包含在研究方法部分中的一些信息。它们大致遵循新闻业的"5W"，即何人（Who）、何事（What）、何时（When）、何地（Where）、如何发生（Why）。我再次强调，你的目标是与读者分享你面对挑战做出决定时的想法。

- 你为什么选择这个地点？（你是否考虑过其他地点？）
- 你是如何获得允许进入这个地点的？你得到了IRB的批准吗？
- 你在招募受访者中起到什么作用？例如，你是如何向他人解释这项研究的？你给别人帮过小忙吗？

- 你在那里待了多久？
- 你写了实地笔录吗？你曾经给受访者录过音吗？
- 你完成了多少次访谈？采访了谁？受访者的特征是什么（例如，种族和民族、年龄和社会阶层等）？
- 你是否邀请过某人参加研究但遭到拒绝？
- 访谈用时多久？在哪里进行？
- 你向受访者付钱还是送感谢礼物（包括食物或鲜花）？
- 你是如何分析数据的？你是否转录了这些访谈？你是否制定了编码方案？你是否使用过任何编码软件？如果是，你用了哪一个软件？

你应该简洁明了且开诚布公地传递这些信息，还应该参考你所欣赏的作品的研究方法部分，以及你视为范例的作品，学习其他人是如何处理这些问题的。找到一个好的范例是有帮助的。不过，每种情况都是独特的。

你的研究地点有多典型

一般来说，你很难明确告诉读者，如果选择了另一个地点进行研究，你的结果会有什么不同。现实是你的确不知道。然而，读者不可避免地会对这个问题感到好奇，所以你常常不得不想办法以某种方式估测。如果你知道你的研究地点与其他地点的相似或不同之处，应该与读者分享这些信息。例如，当研究对象允许研究人员持续3周每天都跟踪观察自己的家庭时，读者（有充分理由）担忧任何可能同意这种请求的受访者都是奇怪的人。当然，我也担心这个问题，但是我在文中表达了对这个问题的思考。我指出，我对他们的访谈已经进行几个月了，与这所学校的家庭和孩子很熟悉，每次家访前一天晚上都会电话确认，家访后会发送感谢信，我们之间已经建立了融洽的关系。我还指出，我请求了17个家庭，其中12个同意了，拒绝的家庭似乎担心他们"不是一个完美的家庭"，低于贫困线的家庭也拒绝了（尽管我担心支付550美元的报酬会被视为具有某种潜在的强制性）。我还指出，我在选择家庭请求允许进行观察时，并未刻意倾向于我认为会同意的那些家庭。被请求的家庭中，有一个最初的访谈效果很差，但这家人同意让我进行观察。换句话说，我写出了自己的担忧，然后分享了我了解的情况。基于这些理由，我认为所选的样本是合理的。当你进行了这些步骤之后，请不要再惴惴不安。你无法改变它，而且所有定性研究人员都面临这些忧虑。你可以阅读其他人的研究方法，学习他们是如何处理这些问题的并以此为指导（你还可以阅读书评，了解他人如何评判那些有名的作品）。一些批评是不可避免的，这是对定性研究"司空见惯"的批评。此外，随着定性研究中受访者的响应率越来越低，许多研究很难招募到研究对象。[14] 每个人都面临同样的难题。进一步的调查可以辨别你的研究是否与其他不同。

撰写研究发现部分

你的研究发现是你写作的核心，它通常是作者写起来最有趣的部分，也是读者读起来最有趣的部分。在这里，你可以分享了解到的东西——你将研究对象栩栩如生地展现给读者，让读者听到他们的声音。由于研究发现是文章的核心，因此凸显你的文章对学科的贡献就尤其重要。

一篇文章的"灵魂"——"那又如何"

找到研究的理论贡献意味着你必须做出一些艰难的选择，你需要展示自己研究的优秀方面，同时也要展示不尽如人意的方面（有些人在研究过程的这个阶段会郁闷不已）。因此，与其专注于为什么写这篇文章，不如将重点放在你的文章实际想表达什么。约翰·"罗布"·沃伦（John "Rob" Warren）在卸任《教育社会学》（*Sociology of Education*）期刊主编后撰写了一篇文章，对通过审稿的文章数量之少表达了惊讶：

> 大多数文章都缺乏"灵魂"——一个令人信服的、清晰的存在理由。这个世界（包括教育界）面临着不计其数的问题、挑战、矛盾甚至奥秘。然而，大多数文章的作者都未能很好地说明为什么这篇文章很有必要。许多分析都缺乏充分的动机，或者对现有理论、论证和学术辩论了解不足。许多作者理所当然地认为，读者会明白他们所选主题的重要性。这些作者未能将其研究与相关问题、观点或学术讨论关联起来。我一遍又一遍地问自己（审稿人也经常问）：那又如何（So What）？

这就是你的挑战。我相信，现实中的读者不会像你一样认为你的主题有吸引力。你可以在描述观点上"适度夸大"，并展示你的研究如何为回答更宽泛的问题做出了贡献。你还可以帮助读者理解为什么这些宽泛的问题需要答案（如果我们不提出这些问题，会错过什么）。请你记住，在这里，你可以脱离你所在的特定领域提出一个概念性的论点，而这个论点可以阐明一个完全不同的社会过程。例如，如果你正在研究权力和胁迫，狱警如何对待囚犯或许与军官如何对待士兵有关联。你的想法几乎总是可以适用于另一个概念。你应该这样做。你的理论贡献就是回答"那又怎样"这个问题；答案包含在关键发现的总结部分。换句话说，你问：'如果我们不探讨这个研究问题，会误解什么？'如前所述，你应该告诉读者你的观点，陈述观点，重申观点。这三个步骤中的每一步都应该强调你的理论贡献。

> **写作窍门**
>
> 大量阅读。阅读会使你无意中掌握很多知识。熟悉和享受的感觉让你放松。当你阅读其他（书籍）时，会发现在研究中什么是应该做的，什么是不应该做的。
>
> 简·塞米尔
> （小说家）

撰写研究发现部分

正如我之前指出的那样，我花几个小时反复阅读收集的数据，在其中寻找主题；如果我使用软件，就打印出引文再阅读，并将可能有用的引文逐条拷贝至一个文件里。然后，我编辑引文，删除口误，并专注于形成我的观点。正如我在第八章中详细介绍的那样，在《不平等的童年》一书中，我使用了非裔美国人中产阶级家庭马歇尔女士（一位母亲）的访谈，她有一段有关女童子军和体操的话。随着项目的展开，我逐渐决定了这本书的三个要点：社会阶层塑造了语言的使用、参加有组织的活动的意义以及如何对公共机构进行干预。尽管有很多个家庭可以用来说明不同的观点，但最终我选择了马歇尔一家作为对公共机构进行干预的例子。在阅读引文后，我决定展示母亲抚养孩子付出的努力。

因此，在《不平等的童年》一书中，我展示了这句引文，并写道，正是通过母亲的努力，孩子们才最终能够参加这些有组织的活动（相比之下，在工人阶级家庭和贫困家庭中，孩子们经常自己发起活动）。然后，我首先用自己的话表达这个观点（马歇尔女士为孩子参加有组织的活动付出努力）：

主要由马歇尔女士来照顾孩子们的生活和活动，以及弗恩或斯泰西对公共机构表达的任何不满。马歇尔女士代表她女儿所做的努力并不罕见。……对于有组织的活动，大多数中产阶级家庭的母亲都会承担起类似的工作。例如，斯泰西是因为母亲的努力才开始参加体操项目的，这一点就很具典型性。

我并不要求读者相信我的主张，而是通过引用马歇尔女士自己的话向读者展示我的依据：

她上三年级的时候，我找不到一个女童子军让她参加。她参加了四年巧克力糕队。弗恩在一个女童子军团队，而斯泰西还不到参加的年龄，所以我们有了一个"空闲的晚上"（笑）。所以，斯泰西……我想让她参加点什么，不至于没有事情做。而且我不想让她总坐在电视前面。

我还想证明母亲们从关系网中了解信息,所以引用的第二句话就是为了说明这一点。我解释说,体操教练推荐了一个项目,但这还不够:

斯泰西的妈妈并不满足于老师推荐的体操班,她还通过自己的关系网多方打探:

从一些家长的话里,我开始听到他们之间流传的"内线秘诀",我听到很多人都说:"如果孩子真的喜欢体操,那就要送他们去赖特体操学校。"

请注意,我并未简单地指出马歇尔女士与其他父母交流。取而代之的是我插入一句引文作为证据,马歇尔女士解释了她如何为了了解哪里的体操班更好而探听"内线秘诀"。然后,我讨论了马歇尔女士所处阶级的关系网:

在这个例子里,马歇尔女士只是为一个业余班收集信息,而在一些其他场合,她也在寻求解决孩子教育方面出现的问题(比如斯泰西没有通过她学校里的天才班资格考试)。与调研中的其他中产阶级家长一样,作为马歇尔女士"内线"的亲朋好友中充满了教育工作者、心理学家、律师,甚至医生。因此,与工人阶级家庭和贫困家庭的父母相比,中产阶级家庭的父母更容易通过非正式渠道从专业人员和专家那里得到有价值的信息和建议。

在我的分析中,我关联了"内线秘诀"这个引文和中产阶级家庭的父母通过非正式渠道从专业人士和专家处得到有价值的信息和建议这个分析观点。这与一个汉堡没有什么不同，引文是证据的核心，一个观点（即上层面包）和一种解释（即底层面包）将引文与文章的总体目的联系起来。

你需要让读者信服，你的主张（即观点）是有坚实证据作为支持的。当然，其他类型的研究者也是这样做的。定量研究通常使用表格，特别是包含多个模型和交互作用项（interaction terms）的复杂表格。它们让读者在开始仔细阅读其内容之前，就会觉得这些研究发现看起来是可信的，尽管其中可能存在一些问题。但当你的证据是文字而不是数字时，你的研究发现通常不会具有同样的权威光环。要想赢得读者的信任，你必须一步步地说服读者你的主张是证据确凿的。正如美国国家科学基金会（NSF）的一位项目官员曾经说过的，如果一位民族志学家对他说"相信我！"，这并不足以获得国家科学基金会的资助。同样，对读者来说，这并不足以让他们相信一项研究的成果。

如何建立读者的信任

限定你的主张的范围

确保你的主张不过于宽泛。很少有定性研究可以表明某一个社会过程会对孩子的成长、成人的健康或其他重要的人生方面产生影响。在文章中写下这样的观点是一个新手会犯的错误。你的研究可以解析某个关键机制或社会过程。此外，你无须因为你的研究被严肃对待而急于展示这个研究带来的结果。相比之下，如果你试图宣称一些没有确凿证据的东西，你的研究可能会面临尖锐的批评。同样，除非你的研究持续很长时间，否则通常无法展示随时间的推进而发生的变化。只有很少一些研究是纵向的，但大多数不是。你应该通过手头现有的数据证明你的主张。

不要一次性地介绍太多的观点

你应该帮助读者了解少数几个观点。你需要将较小观点合并。倾听同事、写作小组成员或老师的意见可能对你有所帮助。一旦对自己的想法有了更清晰的认识，就必须在修改文章时严格要求自己，才能确保你的思想不会杂乱无章地从一个观点跳至另一个观点（尽管在论文构思阶段在不同观点之间切换并无不妥，而且很普遍）。在最终稿里，我喜欢在每个部分或段落中只讨论一个主要观点，然后在这一段里提供事实证据来支持我的主张。如果一个段落里出现太多主张会让读者感到困惑，他们会认为你缺乏足够的深度来支持你的主张，而且你不知道自己在写什么。专注于一个重要主张，你可以展示它形成的过程，从多个角度考虑，提供充足的支持证据，承认存在驳斥它的证据并总结你的要点。确保你的证据支持你的主张。

确保你的证据完全支持你的主张

最终付诸文字的证据只是你所收集的全部数据的一小部分。当然，收集了这么多数据，但在最终作品中只字不提是令人懊恼的。不过，拥有这些有深度的数据是件好事。这意味着你确信自己的主张并可以为每个观点举出多个例子。你对自己坚信不疑。你也许倾向于在文章中使用最喜欢的实地笔录的摘录，但除此之外也应该有大量不同的实地笔录、引文和受访者,他们都指向相同的结论。你可以记录来自每位不同受访者的引文数量,这样就不会过度依赖某几个人。此外,表格可以有效地展示大量数据,你可以在表格中使用一些简短的引文总结受访者在这个研究中的经历(表格的作用是将论点具体化,所以人们一般在研究过程的后期才绘制表格)。表9-1摘录自《不平等的童年》,它总结了我的论点。[15]

表 9-1 儿童教养类型

	儿童教养方法	
	协作培养	自然成长
关键元素	・家长主动培养并评估孩子的天赋、主张和技能	・家长照顾孩子并允许他们自由成长
日常生活的组织	・成年人互相配合,为孩子精心安排了多种休闲活动	・小朋友"约在一起打发时间",尤其是和亲戚的孩子在一起
语言运用	・讲道理或发指令 ・孩子反驳成年人的话 ・家长和孩子之间持续的协商讨论	・发指令 ・孩子很少对成年人进行质疑或挑战 ・孩子通常会接受所给指令
对公共教育机构的干预	・代表孩子对教育机构提出批评并采取干预措施 ・训练孩子也承担起批评和干预的角色	・依赖于公共(教育)机构 ・无权力感和挫败感 ・家中和学校里的儿童教养惯行产生冲突
结果	・孩子逐渐具有优越感	・孩子逐渐具有局促感

总体来说,研究结果部分对你和读者来说应该是坚实可靠的。因此重要的是,只在你的研究结果有确凿支持的情况下再提出你的

主张。在许多情况下,某种模式不会出现在整个样本人群中,但可能出现在一部分样本人群中。你应该向读者对此进行解释。

如果你有一些特别喜欢的材料,但是它们不适合文章中的任何一个观点,那么你应该将其归档以便将来用在另外的文章中。在这里,你为收集这些优质数据经历了多少磨难和辛苦并不重要。为了建立一个强有力的论点,你必须在分析时保持清醒。

获得友好的、有建设性的反馈是至关重要的。我发现删除比添加更容易,所以我倾向于写篇幅很长的初稿。通常来说,我的写作小组成员(每3周开会一次)会给我反馈。写作小组成员互相给出的反馈都差不多:你看起来是想说这些;你应该表达得更清楚一些;你应该删除额外的论点并更多地分析数据。有了这些反馈作为武器,我在编辑时是铁血无情的。尽管纸质版文章越来越不受欢迎,但有令人信服的证据表明,编辑文章时把文章打印出来比直接阅读电子版更有效。[16] 我总是确保自己在完成一轮无情的编辑后重新阅读草稿。在我自己的写作仪式中,我会在沙发上阅读,进行修改,打印出来并再次阅读。在每次修订中,我都会删除多余的字句,去掉行话,提高流畅性并获得新的洞见。大多数写作都经过多次修改,一些作者慷慨地分享了已发表论文的早期版本,以便让读者了解这些观点是如何形成的。[17]

不要吝啬展示证据

我向期刊投稿的第一篇论文长达 30 页,里面有 4 条引文。一位审稿人中肯地批评我的论文:"在民族志方面的研究不足,且在分析上有限。"另一位审稿人指出我的论文仅展示了"建立在泛泛而谈之上的浅薄且粗略的数据"。审稿人是对的,证据是这项工作的核心。那么一篇作品应该有多少引文?虽然不完美,但我通常用这样一种方法进行估计,我预估我的作品是双倍行距,每一页手稿应该用到一条引文或者例子(即一篇20页的论文或章节中用15到20条引文)。

由于你在一篇作品中有许多可用的实地笔录或引文,因此最好选择你最喜欢的那些(前提是能够支持这个观点)。使用饱含感情的引文也很有帮助(只要不过分)。有趣、尖锐或有力的引文可以使你的作品更丰满。你应该保持自己的判断力,而且永远不要超出你在现场了解的东西(此外,你不应该在文章中包含任何有可能给他人带来危险或损害他人利益的信息)。生动的文字读起来更有趣。尽管如此,你还是需要寻求平衡,虽然证据是必须的,但也无须过多。

不要使用过长的引文

在写作时,你会非常强烈地希望用一段较长的引文展示大量信息。部分原因是你可能与受访者建立了友情,你希望让他们的一举一动跃然纸上。你还可能迷恋于研究结果(有些进行定性研究的学者对他们的数据感情之深,可以比拟热烈的爱情)。但遗憾的是,读者不需要大量的信息。[18]一条信息的终极目的是阐明一个观点。你应该写下足够多的内容,让读者理解情境。虽然这里没有硬性规定,但通常4到8行引文是合适的。如果引文占据了四分之三页篇幅,读者会很难理解,你应该把它分成更小的部分,并以你自己的语言指导读者阅读,使读者理解你希望他们从引文中了解到什么。同样,一句话中不应该包含太多的观点,否则读者会感到迷茫。

承认你的解释中存在不足之处

如果你不肯承认你观点中的问题，也不愿进行讨论，会让读者产生不信任感。既然你正在写作，而且知道肯定存在一些问题，就应该承认，然后试着予以解释。世间万物很少是毫无瑕疵的。在大多数定性研究中，如果看起来支持你主张的所有证据都完美地集合在一起，这种情况是不可信的。有时人们在思想和行为上自相矛盾。调研组某些成员的观点可能与其他人不同。因此，你应该确保以明确的方式表达"有些证据的确不支持我的主张"。在简单地展示证据之后，最重要的是，解释为什么你不认为这对你的结论是致命的。例如，在一篇合著的论文中，我们展示了一所种族多元化小学中的许多非裔美国人家庭的父母对学校抱有很深的不信任感。这篇文章的重点是研究社会阶层差异如何影响父母表达这些担忧的方式。然而，在这篇论文中，我们还写了其他非裔美国人家庭的父母的不同看法：

此外，并非所有父母都认为，与白人家庭的孩子相比，非裔美国人家庭的孩子在学校受到了不平等和不利的待遇。许多非裔美国人家庭的父母表示他们并不知道孩子在学校是否遇到困难……其他非裔美国人家庭的父母表示，他们的孩子在学校没有因为种族而遭受不公平的待遇。有些父母对那些抱怨因种族而受到不公正待遇的人公开表示敌意，而这些表达敌意的家长来自各个社会阶层。[19]

在这里，我们提供了更多引文，以展示一些非裔美国人家庭的父母对校长的坚定支持，以及对那些抱怨因种族而受到不公正待遇的父母的敌意。简而言之，在题为"父母看法的差异"的简短段落里，我们承认存在驳斥我们论点的证据，但文章的主要目的很明确。

在讨论驳斥性证据时，你应该向读者强调这几点：这些证据数量极少，只集中在一组受访者，或者这些驳斥性证据恰好反映了一个例外的情况，可以用来证明规律是的确存在的。这个讨论应该简明扼要，不过它是必需的。语气很重要。你不应该使用轻蔑的语气，而应该让读者相信你非常乐意被驳斥性证据说服，但这些证据不足以构成一个强有力的理由。当然，正如本书前面提到的，你可以根据收集的证据改变你的观点。如果在研究开始之前，你就知道会发现什么，又何必展开研究呢？

不要总结证据，而应该解释证据

作者所做的最常见但最无聊的事情之一就是，提出一个观点，展示一条引文，然后继续写一整个段落来总结读者刚刚看到的引文。这不仅让读者感到厌烦，也浪费了作者自己的机会。你不应该止步于总结引文，而是应该超越它。你应该回答如下问题：这条引文如何支持我的观点？我的观点如何支持我的论题？引文中到底是什么让我得出这个结论？例如，在一篇关于父母参与（parent involvement）的论文中，凡妮莎·洛佩斯·穆尼奥斯（Vanessa Lopes Muñoz）和我描述了父母与校长在学校组织方面的冲突：

相比之下，父母希望学校更加个性化、灵活和富有乐趣。简而言之，他们希望校方少一点官僚主义。贝丝对午餐的气氛表示担忧：

第九章
写作：较明确地阐述你的学术贡献

"乐趣，只是需要一点乐趣。午餐的气氛很沉闷。紧张，让人感到很紧张，我想这就是那个地方的整体气氛……他们在午餐时必须保持礼仪；他们说话时必须轻声轻气……我发现他们让午餐变得如此无趣。"

我们本可以写，"所以，父母抱怨午餐时间'沉闷无趣'"。这样的句子的确呼应了引文中的一个关键词，但不会给读者任何新信息。

相反，我们分析的方式是，简要地提醒读者我们对文献的批评（即学者夸大了父母和教育工作者之间的和谐关系），并陈述我们的主要观点（父母和校长眼中的优先事项是不同的）：

研究人员假设，如果父母和教育工作者适当沟通，就能和谐地达成一致。虽然我们发现他们都希望做出对孩子来说是最好的决定，但是对于孩子的哪些需求应该得到优先考虑，他们有着不同的看法，而这是一个相当大的障碍。因此，即使父母和校长都在为孩子的最大利益着想，他们的优先事项往往是非常不同的。

简要地说，这段分析告诉了读者为什么这些发现是重要的（以前的研究通常假设父母与教育工作者之间的相处模式是和谐的）。言简意赅是至关重要的，不过，在论文中合适的位置插进一条引文可以把数据与现有研究中需要解决的不足之处关联起来，并提醒读者为什么这些引文很重要。

你应该指出例子中支持你的主张的内容，将读者的注意力引回去。这是一个很好的方法，因为你不想一遍遍地重复论点，但你希望帮助读者理解这一证据对你的整体成果的特殊贡献。下面是我的一篇论文中的两个例子，其中我提供了关于阶级如何塑造一个人向成年转变的纵向数据。[20] 在这个例子中，我讲述了一个故事（关于一个年轻人在工作中遇到的问题），并提出了关于社会阶级和人文知识（cultural knowledge）的分析观点。下面是其中一部分的早期版本：

> 其他人也表示，不知道如何使自己的梦想成真。例如，出身一个贫穷白人家庭的年轻人马克·格里利（Mark Greely）在过去的十年里，一直在 Safeway 超市工作。但在那段时间里，他一直希望能做一份"使用计算机"的工作。他的目标缺乏具体的针对性（即计算机维修或编程），举步维艰。此外，在过去的十年中，他一直计划考取驾照，并在最近通过了笔试。然而，获得驾照已经成为一个难以实现的人生目标，部分原因是他有焦虑症。尽管如此，当他与一名经理发生争吵而被解雇后（他威胁要"殴打"经理，因为这位经理侮辱了他），还是得到了失业补助，而且最终得以重回岗位。不过这是由于他得到了一位富有同情心的法官的帮助，令他惊讶的是，当法官听到他的故事时，对他的愤怒表示理解。[21] 但他对经理的人身安全威胁违反了公司章程，尽管这与其他工人阶级家庭的男子在工作中受到侮辱时的做法一致。

我所在的写作小组的一位成员写道："我感觉这里写得有点不清楚。或许你可以专注于其中一个事件，然后进一步展开描述。"

在修改后的版本中，我的分析要点是，马克·格里利在面对机

第九章
写作：较明确地阐述你的学术贡献

构中的挑战时，缺乏应对挑战的人文知识。我将这个分析要点作为该段的第一句话，使其更加突出。此外，我还更清晰地描述了事情的来龙去脉：

> 其他人也表示，他们在应对机构中的挑战时有困难。马克·格里利是一个来自贫困家庭的年轻白人，在 Safeway 超市工作了 10 年……尽管任职时间很长，但马克最近还是失业了。正如他解释的那样，在他 30 岁的一天，公共交通的延误导致他上班迟到。这次延误无法避免，不是他的责任。经理把他叫到办公室，愤怒地说："是啊，即使我 21 岁，没有高中文凭，我也会害怕丢掉工作。"听到这种侮辱，马克"暴怒了"，并威胁要"殴打"经理。（这种反应）当然不符合公司章程……总之，工人阶级家庭和贫困家庭出身的青年对机构的运作方式没有一个完整的理解，他们不擅长处理工作中的冲突，在寻求帮助时感觉束手束脚，在向机构寻求适合自己的个性化方案时往往失败……我的论点旨在阐明非经济力量在关键的人生转变节点和促成这些转变的多件小事中的作用。

因此，你在写作中应该试图尽可能清楚地说明结果（例如，在被侮辱后，马克·格里利威胁他的经理），并将你的例子与你的观点联系起来（例如，工人阶级家庭出身的青年不能完全理解机构如何运作），还需要将你的例子与你的基本论点联系起来（例如，社会阶层塑造人们关于机构的人文知识，这种阶层差异可能导致不平等）。你可以回顾你欣赏的作品，学习这些作者如何将材料、概念主张和基本论点联系起来。

确保文章的每个部分都相互关联

在撰写一篇论文或一本书的某个部分时,你很容易忽略全局。然而,所有的部分都应该紧密关联。文章的每个部分都应该协调统一,并指向相同的结论(而不是指向不同的方向)。有些人会颠倒写提纲的顺序(例如,根据他们已经写出的内容撰写提纲),用这种方法厘清已经完成的内容。有时,为了使文章的整体性更强,有必要删除一整段内容。

不要说教

在社会科学研究中,人们很容易在收集数据时对所见所闻感到愤怒。理智的做法是在写作时不站在任何立场上(详见下文关于民族志权威的讨论)。你应该始终忠实地反映受访者的意思,你自己的语气是另一回事。例如,在你自己的分析中,诸如"应该""卑鄙""令人发指""归咎于"这样的词汇往往意味着你将自己的观点渗透到了分析中。

为什么我会提出这一建议?

如果你采取一种义愤填膺的语气,可能会失去那些不认同你的观点的读者。更重要的是,如果你明确表明自己对某事具有强烈的看法,读者可能会对你观察到的和写下的内容感到不信任。毕竟,在定性研究中,你处于素材的核心,负责观察并记录这些素材(很少会有助手相助)。如果你对某件事持有强烈的道德观,这可能会妨碍你观察到不支持你观点的证据和数据(即驳斥你的论点的证据)。这并不是说民族志学者都是完全客观或没有偏见的。我们是群居动物，不带任何偏见是不可能的。我们的社会背景渗透在所有的社交接触中，而且会影响你的行为。[22] 关于如何应对偏见，有不同的思想流派。我认为，理智的做法是抵制个人信仰的影响，对它们持怀疑态度，想象自己置身于一个经常有人挑战我的想法的环境中，并努力寻找可能驳斥论点的证据。你需要尝试通过文字帮助读者理解一些重要的东西。你的目标是尽可能多地用文字与读者交流。当你有两个表达相同意思的词可选，但其中一个带有个人感情并且有可能因此失去读者时，那么你应该选择不带感情色彩的那个。在这个过程中可能会遇到一些挑战性的时刻。例如，在某些情况下，你会引用受访者说的表现出种族偏见的话，这可能会冒犯很多人。另一种做法是简短地承认语言中有这种偏见，让读者知道这是受访者而不是你自己的观点。

仔细斟酌你在文章中的角色

约翰·范·马南（John Van Maanen）在《田野的故事》（*Tales of the Field*）一书中清楚地表明，你可以从许多不同的写作风格中进行选择。特别是可以以第三人称"叙事"，把作者置于场景之外，就像马特·德斯蒙德在他的《扫地出门》一书中所做的那样。你也可以将自己置身于故事中，更清楚地向读者展示你在这个研究地点的角色以及这个情景里关于伦理问题的激烈争论。[23] 我倾向于使用的方法是偶尔提醒读者我当时就在现场［吉恩·布里格斯（Jean Briggs）在一个因纽特家庭度过了一段时间，并写了一本杰出的书《永远不生气》（*Never in Anger*），他在这方面非常熟稔］。你不应该让自己成为研究的焦点。

找到这种平衡并不容易。很多时候,你不经意间就让自己成了故事的主角。你可以花很长的篇幅谈论自己在这次研究中的经历,或者你可以以第三人称叙述你的发现过程。聚焦于作者本人的视角可能很有启发性,也很有趣,但我发现它会分散读者对研究对象的关注。其他人可能不同意我的想法。

撰写讨论部分

在音乐剧中,序曲通常是剧中主要旋律的合集,它为观众呈现一个演出的缩影。同样,讨论部分(或某些文章中的结论部分)也应该重新审视作品的要点。我们的目标是重申主要观点并讨论研究结果的意义,所以你不应该在讨论部分加入新的数据,也不应该在此提出让读者惊讶的新观点。你在文章中提供的数据应该可以支持所有的讨论要点。

因此,你应该让读者重温现有研究的不足之处以及你研究的必要性(你可以用几句话,有时甚至一句话概括)。之后,你应该强调三四个最重要的观点。你可以简短地承认你的研究中有不足之处,随后解释为什么它们对你的主张不是致命的。你还应该解释你的研究对学科的贡献。

回答"那又怎样"的问题

简明扼要地解释你对现有研究的贡献(根据文章形式的不同,用几句话或几段话陈述)。正如我在前面提到的,在这一段之后,通常是对研究影响的讨论。在这里,你应该"格局打开",在更加宏观的层次展开讨论。你的研究对其他领域有什么启示？例如，一项关于低收入女性不信任她们的老板、托儿所工作人员或社会工作者的研究，可能会指出为什么一个家族中的第一个大学生可能不相信教授给出的建议。你想知道你的研究是否能帮助阐明其他领域的社会过程。[24] 你可以讨论你的研究中的关键概念，以及它们如何与其他重要概念关联。也可以讨论悬而未决的问题，并呼吁进一步的研究。

最后，你可以考虑你的研究对政策或日常生活更广泛的影响。现在我们应该根据你的研究成果重新考虑哪些政策？谁应该负责？做什么？前方存在哪些潜在的问题？你可能不知道这些问题的答案，但花费了时间和精力认真思考这些问题。所以，请与读者分享你的想法。

在收尾时，你应该以回顾研究中的一个重要主题来完美收官。不要在结尾强调研究有局限性，这会导致你的文章虎头蛇尾。你应该承认这些局限性是存在的，但不是在文章的最后。相反，你应该让一个重要的观点在读者的脑中回响。你对"那又怎样"这个问题的回答应该停留在你的主张的范围之内，同时清楚而坚定地表达你所了解到的知识。

如果5年后有人还记得你的研究，你希望他们记住的重点是什么？这就是你应该在作品结尾强调的内容。

管理写作中的不确定性

有些人是冷静、自信且细心的作者，他们不会因为写作过程的不确定性乱了阵脚。他们是幸运的。然而，其他人却在写作这一关苦苦挣扎，有些人应对焦虑的方法是拖延。[25]

在写作中使用定性数据可能造成某些特殊的问题。有些问题是相互矛盾的。例如，你可能会面对海量数据感到不知所措，但对一篇文章中所能容纳的引文数量有限又感到沮丧。你被淹没在数据之中，所以会觉得选择引文是个沉重的工作。与此同时，你也会觉得数据不够多，担心支持你的主张的依据是否扎实，但一想到需要回去收集更多的数据就会感到恐慌。即使你对自己观察到的东西很确定，但基于这些数据大胆提出主张似乎也令人生畏。你可能渴望得到更多的数据。这些担忧是正常的，但你需要管理它们，特别是因为相互矛盾的担忧可能同时出现。这会导致你的写作陷入僵局。

> 老实说，写作令人发怵。
>
> 克里斯廷·卢克
> 《社会科学中的莎莎舞》

> **宽 恕**
>
> 我写的书无法达到我期望的水平，但我能够尽我所能地写作。在我的一生中，我会一次又一次地宽恕自己。
>
> 安·帕契特
> （小说家）

缓解写作中焦虑的技巧

如果你是一个容易感到焦虑的作者，一个有用的技巧是反思一下什么让写作过程对你来说如此艰难。你感到孤独吗？你觉得自己的文笔不够好吗？你在担心人们会如何评论你的作品吗？了解困难的根源有助于你解决它。例如，如果你感到孤独（这是一个常见的问题），那么你可以邀请朋友一起（安静地）写作，在写作前后计划社交时间或者找一些其他的社交渠道。如果你怀疑你的主张不够充分，那么就应该深挖这种怀疑的根源。你是否担心数据不够充足？你是否为没有很好地回答"那又怎样"这个问题而感到烦恼？你是在担心这个论点不够吸引人吗？如果是这样，你可以请其他人阅读初稿并给你反馈。如果你担心别人会批评你的初稿，那么就应该试着找出担心的根源。你担心文中描述的人会有何反应吗？你担心你所在学科的其他人会有何反应吗？你是否为自己在这个研究中所处的地位感到不安，尤其是在权力和特权方面？这里没有放之四海而皆准的答案，但花点时间确定担忧的根源是有用的。有一个能够向他倾诉你的恐惧并给你安慰的朋友也很有用。然而，即使这样，有的人还是会不放心，因为正如帕梅拉·理查兹（Pamela Richards）长篇阔论地指出的那样，有些人不相信读过他们初稿的人会告诉他们真相。因此，即使读过你的初稿的非正式批评家告诉你，你的文章很优秀，你也会担心他们是在撒谎或过于乐观（完美主义者尤其可能有这种想法）。

正如克里斯廷·卢克所指出的，写作也许是"令人发怵"的。对某些人来说，他们很难相信反馈并信任这个过程。[26]但是真正的好朋友不会允许你把垃圾文章拿去投稿。大多数评论家都很尖刻，所以，如果他们赞赏某些东西，接受这种赞赏是合情合理的。如果你已经考虑过所有这些问题，但仍然觉得写作很难，那么制订一个"许诺时间表"和履行策略也许会有帮助。[27]

在这个过程中，请一组人阅读你的写作成果对你的帮助是无价的。你可以建立这样一个小组，请求与你认识但不是特别熟的人

（他们看起来很友好——对你的作品会做出严肃但不过于尖刻的批评）定期见面。例如，我的写作小组有3个人，每3周线下会面一次。我们每个人有半小时的时间获得关于任何事情的反馈，或者讨论数据收集、招募受访者或任何阻碍写作的问题。如果我们想分享一篇文章，会在会面前几天发给大家，然后给彼此提供一些批注和总结性评论。我们也分享申请资助、招聘受访者的文案，访谈指南、编码方案和部分章节。很多时候我们没有写出任何东西，只是讨论面临的问题，以"摆脱困境"。如果在两次会面之间有人写出一些东西，我们通常会立刻给予反馈，也会庆祝成功。当然，组织写作小组有很多不同的方法，许多组织可以提供支持。[28]

固定一个时间段用于专心写作对很多人来说也很有效。对许多人来说，每天写作——比如清晨的几个小时——是必不可少的。[29] 然而，这个经典方法并不适合我，因为我只在灵光乍现时写作，而且通常是在深夜。我也会做我称之为"列提纲"的工作——用纸笔起草章节或文章的构想。我还会阅读访谈笔录和实地笔录，并归纳和整理引文（如前一章所述）。我试图弄清楚我对其他文献的评论、我自己的观点以及我将使用的引文。这些工作都是我凭着记忆而不是借助电脑完成的，因为我不想分心。不过其他人更喜欢翻看他们收集的引文。在确定了基本论点之后，我开始挖掘合适的引文。

一旦开始落笔，我基本上会昼夜不停地写作，除非我有其他必须做的事。我发现，写作时做饭很有帮助——比如做汤或炖菜，我可以随时停下烹饪，过后再开始。这是一种有益的分散注意力的方式，但不会让你不能自拔（像电视节目、电影或游戏那样）。我发现处理家务事对我的干扰太大，但我可以清理洗碗机、拔草、在街区

第九章
写作：较明确地阐述你的学术贡献

里散步以及做一些其他小事。研究表明，多走动会对写作有帮助。[30]

一旦完成初稿后，我会自己阅读、修改，然后再次修改。还会请其他人阅读，根据他们的反馈再进行修改。

犹豫和修改

如果你有写作焦虑症，请注意不要频繁地改变你的论点。我曾见过一些焦虑的作者写好一篇绪论，在其中引用某篇文献，然后批评它有各种各样的缺点，又换一篇新的文献。每一次，他们都相信这次的方法更好，但之后又改变主意（这是另一个"对文献发怵"的例子）。[31] 我认识一位历史学家，他在5年内对一本书的关键章节进行了不下15次修改。由于书中使用的证据在这段时间内没有改变，而且几乎所有的绪论都很合适，我相信他不断修改是出于犹豫和焦虑。如果你已经花了好几个星期的时间来确定论文的要点，而且还在不断修改你对论文贡献的陈述，那么你应该向别人寻求帮助。[32]

有时候，其他人更容易看清你面临的挑战，而不合时宜的优柔寡断是生活中常见的事。举一个有关生活中艰难时刻的个人化例子。当我78岁的父亲意外去世后（一天下午，我父亲在家里突发严重中风，10天后在医院去世），我母亲需要决定买什么衣服去参加他的追悼会，这对她来说非常难。我妹妹在时尚界工作，她开车带母亲去了商场。我母亲一向不怎么购物，并且当时与她相守48年的丈夫刚刚去世，所以到了商店她很难找到喜欢的衣服，这似乎合情合理。但是，当她试穿各种各样的黑色套装时——双排扣外套配裙子、单扣外套配裤子、暗条纹大口袋长外套和高腰修身无口袋外套——她一件一件试穿下去，我妹妹开始怀疑了。最后，她平静地说："妈妈，我认为套装不是重点。"听到这句话后,我母亲意识到她之所以不喜欢那些外套可能是因为内心深处的悲痛——这是一个"奇幻思维"(magical thinking)的例子,在我母亲看来,如果不选套装就可以避免追悼会和父亲的死亡。[33] 意识到这件事之后,她立刻买下了一套西装。

同样,在定性研究中,一些数据可以用来支持不同的论点,但你需要有所取舍。有时候,你需要鼓足勇气做出选择。正如我前面所讨论的,一个好的论点是建立在对其他作品的批评之上的,你试图指出一种新的思维方式,但我们很容易担心冒犯他人。有些人认为会有灾难在等着他们,有些作者的确会遭到口头攻击。[34] 但这是很少见的,尽管口头攻击有可能发生。在我写第一本书的时候,我的一个医生好友也在写她的第一本书。我们都在为写作过程的各个方面愁眉不展。她在一张纸上给我写了一段话:"在医学上,如果患者去世,那会是糟糕的一天。除非有人因为我的写作而去世,否则我是不会忧虑的。我要继续写下去。"我把这张纸贴在了冰箱上。这是一个很有价值的观点。结构糟糕的论证和粗劣的文笔是不可取的,但它们不会导致任何人去世。我们尚不清楚你被语言攻击的概率,但如果你真的被攻击,肯定会活下来。此外,一些人相信,对一篇文章来说,没有所谓的负面宣传,因为即使是不好的名声也会吸引读者。然而,有时你需要鼓起勇气写出你的主张,并解释为什么其他与之密切相关的文献都没有深究这个观点而你正在尝试另辟蹊径。你相信这很重要,你应该清晰明了地把你的主张表达出来。

因此,一旦你选择了一条道路,就不要怀疑自己的选择是否明智,坚定地走下去。但如果你对论证中的漏洞感到担忧,请记住,你本人可能无法对自己的工作质量作出中肯的判断。你应该请其他人阅读你的作品并指出它的缺点，再决定你是否要改弦更张。此外，你也可以在脚注中指出文章存在的不足之处，解释为什么它对你的主张不是致命的，并向读者推荐其他相关的文献。请记住，任何一篇文章都不可能是十全十美的。

当你了解了自己的写作习惯后，应该尽最大努力安排好生活，使自己能够更顺利地写作。[35] 如果你的焦虑妨碍了你的工作，那么你应该寻求专业人士的帮助（例如，进行认知行为治疗）。一个短期的干预疗程（只需8次）可能改变你的人生。此外，你还可以请专业的编辑，他们可以帮助你修改、提升文章（收费项目）。雇用一位专业编辑对你来说可能是一种解放，因为他可以帮助你突出主要观点，理顺你的论点，并对文章进行润色。[36]

最后，当你积累的经验越来越多，写作就会变得轻车熟路，游刃有余。你会写出更多作品，写得越多，焦虑越少。但如果写作并未变得更容易，那就接受事实。焦虑的作者，尤其是那些学会控制焦虑的作者，也能够并且确实完成了他们的文章、论文和书籍的写作。事实上，很多优秀作品的作者都是焦虑的作者。

终 曲

经过逐次修改，你最终的作品通常会更短、更明确。修改是写作过程中很有帮助的一部分。此外，很少有人天生就下笔成文，我们必须学习这些技能。写作是一个自我发现的过程，从中你可以了解自己的优缺点（例如，我发现对我来说，编辑引文比撰写讨论部分更容易)。

使用定性材料写作具有特殊的挑战。虽然定性研究人员通常拥有数千页素材,但书面作品对篇幅有严格的限制。残酷的现实是你的实地笔录和采访转录中只有很小的一部分会出现在最终作品里。你还必须做出数不清的关于写作的决定。大多数决定都没有显而易见的答案,原因是通常会出现几条都很合适的引文,或诸如此类的情况。

但有一点与其他形式的社会科学研究不同,那就是你的研究有可能在某种程度上改变人们的观点。一篇基于参与观察和访谈的优秀研究把受访者活灵活现地展示在读者面前,并帮助读者理解受访者面临的挑战。你用生动、详细、引人注目的文字来帮助读者真正理解研究对象的生活。你还竭力把这些人的生活经历与一个更普遍的观念联系起来——让读者理解为什么这很重要。被一部好作品深深吸引的体验是美好的。阅读真正优秀的作品就像从作者那里收到了一份小礼物——你无疑曾经在人生中收到过这样的礼物,即使你是一个新手研究人员,也可以并应该将这份礼物传递下去。

第十章

结论：为什么访谈和参与观察研究是有价值的

访谈和参与观察研究对日常生活进行了生动细致的描述，加深了我们的认知。而且，这些研究方法可以实现其他研究通常无法实现的目标。值得注意的是，这些研究可以帮助我们理解人们在特定环境中的经历和面临的挑战，获取许多政策导致的意外和不为人知的后果，并丰富地展示制度的力量对个人日常生活的影响。你的研究是符合社会科学的系统性标准，但每一项研究都具有自己的独特性。研究结果往往是深刻的、形象的，而且具有启发性——因为研究的重点并不是基于一些生拉硬扯的问题，而是考虑到研究地点和情况的特殊性而逐步形成的问题。即使这些研究提供的数据是系统性的，也充满感情地刻画出了研究对象。因此，深入访谈和参与观察研究不但拓展了我们的智慧，触动着我们的内心，也提高了我们对世界的理解。当然，概念模型因学科而异，但研究人员试图通过记录经验模式来理解某事如何发生以及为什么发生。如果你的研究结果改变了人们对某个关键问题的看法，那么它就可能为制定更好的政策做出贡献。

通过融入一个社交世界，你可以创造新形式的知识。事实上，你可以阐明目前未被重视或被忽略的问题。在某些情况下，这可能发展出新的研究方向。访谈和参与观察研究比大规模调查更灵活，因为它们很容易适应时代的变化。虽然纵向研究对绘制社会发展趋势至关重要，但会受到限制：问卷不能太长，后期很难增加问题，也很难深入探索新的方向。但在参与观察中，你可以一直拜访，直到了解不到新的东西为止。访谈也提供了一个探索原创问题的场景。因此，你可以将其他人的生活经验和观点展现给更广泛的读者，包括政策制定者。你还可以在机构层面上揭示关键社会过程的概念化，例如机构如何无意中阻碍了人们的职业发展。这些研究还可以阐明其他人的经历，例如为什么患者不遵守医嘱，或者父母的社会阶层如何给孩子带来教育上的影响。

此外，访谈和参与观察研究充分展示了关键社会力量的交错纷杂。社会科学家往往只关注一个方面，如刑事司法系统、教育机构或劳动力市场。但现实是多个系统同时塑造着我们的生活。如果你想以丰富的细节展示这些机构如何对个人生活的方方面面产生影响，并且这些影响如何相互交织碰撞，那么访谈和参与观察法特别合适。你可以了解到社会和机构力量如何交集，如何塑造组织、团体和个人的复杂丰富的经历。这些数据非常难得。

当你写作的时候，还有一个重要的优势：你通过数据和分析讲述一个故事，这个故事可以帮助你的读者深刻地理解研究对象的生活经历。故事具有强大的力量。我们都曾经被一本书或一部电影所感动，其中的人物陪伴了我们很长一段时间，帮助我们以新的方式看世界，或让我们对自己有了更多了解，从而以一种新视角看待自己的生活。社会科学研究人员遵循特定的方法准则进行写作，这与小说家或许多记者的工作相去甚远。然而，访谈人员和观察者也使用字句而不是数字来描述结果，就好像在用文字绘画。我们会一直记得这些故事。

这些不是访谈和参与观察法唯一的优势，但重点是你可以采用这两种方法开展重要研究，这些研究可能会帮助其他人——包括那些掌权的人——以不同的方式看待世界。所以，你的研究很重要。

失误和挫折都是正常的

正如访谈和参与观察法有其独特的贡献一样，进行这种工作涉及开辟一条新的道路，其间不可避免地会出现一些失误。事实上，在我所做的每一个研究项目中，我都犯过错误，部分原因是我经常做一些不熟悉的事情。我曾经说过愚蠢的话、找错过人，还错过了一个重要的会议。错误是痛苦的，但它们是正常的。有些错误比较严重：循规蹈矩，思想封闭，在采访中专横，无法接受反馈或认真倾听，这些都是进行高质量研究的绊脚石。尽管这些挑战存在，研究人员依然可以进步。这需要大量的努力，从小事做起（可能需要专业的帮助）。研究者可以学会更好地倾听，并在思想上变得更加灵活，提高接受反馈的能力。这些都是高质量研究中至关重要且不可妥协的要素。幸运的是，大多数错误都是无关紧要的，而且有时事情就是不能如你所愿。有时，你会见某人时他恰好经历了糟糕的一天，他们的预算可能被削减了或者与伴侣发生了争执。并非所有错误都与你有关。

此外，错误通常是可以修复的。如果受访者感到恼火或抗拒，请倾听他们的烦恼。让对方知道你明白他们的意思（不要表现出戒备,也不要解释、纠正或用语言攻击对方)。把他们对你说的话重复一遍,以确保你没有误解,然后继续倾听。尊重是解决问题的关键。事实上,一些研究表明,在一段有冲突的关系中,如果能够重归于好,关系可能比以前更紧密。[1] 尽管你希望尽可能避免错误,但现实是,你可以承受一些挫折并获得良好的结果。错误的做法是,在路上遇到一个颠簸就"失控",认为"我做不了这个,我太糟糕了,我应该放弃"。对你有帮助的事情是反思你当时应该如何做,而不是怪罪自己。就像生活本身一样,犯错不可避免。但我们要从中吸取经验教训,继续我们的生活。

新人带来的礼物

学习新东西可能很困难。你不知道自己在做什么,并且感觉无法理解,格格不入。你甚至不知道你不明白什么。有时,在某个糟糕的时刻,你会对整个项目感到绝望。对于新手和缺乏经验的人来说,研究的确很有挑战性。

然而,刚入行的研究人员也会给这个领域带来许多特殊的贡献——这些贡献不容小觑。你可能会以独特的方式看待事物,你不会拘泥于既定的观念,而且有更多的时间工作。我曾经写过一篇名为《默默无闻的礼物》(The Gift of Obscurity)的文章,在其中讨论了教授随着资历的增长需要承担的专业义务。这些义务很重要,有些能让教授声名远扬,但由于一个人的时间是有限的,这也意味着资深学者可以花在收集数据、阅读、思考和写作的时间更少。如果你刚入行就参加了一个新项目,正好可以全身心投入其中;如果这是一个参与观察研究，你可以长时间逗留在现场。即使你自己的生活也有其他事情，但你能够付诸工作的时间也比更有名的学者要多。这种动力和在现场付出的时间难能可贵。而且，随着社会生活的本质展现在你面前，揭露人们生活的复杂性并披露鲜为人知的强大的结构性障碍，研究的回报可能令你难以置信。这个过程可能是变革性的。

研究表明，结交他人——"薄弱关系的力量"——可能会对研究有所帮助，但人们的社交技能和兴趣各不相同，联系那些有可能提供帮助的人的方式也各不相同。[2] 在我的职业生涯早期，我担心自己不能在我的领域取得成功。我不认识任何人。我工作起来速度很慢。但是事实证明，研究过程中能力比关系网或人脉更重要。[3] 同行盲审是关键。不知名学者的优秀作品经常被发表，而知名学者粗制滥造的文章往往会被退稿。期刊编辑会因为没有足够的高质量稿件而忧心如焚，你的投稿是在帮他们。此外，人们渴望能够读到基于参与观察和访谈的高质量作品。当人们读到一篇出色的研究时，会一传十，十传百。总之，新人总会有一席之地。你必须迈出研究的第一步，寻求反馈、倾听、修改，找到研究重点，然后重复这个过程。一些最优秀的研究是由经验尚浅的年轻学者完成的。每天我都期待着能够读到更多新的、优秀的作品——你的作品。

进行访谈和参与观察研究

研究经历是一个旅程。所有的研究项目都有一个开始——最好是从你充满希望和抱负的美好畅想开始。然后，这些梦想会直面时间、精力、金钱、兴趣和可能的现实。本书中，我带你了解了研究中需要面对的各个步骤，包括研究计划、收集和分析数据，以及写作。真正的研究焦点会随着时间的推进而逐渐明朗，你将不得不做出许多艰难的决定。在理想情况下，促使你投入研究之旅的是你对学科内现有研究的困惑以及希望对文献进行"友好的补充"。你希望能够提高人们的经验认识，并把社会生活的某些关键方面概念化。尽管你的研究可能规模不大，但是它可以成为一个跳板，解决某些悬而未决的重要问题。条理清晰的写作让你的研究成果实现其价值，不仅对同行学者有用，也对在课上或课下阅读你的作品的大学生有用。你的读者将从中了解细节和大局，从而理解为什么需要进行这项研究。

我们所有人都有过某种人生旅程，毫无疑问，你已经从这些旅程中积累了一些经验，并发展了一些技能，它们可以用在即将开始的研究之中。开始你自己的研究之旅可能是充满挑战的，甚至是令人畏惧的，但这个全新的体验将是精彩、有趣的。这次旅程不会永无止境，相反，它有开始、中间和结尾，每个阶段都有一些或艰难、或美妙的时刻。

祝愿你在研究之旅中一切顺利。

结束语

"信念"（faith）是含义是：

- 信守承诺：不忘初心；
- 即使尚未获得证据，也有坚定的信心：完全相信；
- 深信不疑，毫不动摇。[1]

在某些方面，你是凭着信念进行参与观察和访谈研究的。

在开始一个项目时，你坚信会有心地善良的人允许你进入并了解他们的生活。

在研究期间，你不厌其烦地前往研究地点，不辞辛苦地采访更多研究对象，相信自己最终能够弄清楚研究的意义。

在研究结尾，你将研究结果付诸笔墨，对其重要性抱有信心，而且相信审稿人会意识到其价值。

在发表研究时，你确信读者会发现它值得一读。

如果那些最终欣赏你的研究的人能够全程给予支持，就太好了。

但事实往往不尽如人意。

因此，你需要在研究过程中不断寻求他人的支持。

很多完成优秀研究的学者都犯过一些错误，或担心做得不好，但都跌跌撞撞地完成了。

你也一定会成功。

致　谢

　　特别感谢我在加州大学圣克鲁兹分校（University of California, Santa Cruz）读本科时遇到的各位杰出的教授，以及我获得博士学位的加州大学伯克利分校（University of California, Berkeley）社会学系的各位教授。加州大学伯克利分校的多位教授给予的指导使我受益匪浅，其中阿莉·拉塞尔·霍赫希尔德（Arlie Russell Hochschild）和迈克尔·布洛维（Michael Burawoy）对我的成长尤其重要。作为斯坦福大学的博士后，我与雪莉·布赖斯·希思（Shirley Brice Heath）、米尔布里·麦克劳克林（Milbrey McLaughlin）和李·舒尔曼（Lee Shulman）一起旁听了一门对我大有助益的民族志课程。我也将永远感谢休·"巴德"·米恩（Hugh "Bud" Mehan）、亚伦·西科雷尔（Aaron Cicourel）和已故的乔治·麦克卢尔（George McClure），当我作为一名博士后研究员在南伊利诺伊大学（Southern Illinois University）开始我的职业生涯时，他们给予了无微不至的关怀。

　　我也从与他人的合作中受益匪浅。我要特别感谢埃利奥特·魏宁格尔（Elliot Weininger），我们曾无数次倾心交谈，他给我提出精辟、一针见血的问题。我在宾夕法尼亚大学时，组织了写作小组。我们每三周会面一次，阅读我们的写作成果，这也对我非常有帮助。这些年来，写作小组的人数时有增减，感谢阿什莉·卡特赖特（Ashleigh Cartwright）、姜以琳（Yi-lin Chiang）、谢丽尔·弗格森（Sherelle Ferguson）、丽塔·哈维（Rita Harvey）、彼得·哈维（Peter Harvey）、赵惠正（Hyejeong Jo）、凯瑟琳娜·赫克特（Katharina Hecht）、布莱尔·萨基特（Blair Sackett）、多伦·希费尔－赛巴（Doron Shiffer-Sebba）和加尔文·齐默尔曼（Calvin Zimmerman）对本手稿早期版本的评论。我还要感谢泰勒·巴尔多（Tylor Baldor）、阿曼达·巴雷特·考克斯（Amanda Barrett Cox）、杰茜卡·麦克罗里·卡拉尔科（Jessica McCrory Calarco）、诺拉·格罗斯（Nora Gross）和阿里亚·哈米德·拉奥（Aliya Hamid Rao）审阅了本书的早期版本，并感谢帕特里夏·伯豪（Patricia Berhau）对我的研究做出的特殊贡献，这项研究的成果编著成了《不平等的童年》这本书。从项目伊始，凡妮莎·洛佩斯·穆尼奥斯、卡伦·汉森（Karen Hansen）和蒂莫西·布莱克（Timothy Black）就是我的积极支持者，而且在推进过程中对我提出了诸多宝贵意见。匿名审稿人以及艾米·斯坦布格勒（Amy Steinbugler）、本杰明·舍斯塔科夫斯基（Benjamin Shestakofsky）、卡罗琳·泰森（Karolyn Tyson）、埃莱娜·范·斯泰（Elena van Stee）和马里恩·斯坦德福（Marion Standefur）的反馈大大提高了本书的质量。当这本书快完成时，罗宾·莱德纳（Robin Leidner）和莱斯利·派克（Leslie Paik）亲切地同意在紧迫的时间内完成整本书的审阅。梅根·科姆斯托克（Meghan Comstock）和林赛·戈德史密斯－马基（Lindsay Goldsmith-Markey）阅读了本书的一些章节并给予我反馈。芝加哥大学出版社的伊丽莎白·布兰奇·戴森（Elizabeth Branch Dyson）耐心地等待我完成这本书，并提供了宝贵的编辑建议。全国各地的社会学家与我讨论了这本书，在我动摇时，他们的鼓励让我能够坚持下去。

致　谢

和同事组建写作小组是一项伟大的发明，而我与马娅·库基亚拉（Maia Cucchiara）和朱迪思·莱文（Judith Levine）组建的写作小组成了非凡的资源。他们一边喝茶，一边带着极大的热情一遍遍地阅读我的手稿，提出尖锐的问题，并提供了有益的批评意见。感谢乔恩·华莱士（Jon Wallace）在项目的早期阶段提供的宝贵反馈。我也对 M. 凯瑟琳娜·穆尼（M. Katherine Mooney）深表感谢，因为她不辞辛苦地编辑了本书的一些章节，事实上，她对我整个职业生涯中出版的所有书都进行了认真的编辑。以切尔西·加德纳（Chelsea Gardner）为首的一群才华横溢的本科生帮助我在图书馆查找数据，并对提交审阅的手稿进行校对，他们是凯特琳·益（Caitlin Ang）、肖恩·桑根·金（Shawn Sangeun Kim）、纳撒尼尔·雷丁（Nathaniel Redding）和埃洛姆·韦多米（Elom Vedomey）。感谢玛丽·科拉多（Mary Corrado）的精心编辑。感谢琼-埃琳·拉鲁（Joan-Erin Lareau）、安迪·希门尼斯（Andy Jimenez）、爱德华·史蒂文斯四世（Edward Stevens IV）和赫克托·托雷斯（Hector Torres）审阅了终稿。

感谢所有曾经采用访谈和参与观察法的研究人员，非常遗憾，由于篇幅限制，我无法一一致谢或列出他们的作品，但他们成就了今天的我。在费城，在我的研究观点形成过程中发挥了特殊作用的同事包括乔伊·查尔顿（Joy Charlton）、金伯莉·戈耶特（Kimberly Goyette）、戴维·卡伦（David Karen）、乔希·克卢格曼（Josh Klugman）、德米·库尔茨（Demie Kurz）、丹尼尔·劳里森（Daniel Laurison）、凯瑟琳·麦克莱兰（Katherine McClelland）、珍妮·雷米拉德（Janine Remillard）、丽莎·斯穆里安（Lisa Smulyan）、艾米·斯坦布格勒、伊丽莎·白尤西姆（Elizabeth Useem）和韦斯利·舒马尔（Wesley Shumar）。我在宾夕法尼亚大学和全国各地的同事也对这个项目提供了无价的支持，尤其是几位民族志学家：已故的查尔斯·博斯克（Charles Bosk）、戴维·格拉齐安（David Grazian）、罗宾·莱德纳和本杰明·舍斯塔科夫斯基。本书采纳了很多人的建议，我对他们表示感谢。

1994年，我与塞缪尔·弗里曼（Samuel Freeman）第一次约会时，描述了我是如何在有小孩的家庭中进行参与式观察的（研究成果编著成了《不平等的童年》），他明显被震惊了。他当时就告诉我，他永远不会允许任何人进入他的家中进行这种观察。他还直白地表示，民族志研究非常具有侵入性，他很困惑竟然有人会同意参与这种研究项目。尽管我们的世界观这么不同，但我们的婚姻一直是我人生中最美好的一件事。因为我的丈夫以及他对我的支持，这本书对我的意义更加非凡。感谢我的丈夫、我们的孩子和我们的孙子孙女，他们是我人生中的礼物。

最后，我要感谢我的研究生和本科生，我从他们身上学到了很多。通过上课和聊天，我的学生们帮助我以全新的眼光看待研究过程。我也很高兴他们允许我在本书中分享他们在民族志研究中经历的挫折。本书献给希望有朝一日完成自己研究的年轻学者。

附录：如何应对 IRB 以及如何管理 IRB 流程

IRB 之所以重要，是因为受到适当的监督是非常必要的。有些道德败坏的研究人员真的会伤害研究对象。更常见的情况是，由于研究人员没有周到地考虑所有的可能性，无意中对研究对象造成了伤害。此外，研究人员可能在信息保护方面做得不充分。例如，研究人员可能会不小心将装有资料的背包落在地铁里，或者没有对储存敏感信息的线上数据库进行适当的保护。IRB 的目的也是防止数据因保管不善而泄露，导致那些大方同意参与研究的人被认出，甚至受到伤害。如果你发生意外（例如，你在进行研究时遭遇了可怕的车祸、你被扣留或发生其他一些计划外的负面事件），IRB 的正式批文可以证明你正在进行某所大学批准的研究活动。在某些情况下，由于你正在进行一项大学批准的研究活动，你的大学可能需要承担责任。

存在的问题

IRB 尤其适合帮助医学研究人员测试有可能对研究对象造成伤害的药物。对研究社会学和行为学的人来说，这个流程更具挑战性。事实上，如何启动一项民族志研究，存在一个"先有鸡还是先有蛋"的问题。你需要确定自己能够获得进行研究的许可，再决定在哪个特定地点开展研究。你还要获得研究地点人员的许可以及 IRB 的许可。通常来说，只有你知道自己将要如何开展研究，才可能获得进行研究的许可。

使问题雪上加霜的是，你的研究问题是在特定环境中随着时间的推移而逐步形成的。然而，要想通过重重关卡（包括 IRB 提案、研究提案、拨款提案，以及各个机构中人为设置的障碍），你需要精准地说明计划做什么。这一切都会给你带来极大的压力。

应该怎样做

由于你必须有 IRB 协议存档，我的建议是对拟研究问题的性质做出一个尽量全面地评估，根据这个评估提交一个"真诚"且"足够好"的 IRB 申请（唯一的例外是，如果你是某个课程的正式学生，并且永远不会发布或公开展示研究结果）。获得 IRB 批准也符合你的最大利益，因为如果研究人员并没有完全遵守被批准的工作范畴，有 IRB 比没有要好得多。在民族志研究开始后，很难时时刻刻都完全遵守 IRB 规则。研究人员和 IRB 办公室都不希望研究人员因为要更新和修改 IRB 而每天联系。最初的申请尽量周密一些，之后如果有需要的话，再为这些（不可避免的）更改定期提交正式修正申请。如果改动很小，IRB 可能豁免申请流程。例如，在我的大学，改变面试指南问题的措辞无须提交 IRB 修正申请，但如果招募研究对象或知情同意书文案发生改变，则需要 IRB 批准。如果你决定在协议中添加一个新的研究对象类型或者添加新的信息收集方法，也是如此。这类变更通常每学期会有一次。如果一项研究的数据收集阶段持续了两年，可能会需要大约三次修正。

尽可能宽泛

当你提交 IRB 申请时，应该把研究范围设置得尽可能宽泛一些。设想你在研究中可能想做的所有事情。你还应该使用高度概括和抽象的术语（能够涵盖新形成的研究问题）来描述你的研究，而不是用过于狭隘而且可能很快过时的词汇。例如，我会以请求允许进行一种非常基本的观察开头（例如，待在某个工作场所、一起出席工作会议、一起出差、接收电子邮件副本、复制非敏感文件、午餐时加入聊天、跟随员工团体一起去喝酒消遣或外出用餐）。我还会在申请里把希望采访的人数增加一倍或两倍（为每次访谈制订的访谈指南通常需要一起提交给 IRB）。

由于研究问题会随着研究的进展而改变，我在 IRB 申请中会以非常笼统的方式陈述研究目标，"我希望了解人们生活中的转折点，例如，大学毕业生开始步入社会"，而不是"我将研究大学对劳动力市场的影响"。与此类似，许多 IRB 办公室允许提出一般性的访谈问题（"请谈谈您的工作"），并列出一系列将在访谈中使用的探询性问题（研究对象的职责、喜欢什么、厌恶什么、成就感、挫折感等）。如果你想送礼物表示感谢，应该列出一些可能的礼物并标明价值："每位受访者将收到一份价值 20 美元以下的礼物，可能是鲜花、食物、礼品卡、相框或其他一些表示感谢的物件。然而，是否送出这份礼物应该视情况而定，如果它对于一些受访者来说不合适，就不会送出。"

IRB 在批准你的申请之前，通常会要求你提供拟研究地点（例如学校、医院或企业）的书面许可文件。另外，医院、监狱、学区等一些机构有自己的IRB流程,你所属的机构通常会要求你获得他们的批准(但是,在某些情况下,上述这些机构会接受你的IRB批准,无须单独审查)。许多IRB会允许你先提交申请,之后再添加具体的研究地点的信息。你也可以在申请中写下你希望开展研究的机构的名称(IRB不会联系他们)。在此之后,你与IRB官员之间几乎总是会"打太极",因为他们会要求你修改某些部分、澄清问题和纠正错误。IRB审查可能需要很长时间,所以最好在确定项目的所有具体细节之前开始这个流程。

在你提交IRB申请之前,应该在你的机构内部寻找一个成功申请IRB的范例。为了节省你自己的时间,可以请教熟悉流程的人,(理想情况下)在提交申请前能够联系一位当地IRB的工作人员,请他检查你的申请,并询问是否可以请一位IRB官员检查你的表格(尽管他们通常会拒绝,并告诉研究人员先提交申请)。与发送电子邮件相比,打电话给IRB官员或预约电话咨询通常能够获得更多信息。请给他们打电话,或者留言请他们回电。

知情同意

在某些组织中,你也许可以安排"被动同意"的形式,即组织中的一个人同意进行研究,然后由你将这个信息传达给所有人(人们可以选择不参加)。这是理想的情况。例如,有一次我在进行课堂观察研究之前,就采用了被动同意的形式。校长通知所有家长,一项研究正在校园内进行,家长可以选择不参加。我在上课旁听时,并没有将孩子带出教室或扰乱课堂活动(我也给教师帮忙)。我需要向IRB提交寄给父母的信和校长签署的同意书。如果你没有采用被动知情同意的形式，那么作为 IRB 申请的一部分，研究中的每个研究对象类型都需要一份单独的同意书（例如，老师、校长、家长和学校秘书）。儿童需要口头同意或签署"同意书"。对于 18 岁以下的未成年人，未经父母同意或授权人的被动同意不得进行采访或干扰他们在托儿所和学校的正常活动。对于所有研究对象，得到他们的口头同意是非常有用的，而且是法律允许的。你必须向 IRB 解释为何收集书面知情同意书会阻碍你达到研究目标。此外，你可以在电子表格上设置一个单独的同意框，上传一条专业会议上录制的音频（与 IRB 沟通时播放受访者本人的声音会有强大的影响力）。一些 IRB 还坚持要求研究参与者签署允许你在书中发表他们的信息的许可（即使不使用他们的真实姓名），通常他们需要确认，有人可能会猜到书中人物的真实身份（尽管不太可能），研究参与者对这种可能性知情且同意。你应该把这些信息写进知情同意书（"我了解本研究的结果可能会发表在文章或书籍中"）。对于参与观察，研究人员需要尽最大的努力预估他们希望在研究地点观察什么（例如，"在我的观察中，我将特别关注父母和教师的互动方式、志愿服务的时刻、关于孩子学业进步的讨论，以及气氛紧张或发生冲突的时刻"）。

时间表

如果你的时间充裕，那么解决 IRB 难题会容易得多。事实上，通过 IRB 流程类似在乘飞机旅行之前通过安检。被检查的过程具有一定的侵入性，不过几乎所有旅客最终都会通过安检，开始他们的旅程。然而，如果你想简单快速地通过这些检查是很困难的，按照自己的时间安排进行也行不通。一个有用的经验法则是，预估获得

IRB 的批准需要 4 到 6 个月。在极少数情况下，某些 IRB 机构可以在 3 周内给予批准，特别是在你说明情况比较紧急的时候。通常审批流程要长得多（但大多数拨款机构允许在尚未得到 IRB 批准的情况下提交提案，在获得批准后拨款）。IRB 审查过程的时间长意味着研究人员需要在计划开始研究之前的一个学期或一年提交申请。一些机构有一条矛盾的规则：在论文提案获得批准之前，不能提交 IRB。如果是这样的话，我会寻找机会加入其他人正在进行的相关研究。你的研究提案可以作为正在进行的研究的修正。对于正在进行的研究，这并不是太难办到，对你来说，应该在职业生涯的关键时刻节省几个月的时间。之后，如果需要，你通常可以对你的申请进行修改，把自己或其他人改成主要研究人员（不过，在你提出此事之前，请务必就数据的所有权和有可能的合著计划进行清晰、直接的探讨）。[1]

如果你时间紧迫，可以从你的研究中提出一小部分，提交 IRB 申请，例如采访 18 岁以上的人（在申请中可以说，这就是全部的研究范围）。在许多机构中，通过滚雪球的方式招募非弱势成年人群体进行访谈可以"被豁免"很多手续，而且 IRB 审查相对较快。这个计划至少允许你进入研究地点并开始推进项目的某些方面。获得批准后，你可以提出申请进行额外的研究。在公共场所进行观察通常可以豁免很多手续，而且很快能够得到批准。

对于需要经过全体委员会审查的 IRB 申请，你应该知道，大多数 IRB 委员会在学年期间每月开一次会讨论这些申请。如果你的研究涉及与囚犯、儿童、患者和其他弱势群体的互动，那么是需要全体委员会审查的。通常来说，即使在阅读了 IRB 申请之后，委员会也会针对项目提出一些问题。在一些大学中，研究人员可以将修改后的申请提交给委员会主席，由他全权拍板。如果你不走运，这项申请还是需要由全体成员审批。曾经的确发生过研究项目因为无法通过 IRB 审批而流产的恐怖事件。不过，这些问题通常是可以解决的。即使 IRB 最初对项目的某些方面不予批准，例如采访儿童，在研究后期再次讨论这个问题也是可能的。例如，一种可能性是采访父母。然后，在访谈结束时，向成年人询问你是否可以在未来（不同的）研究中采访或观察孩子。由此可见，将研究的各个部分"分离"是很重要的，让父母自主选择参与 A 部分，拒绝 B 部分。

研究人员可以利用的资源之一是获得由联邦政府颁发的美国国立卫生研究院（NIH）保密资质。该资质是一项联邦授权，可保护你免受法律诉讼，并证明你的项目的保密性。接受 NIH 资助的项目通常会得到这种保护。如果你的研究涉及一些与健康相关的问题，即使并未获得任何 NIH 资助，也可以获得此资质（有些研究者为了能够符合资格，故意在他们的访谈指南或观察问题列表中添加有关健康的问题）。虽然这项保密资质是为接受 NIH 资助的研究设立的，但是涉及"行为"方面的社会科学研究也符合条件。美国国立卫生研究院发布了"如何获得保密资质"的具体说明，包括"非 NIH 资助的研究"。万一有人坚持让你把数据交给其他人，这个资质会非常有用。

IRB 人员虽然在行事上有官僚作风，但是我遇到的人里没有一个会故意阻挠科学研究。确保研究合法合规只是他们的职责所在。正如他们所指出的，意外在所难免。因此，请尽早开始申请。如果时间紧迫，可以申请一个较小的项目。你应该告知 IRB 所有你将要提供给研究参与者的信息——假设你自己、你的兄弟姐妹或孩子参与了这项研究，你会希望知道什么信息。

注 释

第一章

1. 这11个机构是医院、法院、儿童福利机构、残疾救助机构、艾滋病救助机构、公共帮扶机构、心理健康机构、学校、医疗补助、药物治疗计划和教堂。Paik，*Trapped in a Maze*.

2. Newman，*Falling from Grace*.

3. 参见Michael Burawoy在*Ethnography Unbound*一书中的"扩展案例方法"一章对民族志数据的理论贡献的有力辩护。

4. 田野调查、自然主义研究和实地调查这些术语通常与"民族志"这个词互换使用。"民族志"这一术语通常包括以访谈为补充的参与观察研究（换句话说，它包括参与观察和访谈两种工作）。为了避免混淆，我在本书中很少使用"民族志"这个词。我更多地依赖于参与观察法和访谈法这两个不同的术语。访谈法和参与观察法都是进行民族志研究的极有价值的方法。有时，使用这两种方法收集的信息类型很相似，但更多时候它们各有千秋。

5. 参见White在1979年对第三版的介绍。Strunk and White, *Elements of Style*, xvi.

6. 请参阅Denzin和Lincoln的综合编辑合集*The Sage Handbook*。此外，Flick与同事合著的*A Companion Guide to Qualitative Research*讨论了如何进行内容分析、"摄影作为一门社会科学"、对话分析、话语分析和"深层诠释学"。有关焦点小组的信息，请参阅Krueger和Casey的*Focus Groups*。融合了"美学和经验主义"的画像研究法是Sara Lawrence-Lightfoot发明的，她在*The Art and Science of Portraiture*一书中对其进行了阐述。有关Glaser和Strauss在1967年的经典声明，请参阅*The Discovery of Grounded*

Theory。迈克尔·布洛维多次详细阐述扩展案例法，但请特别关注他的1998年版 *Sociological Theory* 中的文章。另见Katz的文章"Analytic Induction"，以及Tavory和Timmermans的 *Abduction Analysis*，文中对扎根理论和扩展案例法做了对比。在 Klinenberg 的 *Heatwave* 一书中，他将访谈和文档分析等方式称作"社会解剖"。在第二章中，我简要讨论了线上调研方法，包括"线上"民族志。对于混合方法，请参阅 Small 的文章"How to Conduct a Mixed Methods Study"。

7. 有关研究机构的文献不胜枚举。请参阅Rivera, *Pedigree*; Shestakofsky, *Venture Capitalism*; Pollock, *Colormute*; Vaughan, *The Challenger Launch Decision*; and Wingfield, *Flatlining*.

8. 如果研究人员追求阐明为何研究结果很重要，以及从某个特定案例延伸到对更普遍的社会模式的分析，那么理论观点可能对他们很有用。你所在学科的手册或百科全书可以提供关键理论的摘要。例如，在我的研究领域中，由Ritzer编辑的 *The Blackwell Encyclopedia of Sociology* 囊括了关于制度理论、分层理论、女权主义理论、批判种族理论等的条目。涉及如何将理论应用于民族志研究的文献数不胜数。请参见Skeggs的文章"Feminist Ethnography"; Ladson-Billings和Tate的文章"Toward a Critical Race Theory of Education"; Tavory 和Timmermans的 *Abductive Analysis*; Snow和同事的文章"Elaborating Analytic Ethnography"; Burawoy的文章"Empiricism and Its Fallacies"; Cicourel的 *Cognitive Sociology*; 以及Ragin和Becker的 *What Is a Case?*。

9. 尽管访谈法和参与观察法截然不同，但采用它们的研究人员普遍同意这两种方法具有某种类似的逻辑，将它们与大型数据集的统计分析区分开来。然而，在进行深入访谈和参与观察的研究人员之间，对每种方法的相对优点存在激烈的争论。在Colin Jerolmack和Shamus Khan的文章"Talk Is Cheap"中，他们对访谈法发起了攻击，认为通过人们表现出的态度来理解他们的实际行为是一种糟糕的方式。其他学者强烈表示反对，例如，

Maynard写道，Jerolmack和Khan"夸大实情，没有讨论访谈法在哪些方面可能有用"，而且他们没有承认文献中存在大量与他们的主张相矛盾的证据（Maynard的文章"News from Somewhere，News from Nowhere"，第211页）。其他持不同意见的学者包括"Reassessing the Problem"的作者Cerulo、"The 'Atitudinal Fallacy' Is a Fallacy"的作者Vaisey、"Comment on Jerolmack and Khan"的作者DiMaggio以及"Methodological Pluralism"的作者Lamont和Swidler，他们拒绝"方法论派系主义"。

10. 与你的研究对象建立某种形式的互惠关系是理想的情况，也是合乎道德的。互惠关系的形式千差万别。一些研究人员专注于为研究参与者做一些小事，例如像Charles Bosk那样给饱受折磨的住院患者带去小点心，或者帮参与者一些大忙，例如Timothy Black帮助他们进入戒毒中心，并在收集数据期间付钱给他们。此外，在参与者讨论重大生活事件时认真倾听而不加以评判，对他们来说也是一种虽然小但意义重大的帮助。对那些很少有机会遇到可信赖的听众，而且听众全神贯注、不加评判地关注他们的人来说，这尤其重要。一些研究人员希望他们的研究被引入公共领域后，能够有助于改变某些"思想领袖"处理问题的方式（这就是我的目标）。其他人则积极参与机构变革或"参与式研究"，这些是他们远大的社会正义事业的一部分。在建立了长期牢固关系（而不是"打一枪换一个地方"的方法）的背景下，为变革而做出的这些努力是最有效的。正如本书的一位评论家所指出的那样，还有一些人追求发现某种"超越当代政治或道德概念"的社会模式，他们希望以此让人们认识到当前方法的局限性。这里没有足够的篇幅来全面讨论这些不同的策略。面对如此多的"研究什么"以及"如何使用研究结果"的选择，理性的人可能会在何为最佳选择上有分歧。

11. 就我自己而言，我于1976年开始在加州大学伯克利分校攻读研究生，当时我是一个来自中产阶级家庭的害羞的白人女生。我的社会地位塑造了我的调研方向和轨迹，正如所有研究人员的社会身份都不可避免地会影响调研过程的关键方面。有海量的文献从更宽泛的视角探讨这些问题，特别是地位问题，但是这超出了本书的范围，在众多作者中，可参见Milner的文章"Race, Culture, and Researcher Positionality"、Lacy 的文章"The Missing Midde Class"以及Hanson和Richards的*Harassed*。有关研究生院的隐性课程（hidden curriculum）的说明，请参见Calarco, *A Field Guide to Grad School*。另请参阅国家多学科中心（NCFD）为学生和教师提供的资源。

12. 参见Duneier探讨民族志研究的"道德模糊"本质的文章"Three Rules I Go By in My Ethnographic Research"；Black在*When a Heart Turns Rock Solid*一书中使用了"剥削"一词。另见关于女权主义的研究，包括DeVault和Gross的"Feminist Qualitative Interviewing"。

第二章

1. 一开始，她只被允许进行8周的调研，但后来通过给牧师帮忙，她获得了许可，将调研时间延长至1年。Ellis，*In This Place Called*.

2. Lareau的 *Unequal Childhoods*和Hecht的文章 "'It's the Value that We Bring'"。

3. "emic"一词用于从参与者的角度来描述分析，而"etic"则用于外部视角。在众多研究中，参见 Tracy，*Qualitative Research Methods*；Denzin and Lincoln，*Handbook*。

4. 这两种方法都关注事件对受访者的意义，但它们也有所不同。深度访谈为人们反思和分享他们对关键生活经历的理解提供了一个安静、私密的时刻。由于访谈的强度低于参与观察，因此访谈调研的样本可以更大、更多样化（从而提供更多的比较机会）。而参与观察研究的优势在于：被你所研究的社会环境接受，与研究对象建立信任并了解关键的人际关系或制度的互动。它是一种深入而丰富的调研方式，可以直接观察日常生活、人们的经历以及他们复杂的社交网络。在阐明"人们的社会行为受什么约束"这方面，参与观察是一种特别有效的方法。此外，对于使用这种方法的研究人员来说，他们通常关注的是在既定规范、惯行与特定社会背景下人们行为方面的差异。因此这些研究加深了人们对关键问题的细微差别的理解。研究参与者大多希望展示自己最好的一面，这可能影响研究结果。与其他研究方法相比，参与观察方法不容易受到这种影响，因此适合用来为社会过程描绘深刻而丰富的画像。

5. 有关美国和法国中上阶层男性道德界限的跨国访谈研究，请参见 Lamont, *Money, Morals, and Manners* 和 *The Dignity of Working Men*。Mary Waters 的 *Black Identities* 也是一项比较访谈研究。Roberto Gonzales 在 *Lives in Limbo* 中展示了非法移民青年所面临的挑战；Vallejo 的著作 *Barrios to Burbs* 突出了拉丁裔向上流动的障碍。在 *Blue-Chip Black* 中，Lacy 探讨了非裔美国人中产阶级家庭的父母选择社区的不同方式。请参见 Levine 的 *Ain't No Trust*，了解为何低收入母亲缺乏信任感。Dow 的 *Mothering while Black* 分析了非裔美国人家庭的母亲在儿童教养方面的差异；不同的移民经历请参见 Kasinitz 等人的 *Becoming New Yorkers* 和 Steinbugler 的 *Beyond Loving*，书中探索跨种族关系中的差异。一些民族志研究确实进行了比较，虽然这不常见。在众多作者中，可参见 MacLeod 的 *Ain't No Makin' It* 和 Willis 的 *Learning to Labor*，这两个研究比较了青春期的男性。有关使用民族志方法对家庭性别分工的比较研究，请参阅 Hoch 的 *Hochschild* 和 Machung 的 *The Second Shift*；关于阶级和家庭生活的比较，参见 Cooper 的 *Cut Adrift* 和 Lareau 的 *Unequal Childhoods*。有关职业家庭中性别和失业情况的民族志比较性研究，请参见 Rao, *Crunch Time*。

6. 许多使用定性方法的经验丰富的研究人员明白，调研期间发生变化是很可能的，并非偶然事件。当项目改变方向时，论文答辩委员会和其他人也会灵活应对。不过，每次的情况都是不同的。你在提交 IRB 申请（如下所述）时应该清晰地描述目标，但细节方面可以适当含糊，这样的话如果细节上发生任何变动也无须向 IRB 提交修改案。在决定做什么研究之前，请向你信任的同行或教授寻求指导（注意保密）。这方面书籍中的方法论附录通常会概括研究初始时的障碍，另见Contreras 的文章 "The Broken Ethnography"。

7. Contreras，*The Stickup Kids*.

8. 请参见 Handley 的文章 "The Unbearable Daintiness of Women"。

9. Leidner，*Fast Food, Fast Talk*.

10. Luker，*Salsa Dancing*（另见第八章和第九章）。

11. Becker，*Evidence*，第173页。

12. Ferguson的文章 "Ask Not What Your Mentor Can Do for You...."; Frye的文章 "Bright Futures in Malawi's New Dawn"; Horvat and Antonio 的文章 "Hey, Those Shoes Are Out of Uniform"; Tyson的文章 "Notes from the Back of the Room"; Hansen, *Not-So-Nuclear Families*; Sherman, *Uneasy Street*。

13. 很多作品讨论了比较法的优势。在众多作者中，参见Bartlett和Vavrus, *Rethinking Case Study Research*。

14. 参见Rao的*Crunch Time*对失业的专业人士的研究，她采访了他们的配偶，并在几个月后跟进采访；Chiang 的著作 *The Study Gods* 对一群学生进行了为期一学年的观察，之后在7年多的时间里对她观察过的28名学生进行了（多次）采访。

15. Lareau 的文章 "Schools，Housing，and the Reproduction of Inequality"; Weininger 的文章 "School Choice in an Urban Setting"; Lareau等的文章 "Structural Constraints and the School Choice Strategies of Black American Middle-Class Parents"。

16. 与Steinbugler的私下交流，也请参见Krause的文章 "Western Hegemony in the Social Sciences"。

17. Duneier的文章 "Three Rules"。

18. 参见Stack, *All Our Kin*; Gans, *Urban Villagers*; and Liebow, *Tally's Corner*。

19. 参见Lupton 的文章 "Doing Fieldwork in a Pandemic"; Kozinets, *Netnography*; Ahlin 和Li的文章 "From Field Sites to Field Events"; Pink和Mackley 的文章

"Reenactment Methodologies"; Barker 的文章 "Electronic Support Groups"; Daniels 等的文章 "STEER"; Klausen 的文章 "Tweeting the Jihad"; Laurier 的文章 "YouTube"; Stuart 的文章 "Code" 和 *Ballad of the Bullet*。

20. Urbanik和Roks的文章 "GangstaLife"。
21. Urbanik和Roks的文章 "GangstaLife"。
22. 参见 Salmons，*Qualitative Online Interviewing*。
23. Deakin和Wakefield的文章 "Skype Interviewing"。另请参见Denscombe, *The Good Research Guide* 和Gray等人的文章 "Expanding Qualitative Research"。
24. Merton 的名言，"局内人和局外人"。在众多作者中，参见Zinn的文章 "Field Research"; Small的文章 "De-exoticizing Ghetto Poverty"; Denzin和Lincoln, *The Sage Handbook*; Thapar-Björkert和Henry 的文章 "Reassessing the Research Relationship"; Duneier和Back 的文章 "Voices from the Sidewalk"。
25. Peshkin 的文章 "In Search of Subjectivity."关于主观性和地位的文献不胜枚举。Denzin和Lincoln在*The Sage Handbook*中整理了这些文献的概述。
26. Rios，*Punished*，第15页。
27. 举个例子，如果里奥斯想采访这个社区的警察，那么他在这个社区成长的经历在与警察建立信任时可能不会像与社区居民建立信任那样有效。
28. Lamont, *Money, Morals, and Manners*和*The Dignity of Working Men*。
29. 在 Weber 的经典表述中，目标是"深入理解"（verstehen）。参见 Weber, *The Theory of Social and Economic Organization*。在Small 的一篇关于"去外部性"的深刻文章中，他将 Weber 的概念翻译为"同理心"（empathy）。参见 Duneier 的文章 "Three Rules I Go By in My Ethnographic Research"。这三个规则是：第一，不要假设你与你所写的人之间有信任（也不将它作为成功的民族志研究的先决条件）；第二，承诺自己会处变不惊，并始终意识到你的社会地位"可能会让你对值得深挖的现象视而不见"；第三，咨询你的研究对象以及曾经与你的研究对象处境类似的人。另见Zinn的文章"Field Research",以及Denzin和Lincoln, *The Sage Handbook*。

30. Duneier 的文章"Three Rules"。

31. 在项目进行期间,研究人员是否告知被研究者这个过程的内容(和时间)是个人化的决定。有些人会进行随访;有些人不会(关于询问反馈,请参见 Hubbard 等人, *Reform as Learning*; Duneier, *Sidewalk*和 Bloor 的文章"Notes on Member Validation")。一般来说,你正在研究的人不想也不需要知道你的研究问题是如何"一步一步"演变的。不过,如何安排这个过程是高度个人化的决定,取决于你向研究对象承诺了什么以及你认为什么是正确的做法。

32. 例如,Andrew Deener在*The Problem with Feeding Cities* 中对他的研究历程进行了非常清晰的描述。另见 Lareau, *Home Advantage*。

33. 许多学者都对这个问题进行了讨论,其中,Tavory 和Timmerman 把常用的方法归纳总结,他们称之为"溯因法"(abductive approach)。Tavory和Timmerman, *Abductive Analysis*。

34. Katz的文章"A Theory of Qualitative Methodology";另见Burawoy的1998年的文章"The Extended Case Method"。

35. 例如,许多城市民族志学家已经注意到低收入社区特别注重"以礼待人"。在众多作者中,参见 Anderson,*Code of the Street*。作者Maia Cucchiara 在 *Marketing Schools, Marketing Cities*一书中表示,她发现的模式与 Posey-Maddox 在 *When Middle-Class Parents Choose Urban Schools* 中展示的模式类似。在这两个案例中,中产阶级家庭的父母接管并改造了一所城市学校,这种做法将低收入家长边缘化。当然,特定历史时期和研究人员的社会地位(包括他们的阶级、种族和学术培训)也可能会影响他们"看待"和解释环境的方式。另请参见Gaztambide-Fernández, *The Best of the Best* 和 Khan, *Privilege* 中展示的类似结果。此外,尽管在《不平等的童年》一书的调研过程中,每个被观察的家庭都有自己比较喜欢的研究人员，但总体上说，整个研究团队的实地记录在内容上并无太大差别。

36. Duneier的电影 *Sidewalk*。

37. Lincoln and Guba, *Naturalistic Inquiry*.

38. Pzreworski和Salomon的文章 "On the Art of Writing Proposals"。其他资助机构也将此指南用于指导申请研究提案。另请参阅期刊文章的同行评审标准。

第三章

1. 疾病控制和预防中心的报告"塔斯基吉梅毒实验"（Syphilis Study at Tuskegee）。

2. Reyes的文章 "Three Models of Transparency in Ethnographic Modeling"; Jerolmack 和Murphy的文章 "The Ethical Dilemmas and Social Scientific Trade-Offs of Masking in Ethnography"; Contreras 的文章 "Transparency and Unmasking."

3. 与印第安纳大学的 Jessica McCrory Calarco的私下交流。

4. Granovetter 的文章 "The Strength of Weak Ties."

5. Muñoz 的文章 "'Everybody Has to Think.'"

6. Ellis，*In This Place Called Prison*.

7. 涉及主观性和地位的文献数不胜数，包括 Peshkin 的文章 "In Search of Subjectivity"，以及 Denzin 和 Lincoln, *The Sage Handbook*。

8. McCambridge 等人的文章，"Systematic Review of the Hawthorne Effect"。

9. Bourdieu, *Distinction*.

10. Black 在 *When a Heart Turns Rock Solid* 中写道，有一次在朋友们出去喝酒之前，朋友"递给他一件衬衫和古龙水"，因为他们不喜欢他的着装。

11. Reich 和 Bearman, *Working for Respect* 的方法附录。

12. 参见 Nordstrom 和 Robben, *Fieldwork under Fire*; Hanson 和 Richards, *Harassed*; Clancy 的文章 "I Had No Power to Say That's Not Okay"；以及

Johnson 的文章 "The Self at Stake"。

13. Contreras的文章 "Transparency and Unmasking" 和 "The Broken Ethnography"。

14. 在我们家访时，一位阿姨（正在与药物滥用作斗争）确实从研究助理的钱包里偷了20美元，这让研究助理很生气，也让这家人非常尴尬；但在顶尖大学的图书馆里，背包也经常被偷。

15. Lacy 的文章 "The Missing Middle Class"。

16. 在众多作者中，参见 Huang 的文章 "Vulnerable Observers"；Hanson 和 Richards 的文章 "Harassed"。

17. 与 Shamus Khan 的私下交流；另见 Hildalgo 和 Khan 的文章 "Blind-sight Ethnography"。

第四章

1. 请参阅女权主义者对采访的批评，这些批评揭示了采访中的等级和权力。例如，正如 DeVault 和 Gross 所写，把访谈当成聊天"忽视了实证研究中涉及的权力动态：研究者和被研究者之间存在等级森严的、通常是紧张的关系，解释和陈述中的政治倾向，以及基于科学提出主张的社会后果。加上对女权主义的政治承诺，人们开始了解女权主义访谈研究。"DeVault 和 Gross 的文章 "Feminist Qualitative Interviewing"，第235页。

2. 在众多作者中，参见Dunbar 等人的文章 "Race, Subjectivity, and the Interview Process"；DeVault 和 McCoy 的文章 "Institutional Ethnography"。

3. 关于访谈和民族志研究方面的作品数不胜数。不完整的清单包括：Weiss, *Learning from Strangers*；Gerson 和 Damaske, *The Science and Art of Interviewing*；Emerson 等人，*Writing Ethnographic Fieldnotes*；Nippert-Eng, *Watching Closely*；Hammersley和Atkinson, *Ethnography*。

4. Simmel 的文章 "The Stranger"，第404页。

5. Hunt 的文章 "Police Account of Normal Force"；Sierra-Arévalo 的文章 "American Policing and the Danger Imperative"。

6. 安排对家庭的观察是很不容易的。在那之前进行采访是获得进入家庭进行观察的机会的一种方法。参见Lareau和Rao的文章 "Intensive Family Observations"。

7. 参见第二章有关远程数据收集的讨论。

8. 最糟糕的是，他在访谈之前做了散瞳，所以一直戴着巨大的深色太阳镜，我看不见他的脸。当他谈到他的家人时，我无法观察到重要的面部表情和情感反应。

9. Sackett 的文章 "Ghosting"。

10. 如果IRB认为你的研究可以被豁免，你可能不需要同意书，或者机构中有人能代表其他人签署同意书。然而，即使这样，你也最好再次口头告知受访者，确认他们知道自己正在被研究。

11. 天普大学（Temple University）的 Keith McIntosh 提出了这个想法，我在此对他表示感谢。

12. Lareau 的文章 "My Wife Can Tell Me Who I Know"。

13. 请参阅第一章、第二章和第八章，其中探讨了如何制定研究问题以及涉及许多关于定性研究的书籍。这项研究源于我们对 Pierre Bourdieu 的作品的兴趣，特别是"文化资本"的概念，以及向上流动对文化品位的影响。Curl、Lareau 和 Wu 的文章 "Cultural Conflict"。

14. Ferguson 的文章 "Getting on the Inside Track"。

15. Ferguson and Lareau 的文章 "Upwardly Mobile"。

16. 在众多作者中，参见 The General Social Survey, Panel Study of Income Dynamics, and Early Childhood Education Study。国家意见研究中心（NORC）和国家教育统计中心是两个较著名的调查资源库。

17. 在 Making Ends Meet 中，Edin 和 Lein 透露，一旦低收入妇女确信采访者不是来审查她们或剥夺政府福利的，她们就会很健谈。我在自己的研究中也发现了类似的情况。

18. 我认为"你的首付是多少"这个问题过于直接了，相比之下，问首付的百分比会让这个问题不那么唐突。

19. Tourangeau 和 Smith 的文章 "Asking Sensitive Questions"; Krumpal 的文章 "Determinants of Social Desirability Bias"; Gerbert 和 colleagues 的文章 "When Asked, Patients Tell"; Perlis 和 colleagues 的文章 "Audio-Computerized Self-Interviewing Versus Face-to-Face Interviewing"; Phillips 和 colleagues 的文章 "A Systematic Review"。其他人在招募研究人员时使用"筛选调查",他们在那时会问一些敏感问题。我担心筛选调查会对招募受访者有影响,因为受访者需要做更多的工作,但一些研究人员发现这种方式非常有帮助。

20. https://otranscranbe.com/.

21. Levine 的文章 "Landing a Job"。

第五章

1. 要让一个冗长而深入的访谈感觉像双方在礼貌地或者友好地交流信息是很难的,这需要练习和技巧。你可能会发现参考电视新闻节目很有帮助,一位主持人在四五位新闻评论员之间进行协调;或者你可以看脱口秀节目,参考主持人如何采访各种各样的人。收听广播采访节目,如Fresh Air(由国家公共广播电台发行),也可能有用。

2. 与Shamus Khan的私人交流。

3. 我的研究重点是观察来自不同阶层和种族背景的父母如何抚养孩子。我特别感兴趣的是儿童休闲活动的差异,父母和孩子在家庭中如何运用语言,以及父母干预孩子在学校、诊所和医生办公室等机构中的经历。

4. 作为首席研究员,我对研究助理进行了为期一个月的培训,但这位博一学生在读本科和研究生时没有学过任何研究方法的课程。按理说,我应该给她提供更多的培训,或者更经常地对她进行当面指导。如果能重新来过,我会雇用至少已经完成一学期定性方法课程的学生;在完成访谈后24小时内将所有访谈转写下来(前提是项目有足够的资金);在项目的早期阶段，每周花1小时仔细回顾每个新手助理的每一次访谈，直到我们双方都满意助理的基本访谈技巧。

5. 她的丈夫是泰雷克和他七年级的姐姐阿尼莎（Anisha）的父亲。泰勒女士还有一个已经辍学的大儿子Malcolm，他的父亲另有其人。

6. 正如我在*Unequal Childhoods*中所解释的那样，中产阶级家庭的父母将他们的孩子视为一个项目，他们通过"协同培养"来发展孩子的天赋和技能，而包括泰勒女士在内的工人阶级家庭的父母也会尽可能地利用资源来照顾他们的孩子，但随后认为孩子会自发地茁壮成长。泰勒女士认为打橄榄球是泰雷克喜欢的事情，她为此付出了很多时间，但打橄榄球不能帮助他学会有价值的生活技能。See Lareau, *Unequal Childhoods*.

7. Howie Becker, 2021, http://www.howardsbecker.com/articles/improv.html.

第六章

1. 关于对一个群体的民族志研究，在众多作者中，参见Gans, *Urban Villagers*; Liebow, *Tally's Corner*; Contreras, *Stickup Kids*; Ho, *Liquidated*; Black, *When a Heart Turns Rock Solid*; and Stack, *All Our Kin*。Viscelli的*The Big Rig* 是对卡车司机进行的民族志研究；Hoang的*Dealing in Desire*是对越南的夜总会和金融交易的研究；还有许多关于学校的民族志研究，包括Cucchiara, *Marketing Cities, Marketing Schools*；Chiang, *The Study Gods*。基于观察和访谈调研的书籍很多，在众多作者中，参见 Clair, *Privilege and Punishment*；Pattillo 的作品 *Black Picket Fences*和*Black on the Block*，讲述了黑人社区和社区生活的异质性；Ferguson的书*Bad Boys*是关于公立学校在塑造黑人男子气概方面的作用。除此之外他还有许多著作。Jennifer Hunt在文章"Police Accounts of Normal Force"中展示了尽管警方制订了培训方案，向新警官展示如何避免滥用暴力，但是工作场所的文化还是会鼓励警察过度使用暴力。另见 Sierra-Arévalo 的文章 "American Policing and the Danger Imperative."

2. 大多数有关方法论的书籍都会讨论编码，Emerson 等人的 *Writing Ethnographic Fieldnotes* 对"开放"式和"集中"式编码的讨论非常有用。

3. 关于这个主题有大量的文献。在众多作者中，参见 Katz, "On Becoming an Ethnographer"; Hoang, "Dealing in Desire"; Lofland et al., "Analyzing Social Settings"; Denzin 和 Lincoln, *Handbook*。

4. Muñoz, "Everybody Has to Think."

5. 参见拉鲁和 Rao 的文章 "Intensive Family Observations"。

6. 带篮球去家访确实会改变我们之间的互动，出于这个原因，我本不考虑这么做，但我给自己找的理由是，孩子们只会偶尔获得一个篮球，我不会每次都给他们带。我还买了一些水枪，因为这是孩子们喜欢的玩具。我带去的物品都是他们常玩的游戏里用得到的。

7. Harvey 和拉鲁的文章 "Studying Children Using Ethnography"。

8. Ellis, *In This Place Called Prison*.

9. 关于在观察研究中研究人员与研究对象之间发展的各种关系有大量的文献，许多人建立了深厚、长期的关系。然而，在某些情况下，当研究对象读到研究结果时，这种关系可能会被破坏。就我而言，一些家庭对这项研究很满意，我一直与他们保持联系，但有些人觉得受到伤害和愤怒，并切断了与我的联系。我在 *Unequal Childhoods* 第二版的附录中用较长篇幅对这个问题进行了讨论。

10. 有人告诉过我这件事，但我从来没有调查过。也许有一个办法能绕过大学的规定，但考虑到我的研究目标，这没有意义。

11. Sackett 的文章 "The Instability of Stable Poverty"。

12. 拉鲁和 Rao 的文章 "Intensive Family Observations" 对这个问题进行了更深入的讨论。

13. Peshkin 的文章 "In Search of Subjectivity"。

14. Malinowski, *A Diary in the Strict Sense of the Term*. Lansdown 撰写了一篇关于 Malinowski 这本书的评论文章，文中指出，"该书最有问题的地

方是他的麻木不仁，他的下流行为似乎占了上风，他个人的感觉比其他任何东西都重要，而且他几乎完全没有同情心。"参见 Lansdown 的文章 "Crucible or Centrifuge?" 好奇心是民族志研究的一个关键方面，Malinowski 缺乏好奇心令读者感到震惊。

15. 研究表明，教育工作者总是试图让父母相信与孩子讲道理（而不是打击他们）是有用的，但一些父母，尤其是低收入父母，可能不同意这个观念。在众多作者中，参见Cucchiara的文章"'Sometimes You Have to Pop Them'"，以及 Lareau, *Unequal Childhoods*。

16. Heath的文章 "The Madness(es) of Reading and Writing Ethnography"; Duneier的文章 "Three Rules"，第100页。

17. Katz 的文章 "Analytic Induction"。

18. 与Muñoz的私人交流，以及他的文章 "Everyone Has to Think"。

19. 有关研究人员在该领域中的角色的讨论，见 Lofland 等人，*Analyzing Social Settings*; Denzin 和 Lincoln, *The Sage Handbook*; Hanson 和 Richards, *Harassed*; 以及无数的方法附录，包括拉鲁和 Shultz, *Journeys through Ethnography*。另见一些期刊，例如 *Ethnography*, *Qualitative Sociology*和 *Journal of Contemporary Ethnography*。

20. Whyte, *Street Corner Society*.

21. See Erickson 的文章 "Taught Cognitive Learning"。

22. 拉鲁和 Rao 的文章 "Intensive Family Observations"。

23. 拉鲁和 Rao 的文章 "Intensive Family Observations"。

第七章

1. Harvey 的文章 "Make Sure You Look Someone in the Eye"。

2. Anderson, *A Place on the Corner*，第196页。

3. 我和研究助理在家访时公开携带了录音机，并得到允许可以使用。本文摘自 Lareau, *Unequal Child hoods* 第2版，第96页。眼睁睁看着这一幕对研究助理来说是痛苦的。关于不对孩子进行干预，见 *Unequal Childhoods*，第358-359页。

4. Black, *When a Heart Turns Rock Solid*，第110和112页。

5. Mears, *Pricing Beauty*，第108页。

6. Robin Leidner, *Fast Food*，第71页。

7. Ferguson 的文章 "Getting on the Inside Track"。

8. Harvey 和拉鲁的文章 "Studying Children Using Ethnography"。

9. http://www.psychpage.com/learning/library/assess/feelings.html.

10. 在这个研究中，我在两所公立学校的不同教室进行了数月的观察。然后，我们招募了88个家庭进行访谈，我本人完成了大约一半的访谈。我一个人不可能完成所有的研究工作，所以我组织了一个种族多样化的研究助理团队。首先，他们帮我完成了访谈。然后，我们找出访谈中显现出的关键主题，按照主题分类选出具有代表性的家庭。此后，我（通过邮件或亲自）联系这些家庭，提出进入他们的家庭进行观察的想法。如果他们同意，我会开始为期大约3周的观察，通常每天都去家访。他们会（在研究结束后）得到500美元的现金报酬。我询问了19个家庭，最终有12个家庭同意了——不同阶级的家庭（中产阶级家庭、工人阶级家庭和贫困家庭）和不同种族的家庭（白人家庭和非裔美国人家庭）数量相当。考虑到这个研究具有侵入性，我认为这是一个合理的回应率。我在所有的家庭进行了实地调查，同时是两个家庭的首席研究员。参见 Elliott 等人的文章 "Marking Time in Ethnography"。

11. 拉鲁和 Rao 的文章 "Intensive Family Observations"。

12. 在研究的收尾阶段，当我们完成两个家庭的数据收集后，Patricia Berhau（一个白人女性，她是一名博士生，曾担任项目经理）在我出国的3周里与研究助理一起接管了与这些家庭每晚通电话的工作。不过，她从来没有对这些家庭进行家访。

第八章

1. Srivastava 和 Hopwood 的文章 "A Practical Iterative Framework"。
2. 当然，其他人在如何进行数据分析这方面有自己的建议。在众多作者中，参见 Tavory 和 Timmermans的*Abductive Analysis*；Timmermans 和 Tavory 的*Surprise!*；Miles 等人的*Qualitative Data Analysis*；以及Luker的*Salsa Dancing*，还有手册、教科书和涉及特定题材的书籍，如基础理论或机构民族志。
3. 参见 Snow 和同事的文章 "Elaborating Analytic Ethnography"，其中讨论了你可能正在跃跃欲试的几个理论研究方向，例如发现理论、扩展理论和重建理论。Lofland 的文章 "Analytic Ethnography"；Abramson 和 Gong的 *Beyond the Case*；以及Luker的*Salsa Dancing*。
4. Burawoy, "Empiricism and Its Fallacies"，第51和52页。
5. 构建研究框架的过程是一项特别需要深思熟虑的工作，参见 Luker, *Salsa Dancing*。
6. 参见 Grazian 的文章 "Thank God It's Monday"。
7. Becker, *Writing for Social Scientists*.
8. Anderson, *Code of the Street*.
9. 参见 Leona Helmsley 的案例，她于2007年去世，她的狗得到了一笔1200万美元的信托基金，而且这只狗被卷入遗嘱法律纠纷。Jeffrey Toobin, "Rich Bitch."
10. Fresh Air Interview 的文章 "To Make The Godfather His Way"。
11. 这个项目面临一个重大的伦理问题。移民是一个弱势群体。由于这是一个本科生项目，而且他也从来没有计划发表，所以不需要IRB的许可。然而，鉴于研究对象处于弱势，对他（一个为了课程项目而进行调研，而且没有经验的学生）来说，这些笔录可能会导致他被法院传唤或者对他观察的移民造成伤害。我在得知具体情况后与他开了一个会，表达了我的担忧，他同意把重点放在合法移民的经历上。

12. 参见 Hofferth 的文章 "Response Bias"。
13. Dow, *Mothering while Black*.
14. 这篇文章进行了大量修改，之后得以发表。Lareau 等人的文章 "Parental Challenges"。
15. 这一声明是某大学出版社负责接受或拒绝书稿的编辑做出的，这位编辑发现，当作者得知书稿还需要进一步修改时，可能会情绪低落。
16. 参见 Luker, *Salsa Dancing*，第19页。
17. 参见 Timmermans 和 Tavory的*Surprise!*，其中对编码进行了深度分析。
18. Hirsch 和 Khan, *Sexual Citizens*，第287页。
19. Miles 等, *Qualitative Data Analysis*。
20. 在众多作者中，参见 Erickson 的文章 "Taught Cognitive Learning", 以及 Emerson 等人, *Writing Ethnographic Fieldnotes*。其他人采用了不同的方法。Jessica Calarco 提供了她自己的"灵活编码"方法，这是受到 Deterding 和 Waters 的一篇文章 "Flexible Coding of In-Depth Interviews" 启发而开发的方法。
21. 请参见 Emerson 等人, *Writing Ethnographic Field Notes*，第186–194页。他们注意到编辑并不简单。"编辑不是一项简单快捷的工作。一方面，缩短和编辑后的文字意思更清晰，有助于整个民族志研究故事的流畅性，太长的节选会让读者陷入无关的细节中。另一方面，在编辑过程中，你总会失去一些原始实地记录中的生动细节和复杂性"。
22. Lareau, *Unequal Childhoods*，第171页。
23. 并不是所有经过编辑的引文都会出现在正文里。有时我只是简单地把关键词移入正文，用引号标识，然后删除引用的句子。这样更有效。如果你的引文中有生动的词汇，可以保留整句话，它有助于增添文字的"色彩"和流畅性。

第九章

1. Kidder and Todd, *Good Prose*, 第18页。
2. 当然，记者往往是优秀的作家。此外，非常详细的新闻报道（如长篇文章或广播报道）与深入采访和参与者观察研究之间会有重叠。然而，社会科学研究遵循的方法步骤总体来说不同于新闻业，区别包括：由IRB进行审查，更长时间和更广泛的数据收集，对相关社会过程进行系统性比较和分析，以及对学科思想体系的理论贡献。相比之下，新闻报道往往在短期内完成，分析更浮于表面，更多地关注个案，在短期内具有新闻价值，而不是旨在促进对社会机制的长远抽象理解。许多新闻工作者做的报道主题与社会科学研究人员的研究主题类似，在众多作者中，参见Jason DeParle的书 *American Dream* 和 *A Good Provider*。但是，这些工作没有经过IRB的审查，没有使用透明的调研方法，也没有像典型的社会科学研究那样提供系统性的比较。它们的目标也不包括改进我们的抽象模型（abstract model）。
3. 参见 Lamont, *Bird by Bird*; 或 Elbow, *Writing without Teachers*。
4. 请参见韦伯斯特词典对"iterative"的定义：http://www.merriam-webster.com/Dictionary/iterative。
5. Anyon的文章"Social Class and School Knowledge"使用了来自观察的数据，显示了5所小学在课程设置方面的社会阶层差异。
6. Belcher, *Writing Your Journal Article*.
7. Becker, *Writing for Social Scientists*, 第53页。Becker用很长的篇幅详细引述了一个"模范绪论"。
8. Becker 的书 *Writing for Social Scientists*, 第50页引用了Hughes的话。
9. Mantz 的文章"The Best Crime Tours of Chicago"；和芝加哥建筑中心的文章"Get Your Guide"。
10. Luker, *Salsa Dancing*.

11. 正如 Benjamin Shestakofsky 向我指出的那样，文献综述的论点与研究结果的结构相对应。但是，你提出其他文章是来支持你的主张，而不是展示引文作为证据。在简要描述这些文章之后，你要给出一个解释。

12. Rawls, *Lectures on the History of Political Philosophy*. Rawls 在评论 Alfred Sedgwick 时引用了 John Stuart Mills 的话："一个学说应该以其最佳的形式被评判，否则根本不应该被评判。"

13. Ferrell, *Billionaire Wilderness*. 回应率是18%，但他也没有经常向受访者询问他们的净资产规模。

14. Czajka and Beyler 的文章 "Declining Response Rates"。

15. Lareau, *Unequal Childhoods*，第31页。参见Blair-Loy, *Competing*，书中有一个表格重点强调了他的论题。

16. Barshay的文章 "Evidence Increases for Reading on Paper"。

17. 参见 Jessica Calarco 的博客文章 "Revise and Resubmit"，http://www.jessicacalarco.com/tips-tricks/2021/1/2/revise-and-resubmit。

18. 然而，其他人强烈认为，文中应包括较长的引文，以充分表达参与者和他们所属机构的声音。但是，由于作者（而不是参与者）是为读者选择这些引文的人，作者无法回避研究者的角色。此外，如果引文篇幅较长，读者可能很难理解其要点（因为一段长引文中往往有很多要点），读者可能会不解其意或偏离作者的目的。

19. Lareau 和 Horvat 的文章 "Moments of Social Inclusion and Exclusion"。

20. Lareau 的文章 "Cultural Knowledge and Social Inequality"。

21. 这篇文章对事件作了较长的叙述。Lareau，"Cultural Knowledge and Social Inequality."

22. Peshkin, "In Search of Subjectivity" 第17页。

23. 正如 Margery Wolf所写的那样，一些"批评家质疑民族志学者是否能够描述不同于自己的另一种文化体验，还有一些人质疑试图这样做是否道德，他们认为这一过程本身是一种殖民主义做法。" *A Thrice-Told Tale*,

第5页。

24. Levine, *Ain't No Trust*.

25. Lieberman 的文章 "Why You Procrastinate"。

26. Luker, *Salsa Dancing*，第22页。

27. 我非常感谢 Sarah Quinn 让我注意到 Ann Patchett 的文章 "The Getaway Car" 中的这句话。

28. 例如，一些大学支持写作小组。参见NCFDD。关于写作的博客也很多，包括http://getalifephd.blogspot.com/。

29. 作家们喜欢写关于写作的文章，所以大量文献都涉及这个主题。Zerubavel 的 *Clockwork Muse* 的主题是异常严格的写作时间表。另见Valian 的文章 "Learning to Work"。

30. Korkki 的文章 "To Stay on Schedule, Take a Break"。

31. 参见 Becker, *Writing for Social Scientists*。他给出了一个类比，这就像走进鸡尾酒会一样，在这个房间里，许多人在扎堆谈论着不同领域的话题。你想加入哪一个谈话？

32. 一位读者指出，这种焦虑是有道理的，因为民族志学家从评论者那里得到的反馈可能是，他们欣赏这些数据和数据，但"认为研究框架行不通"。

33. 参见Joan Didion在丈夫突然去世后写就的感人回忆录 *The Year of Magical Thinking*。

34. 参见从未做过民族志研究的Steven Lubet对无数学者的攻击，*Interrogating Ethnography*.

35. 参见 Zerubavel, *Clockwork Muse*；Valian的文章，"Learning to Work"。

36. 当你有很多数据和一个论点，但你需要厘清你的主要观点时，找一位编辑会特别有帮助。由于我有重复自己的话（以及在一个段落中改变时态）这个坏习惯，我的所有主要作品（包括本书的特定章节）都与专业编辑合作过。在我职业生涯的大部分时间里，都是用我个人的资金来支付编辑报酬的。如果你想找一位编辑，书籍的致谢部分是一个好的地方，因为作者总是会在致谢部分对编辑表示感谢。试试四处打听，也能发现其他请编辑的人（包括许多国际学者）。最好在决定用一位编辑之前请他试编辑一段文字。你应该对合作的编辑有信心，并确认这个人的付出提升了你的文章。否则请另找一位编辑。

第十章

1. 尽管研究关系中的细节有所不同，但是承认原则和"修复"原则提供了有价值的洞察。Benson, "Repair Is the Secret Weapon."
2. McPherson 等人的文章 "Birds of a Feather"。
3. 这并不是说出身特权阶层的人没有任何优势。关于大学生活中的"隐性课程"，请参见 Calarco，*Field Guide for Grad School*。关键是人们可以带来新的洞察。仅举一个例子，Matt Desmond 一家在他年幼的时候失去了房子。作为一名年轻的学者，他在 *Evicted* 中给这个未被充分研究的社会生活领域带来了新的洞察。在他之后，其他学者也在这个领域进行了大量研究。

结束语

1. 参见韦氏大字典中"信仰"的定义，https://www.merriam-webster.com/dictionary/faith。

附录

1. 一些大学不允许学生作为一项研究的主要研究者，只有教授才能承担这个角色。不过，学生们通常会填写所有的文件，然后由教授审阅。此外，许多院系要求，在提交IRB申请前应先获得系主任或主管的批准。重要的是，提醒他们下周你将提交一个申请。如果系主任或主管不在本市，你应该询问是否有人可以在此期间代签。有的学生因为等待系里的签字而导致项目被推迟了两周之久，事先安排可以避免或缩短这种延迟。

参考文献

Abramson, Corey M., and Neil Gong, eds. *Beyond the Case: The Logics and Practices of Comparative Ethnography*. New York: Oxford University Press, 2020.

Abrego, Leisy J. *Sacrificing Families: Navigating Laws, Labor, and Love across Borders*. Palo Alto: Stanford University Press, 2014.

Ahlin, Tanja, and Fangfang Li. "From Field Sites to Field Events: Creating the Field with Information and Communication Technologies (ICTs)." *Medicine, Anthropology and Theory* 6, no. 2 (2019): 1–24.

Anderson, Elijah. *A Place on the Corner*. Chicago: University of Chicago Press, 2003.

Anyon, Jean. "Social Class and School Knowledge." *Curriculum Inquiry* 11, no. 1 (1981): 3–42.

Barker, Kristin K. "Electronic Support Groups, Patient-Consumers, and Medicalization: The Case of Contested Illness." *Journal of Health and Social Behavior* 49, no. 1 (2008): 20–36.

Barnes, Riché J. Daniel. *Raising the Race: Black Career Women Redefine Marriage, Motherhood, and Community*. New Brunswick: Rutgers University Press, 2015. Barshay, Jill. "Evidence Increases for Reading on Paper Instead of Screens." *Hechinger Report*, August 12, 2019. https://hechingerreport.org/evidence-increases-for-reading-on-paper-instead-of-screens/.

Bartlett, Lesley, and Frances Vavrus. *Rethinking Case Study Research: A Comparative Approach*. London: Taylor & Francis, 2016.

Becker, Howard S. *Evidence*. Chicago: University of Chicago Press, 2017.

Becker, Howard S. *Writing for Social Scientists: How to Start and Finish Your Thesis, Book, or Article*. 3rd ed. Chicago: University of Chicago Press, 2020.

Belcher, Wendy Laura. *Writing Your Journal Article in Twelve Weeks: A Guide to Academic Publishing Success*. Chicago: University of Chicago Press, 2019.

Benson, Kyle. 2017. "Repair Is the Secret Weapon of Emotionally Connected Couples." *Gottman Institute*, February 23, 2017. https://www.gottman.com/blog/repair-secret-weapon-emotionally-connected-couples/.

Black, Timothy. *When a Heart Turns Rock Solid: The Lives of Three Puerto Rican Brothers On and Off the Streets*. New York: Pantheon, 2009.

Black, Timothy, and Sky Keyes. *It's a Setup: Fathering from the Social and Economic Margins*. New York: Oxford University Press, 2020.

Blair-Loy, Mary. *Competing Devotions: Career and Family among Women Executives*. Cambridge, MA: Harvard University Press, 2003.

Bloor, Michael J. "Notes on Member Validation." In *Contemporary Field Research: A Collection of Readings*, edited by Robert M. Emerson, 156–172. 1st ed. Prospect Heights, IL: Waveland Press, 1983.

Bosk, Charles L. *Forgive and Remember: Managing Medical Failure*. Chicago: University of Chicago Press, 2003.

Bourdieu, Pierre. *Distinction: A Social Critique of the Judgement of Taste*. Translated by Richard Nice. Cambridge, MA: Harvard University Press, 1984.

Bourgois, Philippe. *In Search of Respect: Selling Crack in El Barrio*. Cambridge, MA: Cambridge University Press, 2003.

Briggs, Jean L. *Never in Anger*. Cambridge, MA: Harvard University Press, 1971.

Burawoy, Michael. "Empiricism and Its Fallacies." *Contexts* 18, no. 1 (2019):

47–53.

Burawoy, Michael. "The Extended Case Method." In *Ethnography Unbound: Power and Resistance in the Modern Metropolis*, edited by Michael Burawoy, Alice Burton, Ann Arnett Ferguson, Kathryn J. Fox, Joshua Gamson, Nadine Gartrell, Leslie Hurst, Charles Kurzman, Leslie Salzinger, Josepha Schiffman, and Shiori Ui, 271–287. Berkeley: University of California Press, 1991.

Burawoy, Michael. "The Extended Case Method." *Sociological Theory* 16, no. 1 (1998): 4–33.

Burawoy, Michael. *Manufacturing Consent: Changes in the Labor Process under Monopoly Capitalism*. Chicago: University of Chicago Press, 1982.

Burton, Linda M. "Black Grandparents Rearing Children of Drug-Addicted Parents: Stressors, Outcomes, and Social Service Needs." *Gerontologist* 32, no. 6 (1992): 744–751.

Burton, Linda M. "Seeking Romance in the Crosshairs of Multiple Partner Fertility: Ethnographic Insights on Low-Income Urban and Rural Mothers." *Annals of the American Academy of Political and Social Science* 654, no. 1 (2014): 185–212.

Calarco, Jessica McCrory. *A Field Guide to Grad School: Uncovering the Hidden Curriculum*. Princeton: Princeton University Press, 2020.

Calarco, Jessica McCrory. "Flexible Coding for Field Notes." *Scatterplot*, March 29, 2019. https://scatter.wordpress.com/2019/03/29/flexible-coding-for-field-notes/.

Calarco, Jessica McCrory. *Negotiating Opportunities: How the Middle Class Secures Advantages in School*. New York: Oxford University Press, 2018.

Cartwright, Ashleigh. "'He Was Always Neat and Clean': Observing Selection Practices for Racial Integration to Reconsider Bourdieu's Cultural Capital Framework." Unpublished manuscript, University of Pennsylvania, 2021.

Centers for Disease Control and Prevention. "U.S. Public Health Service Syphilis Study at Tuskegee." Accessed May 26, 2020. https://www.cdc.gov/tuskegee/index.html.

Cerulo, Karen A. "Reassessing the Problem: Response to Jerolmack and Khan." *Sociological Methods & Research* 43, no. 2 (2014): 219–226.

Charmaz, Kathy. *Constructing Grounded Theory*. 2nd ed. London: Sage Publications, 2014.

Cherlin, Andrew J., Tera R. Hurt, Linda M. Burton, and Diane M. Purvin. "The Influence of Physical and Sexual Abuse on Marriage and Cohabitation." *American Sociological Review* 69, no. 6 (2004): 768–789.

Chiang, Yi-Lin. *The Study Gods: How the New Chinese Elite Prepare for Global Competition*. Princeton: Princeton University Press, forthcoming.

Chiang, Yi-Lin. "When Things Don't Go as Planned: Cultural Capital and Parental Strategies for Elite College Enrollment." *Comparative Education Review* 62, no. 4 (2018): 503–521.

Cicourel, Aaron V. *Cognitive Sociology: Language and Meaning in Social Interaction*. New York: Free Press, 1974.

Clair, Matthew. *Privilege and Punishment: How Race and Class Matter in Criminal Court*. Princeton: Princeton University Press, 2020.

Clancy, Kate. "I Had No Power to Say That's Not Okay: Reports of Harassment and Abuse in the Field." *Scientific American*, April 13, 2013. https://blogs.scientificamerican.com/context-and-variation/safe13-field-site-chilly-climate-and-abuse/.

Clergy, Orly. *The New Noir: Race, Identity, and Diaspora in Black Suburbia*. Berkeley: University of California Press, 2019.

Collins, Randall. *Interaction Ritual Chains*. Princeton: Princeton University Press, 2005.

Contreras, Randol. "The Broken Ethnography: Lessons from an Almost Hero." *Qualitative Sociology* 42, no. 2 (2019): 161–179.

Contreras, Randol. *The Stickup Kids: Race, Drugs, Violence, and the American Dream*. Berkeley: University of California Press, 2013.

Contreras, Randol. "Transparency and Unmasking Issues in Ethnographic Crime Research: Methodological Considerations." *Sociological Forum* 34, no. 2 (2019): 293–312.

Cooper, Marianne. *Cut Adrift: Families in Insecure Times*. Berkeley: University of California Press, 2014.

Coppola, Francis Ford. "To Make *The Godfather* His Way, Francis Ford Coppola Waged a Studio Battle." Interview by Terry Gross. *Fresh Air*, NPR, November 15, 2016. https://www.npr.org/2016/11/15/502250244/to-make-the-godfather-his-way-francis-ford-coppola-waged-a-studio-battle.

Cucchiara, Maia. "Culture and Control in Alternative Schools." Unpublished manuscript, Temple University, 2021.

Cucchiara, Maia Bloomfield. *Marketing Schools, Marketing Cities: Who Wins and Who Loses When Schools Become Urban Amenities*. Chicago: University of Chicago Press, 2013.

Cucchiara, Maia. "'Sometimes You Have to Pop Them': Conflict and Meaning-Making in a Parenting Class." *Social Problems*, spaa045, https://doi-org.proxy.library.upenn.edu/10.1093/socpro/spaa045.

Curl, Heather, Annette Lareau, and Tina Wu. "Cultural Conflict: The Implications of Changing Dispositions among the Upwardly Mobile." *Sociological Forum* 33, no. 4 (2018): 877–899.

Czajka, John L., and Amy Beyler. "Declining Response Rates in Federal Surveys: Trends and Implications." *Mathematica Policy Research*, June 15, 2016. https://aspe.hhs.gov/system/files/pdf/255531/Decliningresponserates.pdf.

Daniels, Nicola, Patricia Gillen, Karen Casson, and Iseult Wilson. "STEER: Factors to Consider When Designing Online Focus Groups Using Audiovisual Technology in Health Research." *International Journal of Qualitative Methods* 18 (2019): 1–11.

Davis, Dána-Ain, and Christa Craven. *Feminist Ethnography: Thinking through Methodologies, Challenges, and Possibilities*. Lanham: Rowman & Littlefield, 2016.

Deakin, Hannah, and Kelly Wakefield. "Skype Interviewing: Reflections of Two PhD Researchers." *Qualitative Research* 14, no. 5 (2013): 603–616.

Deener, Andrew. *The Problem with Feeding Cities: The Social Transformation of Infrastructure, Abundance, and Inequality in America*. Chicago: University of Chicago Press, 2020.

Deener, Andrew. "The Uses of Ambiguity in Sociological Theorizing: Three Ethnographic Approaches." *Sociological Theory* 35, no. 4 (2017): 359–379.

Deener, Andrew. *Venice: A Contested Bohemia in Los Angeles*. Chicago: University of Chicago Press, 2012.

Denscombe, Martyn. *The Good Research Guide: For Small-Scale Social Research Projects*. London: McGraw-Hill Education, 2014.

Denzin, Norman K., and Yvonna S. Lincoln. *The Sage Handbook of Qualitative Research*. 5th ed. Thousand Oaks, CA: Sage Publications, 2018.

DeParle, Jason. *American Dream: Three Women, Ten Kids, and a Nation's Drive to End Welfare*. New York: Penguin Books, 2005.

DeParle, Jason. *A Good Provider Is One Who Leaves: One Family and Migration in the 21st Century*. New York: Penguin Books, 2019.

Desmond, Matthew. *Evicted: Poverty and Profit in the American City*. New York: Crown, 2016.

Deterding, Nicole, and Mary C. Waters. "Flexible Coding of In-Depth

Interviews: A Twenty-First Century Approach." *Sociological Methods & Research* 20, no. 10 (2018): 1–32.

DeVault, Marjorie L. *Feeding the Family: The Social Organization of Caring as Gendered Work*. Chicago: University of Chicago Press, 1994.

DeVault, Marjorie L., and Glenda Gross. "Feminist Qualitative Interviewing: Experience, Talk, and Knowledge." In *Handbook of Feminist Research*, edited by Sharlene Nagy Hesse- Biber, 206–235. Thousand Oaks, CA: Sage Publications, 2012.

DeVault, Marjorie L., and Liza McCoy. "Institutional Ethnography: Using Interviews to Investigate Ruling Relations." In *Handbook of Interview Research: The Complexity of the Craft*, edited by Jaber Gubrium and James Holstein, 751–776. Thousand Oaks, CA: Sage Publications, 2002.

Didion, Joan. *The Year of Magical Thinking*. New York: Vintage, 2007.

DiMaggio, Paul. "Comment on Jerolmack and Khan, 'Talk Is Cheap' Ethnography and the Attitudinal Fallacy." *Sociological Methods & Research* 43, no. 2 (2014): 232–235.

Dow, Dawn Marie. *Mothering while Black: Boundaries and Burdens of Middle-Class Parenthood*. Berkeley: University of California Press, 2019.

DuBois, W. E. B. *The Philadelphia Negro: A Social Study*. New York: Oxford University Press, 2007.

Dunbar, Christopher, Dalia Rodriguez, and Laurence Parker. "Race, Subjectivity, and the Interview Process." In *Handbook of Interview Research: Context and Method*, edited by Jaber F. Gubrium and James A. Holstein, 279–298. Thousand Oaks, CA: Sage Publications, 2002.

Duneier, Mitchell. "How Not to Lie with Ethnography." *Sociological Methodology* 41, no. 1 (2011): 1–11.

Duneier, Mitchell. *Sidewalk*. New York: Farrar, Straus and Giroux, 1999.

Duneier, Mitchell. *Sidewalk*. Directed by Barry Alexander Brown. Princeton: Princeton University, 2010. https://www.thesociologicalcinema.com/videos/ethnographic-filmmaking-and-the-social-life-of-a-sidewalk.

Duneier, Mitchell. "Three Rules I Go By in My Ethnographic Research on Race and Racism." In *Researching Race and Racism*, edited by M. Bulmer and J. Solomos, 92–102. New York: Routledge, 2004.

Duneier, Mitchell, and Les Back. "Voices from the Sidewalk: Ethnography and Writing Race." *Ethnic and Racial Studies* 29, no. 3 (2006): 543–565.

Duneier, Mitchell, Philip Kasinitz, and Alexandra Murphy, eds. *The Urban Ethnography Reader*. London: Oxford University Press, 2014.

Edin, Kathryn, and Maria Kefalas. *Promises I Can Keep: Why Poor Women Put Motherhood before Marriage*. Berkeley: University of California Press, 2005.

Edin, Kathryn, and Laura Lein. *Making Ends Meet: How Single Mothers Survive Welfare and Low-Wage Work*. New York: Russell Sage Foundation, 1997.

Elbow, Peter. *Writing without Teachers*. 2nd ed. New York: Oxford University Press, 1998.

Elliott, Sinikka, Josephine Ngo McKelvy, and Sarah Bowen. "Marking Time in Ethnography: Uncovering Temporal Dispositions." *Ethnography* 18, no. 4 (2016): 1–21.

Ellis, Rachel. *In This Place Called Prison: Religion and the Social World of Incarcerated Women*. Berkeley: University of California Press, forthcoming.

Emdin, Christopher. *For White Folks Who Teach in the Hood ... and the Rest of Y'all Too: Reality Pedagogy and Urban Education*. Boston: Beacon Press, 2016.

Emerson, Robert, ed. *Contemporary Field Research: Perspectives and Formulations*. 2nd ed. Long Grove, IL: Waveland Press, 2001.

Emerson, Robert M., Rachel I. Fretz, and Linda L. Shaw. *Writing

Ethnographic Fieldnotes. 2nd ed. Chicago: University of Chicago Press, 2011.

Erickson, Frederick. "Definition and Analysis of Data from Videotape: Some Research Procedures and Their Rationales." In *Handbook of Complementary Methods in Education Research*, edited by J. Green, G. Camilli, and P. Elmore, 177–192. Washington, DC: American Educational Research Association, 2006.

Erickson, Frederick. "Taught Cognitive Learning in Its Immediate Environments: A Neglected Topic in the Anthropology of Education." *Anthropology & Education Quarterly* 13, no. 2 (1982): 149–180.

Erikson, Kai. *Everything in Its Path: Destruction of Community in the Buffalo Creek Flood*. New York: Simon and Schuster, 1976.

Evans, Shani Adia. *The World Was Ours: Race, Memory, and Resistance in the Gentrified City*. Chicago: University of Chicago Press, forthcoming.

Ferguson, Ann Arnett. *Bad Boys: Public Schools in the Making of Black Masculinity*. Ann Arbor: University of Michigan Press, 2010.

Ferguson, Sherelle. "Ask Not What Your Mentor Can Do for You . . . : The Role of Reciprocal Exchange in Maintaining Student-Teacher Mentorships." *Sociological Forum* 33, no. 1 (2018): 211–233.

Ferguson, Sherelle. "Getting on the Inside Track: Class, Race, and Undergraduates' Academic Engagement." Unpublished paper, University of Pennsylvania, 2021.

Ferguson, Sherelle, and Annette Lareau. "Upwardly Mobile College Students' Estrangement: The Importance of Peers." Unpublished paper, 2021.

Ferrell, Justin. *Billionaire Wilderness: The Ultra-wealthy and the Remaking of the American West*. Princeton: Princeton University Press, 2020.

Fine, Gary Alan. *Gifted Tongues: High School Debate and Adolescent Culture*. Princeton: Princeton University Press, 2001.

Fine, Gary Alan. *Kitchens: The Culture of Restaurant Work*. Berkeley:

University of California Press, 2008.

Fine, Gary Alan. *With the Boys: Little League Baseball and Preadolescent Culture*. Chicago: University of Chicago Press, 1987.

Flick, Uwe, Ernst Von Kardorff, and Ines Steinke. *A Companion to Qualitative Research*. Thousand Oaks, CA: Sage Publications, 2004.

Frye, Margaret. "Bright Futures in Malawi's New Dawn: Educational Aspirations as Assertions of Identity." *American Journal of Sociology* 117, no. 6 (2012): 1565–1624.

Gans, Herbert J. *The Urban Villagers: Group and Class in the Life of Italian-Americans*. Updated ed. New York: Simon and Schuster, 1982.

Gaztambide-Fernández, Rubén A. *The Best of the Best: Becoming Elite at an American Boarding School*. Cambridge, MA: Harvard University Press, 2009.

Gerbert, Barbara, Amy Bronstone, Steven Pantilat, Stephen McPhee, Michael Allerton, and James Moe. "When Asked, Patients Tell: Disclosure of Sensitive Health-Risk Behaviors." *Medical Care* 37, no. 1 (1999): 104–111.

Gerson, Kathleen, and Sarah Damaske. *The Science and Art of Interviewing*. New York: Oxford University Press, 2020.

Get Your Guide. "Chicago Architecture Center." https://www.getyourguide.com/discovery/chicago-architecture-center-l97377/?utm_force=0.

Glaser, Barney G., and Anselm L. Strauss. *The Discovery of Grounded Theory: Strategies for Qualitative Research*. Chicago: Aldine, 1967.

Goffman, Erving. *The Presentation of Self in Everyday Life*. New York: Double Day Anchor Books, 1959.

Golann, Joanne W. *Scripting the Moves: Culture and Control in a "No Excuses" Urban Charter School*. Princeton: Princeton University Press, 2021.

Gonzales, Roberto G. *Lives in Limbo: Undocumented and Coming of Age in America*. Berkeley: University of California Press, 2016.

Granovetter, Mark S. "The Strength of Weak Ties." *American Journal of Sociology* 78, no. 6 (1973): 1360–1380.

Gray, Lisa M., Gina Wong-Wylie, Gwen R. Rempel, and Karen Cook. "Expanding Qualitative Research Interviewing Strategies: Zoom Video Communications." *Qualitative Report* 25, no. 5 (2020): 1292–1301.

Grazian, David. *American Zoo: A Sociological Safari*. Princeton: Princeton University Press, 2015.

Grazian, David. "Thank God It's Monday: Manhattan Coworking Spaces in the New Economy." *Theory and Society* 49, no. 5–6 (2020): 991–1019.

Gross, Nora. "Brothers in Grief: The Stages of Grieving for a School and Its Students Following Three Shooting Deaths of Black Teenage Boys." PhD diss., University of Pennsylvania, 2020.

Gubrium, Jaber F., and James A. Holstein, eds. *Handbook of Interview Research*. Thousand Oaks, CA: Sage Publications, 2001.

Hammersley, Martyn, and Paul Atkinson. *Ethnography: Principles in Practice*. 3rd ed. London: Routledge, 2007.

Handley, Kate. "The Unbearable Daintiness of Women Who Eat with Men." *Society Pages*, December 27, 2015. https://thesocietypages.org/socimages/2015/12/27/the-unbearable-daintiness-of-women-who-eat-with-men/.

Hansen, Karen. *Not-So-Nuclear Families: Class, Gender, and Networks of Care*. New Brunswick: Rutgers University Press, 2004.

Hanson, Rebecca, and Patricia Richards. *Harassed: Gender, Bodies, and Ethnographic Research*. Berkeley: University of California Press, 2019.

Harvey, Peter. "Make Sure You Look Someone in the Eye: Socialization and Classed Comportment in Two Elementary Schools." Unpublished paper. Paper presented at the American Sociological Association Annual Meeting, 2018.

Harvey, Peter Francis, and Annette Lareau. "Studying Children Using

Ethnography: Heightened Challenges and Balancing Acts." *Bulletin of Sociological Methodology/Bulletin de Méthodologie Sociologique* 146, no. 1 (2020): 16–36. [published in English and French]

Head, Emma. "The Ethics and Implications of Paying Participants in Qualitative Research." *International Journal of Social Research Methodology* 12, no. 4 (2009): 335–344.

Heath, Shirley Brice. "The Madness(es) of Reading and Writing Ethnography." *Anthropology & Education Quarterly* 24, no. 3 (1993): 256–268.

Heath, Shirley Brice. *Ways with Words: Language, Life and Work in Communities and Classrooms*. Cambridge: Cambridge University Press, 1983.

Hecht, Katharina. "'It's the Value That We Bring': Performance Pay and Top Income Earners' Perceptions of Inequality." Unpublished paper, London School of Economics, 2021.

Hesse-Biber, Sharlene Nagy, ed. *Handbook of Feminist Research: Theory and Praxis*. 2nd ed. Thousand Oaks, CA: Sage Publications, 2011.

Hidalgo, Anna, and Shamus Khan. "Blindsight Ethnography and Exceptional Moments." *Etnografia e Ricerca Qualitativa* 2, no. 2 (2020): 185–193.

Hirsch, Jennifer S., and Shamus Khan. *Sexual Citizens: A Landmark Study of Sex, Power, and Assault on Campus*. New York: WW Norton & Company, 2020.

Ho, Karen. *Liquidated: An Ethnography of Wall Street*. Durham, NC: Duke University Press, 2009.

Hoang, Kimberly Kay. *Dealing in Desire: Asian Ascendancy, Western Decline, and the Hidden Currencies of Global Sex Work*. Berkeley: University of California Press, 2015.

Hochschild, Arlie Russell, and Anne Machung. *The Second Shift: Working Families and the Revolution at Home*. Rev. ed. New York: Penguin, 2012.

Hofferth, Sandra L., "Response Bias in a Popular Indicator of Reading to

Children." *Sociological Methodology* 36, no. 1 (2006): 301–315.

Horvat, Erin McNamara, and Anthony Lising Antonio. "'Hey, Those Shoes Are Out of Uniform': African American Girls in an Elite High School and the Importance of Habitus." *Anthropology & Education Quarterly* 30, no. 3 (1999): 317–342.

Huang, Mingwei. "Vulnerable Observers: Notes on Fieldwork and Rape." *Chronicle of Higher Education*, October 12, 2016. https://www.chronicle .com/article/Vulnerable-Observers-Notes-on/238042.

Hubbard, Lea Ann, Mary Kay Stein, and Hugh Mehan. *Reform as Learning: School Reform, Organizational Culture, and Community Politics in San Diego.* Routledge, 2013.

Hunt, Jennifer. "Police Accounts of Normal Force." *Urban Life* 13, no. 4 (1985): 315–341.

Jerolmack, Colin. *Up to Heaven and Down to Hell: Fracking, Freedom, and Community in an American Town.* Princeton: Princeton University Press, 2021.

Jerolmack, Colin, and Shamus Khan. "Talk Is Cheap: Ethnography and the Attitudinal Fallacy." *Sociological Methods & Research* 43, no. 2 (2014): 178–209.

Jerolmack, Colin, and Alexandra K. Murphy. "The Ethical Dilemmas and Social Scientific Trade-Offs of Masking in Ethnography." *Sociological Methods & Research* 48, no. 4 (2017): 801–827.

Jo, Hyejeong. "Diverging Paths: Three Essays on the Transitions of Working-Class Young People in South Korea." PhD diss., University of Pennsylvania, 2017. ProQuest: 10690671.

Johnson, Alix. "The Self at Stake: Thinking Fieldwork and Sexual Violence." *Savage Minds*, March 16, 2016. https://savageminds.org/2016/03/16/the-self-at-stake-thinking-fieldwork-and-sexual-violence/.

Jones, Nikki. *Between Good and Ghetto: African American Girls and Inner-*

City Violence. New Brunswick: Rutgers University Press, 2009.

Kaplan, Elaine Bell. *Not Our Kind of Girl: Unravelling the Myths of Black Teenage Motherhood.* Berkeley: University of California Press, 1997.

Kasinitz, Philip, John H. Mollenkopf, and Mary C. Waters, eds. *Becoming New Yorkers: Ethnographies of the New Second Generation.* New York: Russell Sage Foundation, 2004.

Katz, Jack. "Analytic Induction." In *International Encyclopedia of the Social and Behavioral Sciences*, edited by Neil and Paul B. Baltes, 480–484. Oxford: Pergamon Press, 2001.

Katz, Jack. "Armor for Ethnographers." *Sociological Forum* 34, no. 1 (2019): 264–275.

Katz, Jack. "On Becoming an Ethnographer." *Journal of Contemporary Ethnography* 48, no. 1 (2019): 16–50.

Katz, Jack. "A Theory of Qualitative Methodology: The Social System of Analytical Fieldwork." In *Contemporary Field Research*, edited by Robert Emerson, 127–148. Prospect Heights, IL: Waveland Press, 1983.

Khan, Shamus. *Privilege: The Making of an Adolescent Elite at St. Paul's School.* William G. Bowen Series 56. Princeton: Princeton University Press, 2012.

Khan, Shamus. "The Subpoena of Ethnographic Data." *Sociological Forum* 34, no. 1 (2019): 253–263.

Kidder, Tracy, and Richard Todd. *Good Prose: The Art of Nonfiction.* New York: Random House, 2013.

Klausen, Jytte. "Tweeting the *Jihad*: Social Media Networks of Western Foreign Fighters in Syria and Iraq." *Studies in Conflict & Terrorism* 38, no. 1 (2015): 1–22.

Klinenberg, Eric. *Heat Wave: A Social Autopsy of Disaster in Chicago.* Chicago: University of Chicago Press, 2002.

Korkki, Phyllis. "To Stay on Schedule, Take a Break." *New York Times*, June 16, 2012. https://www.nytimes.com/2012/06/17/jobs/take-breaks-regularly-to-stay-on-schedule-workstation.html.

Kozinets, Robert V. "The Field behind the Screen: Using Netnography for Marketing Research in Online Communities." *Journal of Marketing Research* 39 (2002): 61–72.

Kozinets, Robert V. *Netnography: Redefined*. 2nd ed. Thousand Oaks, CA: Sage Publications, 2015.

Krause, Monika. "'Western Hegemony' in the Social Sciences: Fields and Model Systems." *Sociological Review* 64, no. 2 (2016): 194–211.

Krueger, Richard A., and Mary Anne Casey. *Focus Groups: A Practical Guide for Applied Research*. Thousand Oaks, CA: Sage Publications, 2014.

Krumpal, Ivar. "Determinants of Social Desirability Bias in Sensitive Surveys: A Literature Review." *Quality & Quantity* 47, no. 4 (2013): 2025–2047.

Lacy, Karyn R. *Black like Me*. New York: Russell Sage Foundation, forthcoming.

Lacy, Karyn R. *Blue-Chip Black: Race, Class, and Status in the New Black Middle Class*. Berkeley: University of California Press, 2007.

Lacy, Karyn R. "The Missing Middle Class: Race, Suburban Ethnography and the Challenges of 'Studying Up.'" In *Urban Ethnography: Legacies and Challenges, Research in Urban Sociology*, vol. 16, edited by Richard E. Ocejo and Ray Hutchinson, 143–155. Bingley, UK: Emerald Publishing, 2019.

Ladson-Billings, Gloria, and William F. Tate. "Toward a Critical Race Theory of Education." *Teachers College Record* 97, no. 1 (1995): 47–68.

Lamont, Anne. *Bird by Bird: Some Instructions on Writing and Life*. New York: Anchor, 1995.

Lamont, Michèle. *The Dignity of Working Men: Morality and the Boundaries* of Race, Class, and Immigration. Cambridge, MA: Harvard University Press, 2002.

Lamont, Michèle. *Money, Morals, and Manners: The Culture of the French and the American Upper-Middle Class*. 2nd ed. Chicago: University of Chicago Press, 1999.

Lamont, Michèle, and Ann Swidler. "Methodological Pluralism and the Possibilities and Limits of Interviewing." *Qualitative Sociology* 37, no. 2 (2014): 153–171.

Lane, Jeffrey. "The Digital Street: An Ethnographic Study of Networked Street life in Harlem." *American Behavioral Scientist* 60, no. 1 (2015): 43–58.

Langford, David R. "Developing a Safety Protocol in Qualitative Research Involving Battered Women." *Qualitative Health Research* 10, no. 1 (2000): 133–142.

Lansdown, Richard. "Crucible or Centrifuge? Bronislaw Malinowski's *A Diary in the Strict Sense of the Term*." *Configurations* 22, no. 1 (2014): 29–55.

Lareau, Annette. "Cultural Knowledge and Social Inequality." *American Sociological Review* 80, no. 1 (2015): 1–27.

Lareau, Annette. "The Gift of Obscurity." *Footnotes* 25 (May/June 1997). https://sociology.sas.upenn.edu/people/annette-lareau.

Lareau, Annette. *Home Advantage: Social Class and Parental Intervention in Elementary Education*. 2nd ed. Lanham: Rowman & Littlefield Publishers, 2000.

Lareau, Annette. "My Wife Can Tell Me Who I Know: Methodological and Conceptual Problems in Studying Fathers." *Qualitative Sociology* 23, no. 4 (2000): 407–433.

Lareau, Annette. "Schools, Housing, and the Reproduction of Inequality: Experiences of White and African-American Suburban Parents." In *Choosing Homes, Choosing Schools*, edited by Annette Lareau and Kimberly Goyette, 169–

206. New York: Russell Sage Foundation, 2014.

Lareau, Annette. *Unequal Childhoods: Class, Race, and Family Life.* 2nd ed. Berkeley: University of California, 2011.

Lareau, Annette, and Vanessa Lopes Muñoz. "'You're Not Going to Call the Shots': Structural Conflict between Parents and a Principal in a Suburban Elementary School." *Sociology of Education* 85, no 3 (2012): 201–218.

Lareau, Annette, and Erin McNamara Horvat. "Moments of Social Inclusion and Exclusion: Race, Class, and Cultural Capital in Family-School Relationships." *Sociology of Education* 72, no. 1 (1999): 37–53.

Lareau, Annette, and Aliya Hamid Rao. "Intensive Family Observations: A Methodological Guide." *Sociological Methods & Research* (April 2020). doi:10.1177/0049124120914949.

Lareau, Annette, and Jeffrey Shultz. *Journeys through Ethnography: Realistic Accounts of Fieldwork.* Boulder: Westview, 1996.

Lareau, Annette, Elliot B. Weininger, and Amanda Barrett Cox. "Parental Challenges to Organizational Authority in an Elite School District: The Role of Cultural, Social, and Symbolic Capital." *Teachers College Record* 120, no. 1 (2018): 1–46.

Lareau, Annette, Elliot Weininger, and Catherine Warner. "Structural Constraints and the School Choice Strategies of Black American Middle-Class Parents." *British Journal of Sociology of Education* 42, no. 4 (2021).

LaRossa, Ralph. "Thinking about the Nature and Scope of Qualitative Research." *Journal of Marriage and Family* 74, no. 4 (2012a): 678–687.

LaRossa, Ralph. "Writing and Reviewing Manuscripts in the Multidimensional World of Qualitative Research." *Journal of Marriage and Family* 74, no. 4 (2012b): 643–659.

Laurier, Eric. "YouTube: Fragments of a Video-Tropic Atlas." *Area* 48, no. 4

(2016): 488–495.

Lawrence-Lightfoot, Sara, and Jessica Hoffman Davis. *The Art and Science of Portraiture*. San Francisco: Jossey-Bass, 1997.

Leidner, Robin. *Fast Food, Fast Talk: Service Work and the Routinization of Everyday Life*. Berkeley: University of California Press, 1993.

Levine, Judith A. *Ain't No Trust: How Bosses, Boyfriends, and Bureaucrats Fail Low-Income Mothers and Why It Matters*. Berkeley: University of California Press, 2013.

Levine, Judith A. "Landing a Job: Moving from College to Employment in the New Economy." Unpublished manuscript, Temple University, 2020.

Lieberman, Charlotte. "Why You Procrastinate (It Has Nothing to Do with Self-Control)." *New York Times*, March 25, 2019. https://www.nytimes.com/2019/03/25/smarter-living/why-you-procrastinate-it-has-nothing-to-do-with-self-control.html.

Liebow, Elliot. *Tally's Corner*. Boston: Little, Brown, and Company, 1967.

Lincoln, Yvonna S., and Egon G. Guba. *Naturalistic Inquiry*. Newbury Park, CA: Sage Publications, 1985.

Lofland, John. "Analytic Ethnography: Features, Failings, and Futures." *Journal of Contemporary Ethnography* 24, no. 1 (1995): 30–67.

Lofland, John, David A. Snow, Leon Anderson, and Lyn H. Lofland. *Analyzing Social Settings: A Guide to Qualitative Observation and Analysis*. 4th ed. Belmont: Wadsworth Publishing, 2005.

Lubet, Steven. *Interrogating Ethnography: Why Evidence Matters*. New York: Oxford University Press, 2018.

Luker, Kristin. *Salsa Dancing into the Social Sciences: Research in the Age of the Info-Glut*. Cambridge, MA: Harvard University Press, 2009.

Lupton, Deborah, ed. "Doing Fieldwork in a Pandemic (Crowd-Sourced

Document)." 2020. https://nwssdtpacuk.files.wordpress.com/2020/04/doing-fieldwork-in-a-pandemic2-google-docs.pdf.

Lynd, Robert Staughton, and Helen Merrell Lynd. *Middletown: A Study in American Culture*. New York: Harcourt Brace, 1965.

MacLeod, Jay. *Ain't No Makin' It: Aspirations and Attainment in a Low-Income Neighborhood*. London: Routledge, 2018.

Malinowski, Bronislaw. *A Diary in the Strict Sense of the Term*. Palo Alto: Stanford University Press, 1989.

Mantz, Annalise. "The Best Crime Tours of Chicago." *Timeout*, March 26, 2018.https://www.timeout.com/chicago/things-to-do/best-crime-tours-of-chicago.

Matthews, Stephen A., James E. Detwiler, and Linda M. Burton. "Geo-ethnography: Coupling Geographic Information Analysis Techniques with Ethnographic Methods in Urban Research." *Cartographica* 40, no. 4 (2005): 75–90.

Maynard, Douglas W. "News from Somewhere, News from Nowhere: On the Study of Interaction in Ethnographic Inquiry." *Sociological Methods & Research* 43, no. 2 (2014): 210–218.

McCambridge, Jim, John Witton, and Diana R. Elbourne. "Systematic Review of the Hawthorne Effect: New Concepts Are Needed to Study Research Participation Effects." *Journal of Clinical Epidemiology* 67, no. 3 (2014): 267–277.

McPherson, Miller, Lynn Smith-Lovin, and James M. Cook. "Birds of a Feather: Homophily in Social Networks." *Annual Review of Sociology* 27, no. 1 (2001): 415–444.

McTavish, Jill R., Melissa Kimber, Karen Devries, Manuela Colombini, Jennifer C. D. MacGregor, C. Nadine Wathen, Arnav Agarwal, and Harriet L. MacMillan. "Mandated Reporters' Experiences with Reporting Child

Maltreatment: A Meta-synthesis of Qualitative Studies." *BMJ Open* 7, no. 10 (2017).

Mears, Ashley. *Pricing Beauty: The Making of a Fashion Model*. Berkeley: University of California Press, 2011.

Mears, Ashley. *Very Important People: Status and Beauty in the Global Party Circuit*. Princeton: Princeton University Press, 2020.

Menjívar, Cecilia. *Fragmented Ties: Salvadoran Immigrant Networks in America*. Berkeley: University of California Press, 2000.

Merton, Robert K. "Insiders and Outsiders: A Chapter in the Sociology of Knowledge." *American Journal of Sociology* 78, no. 1 (1972): 9–47.

Miles, Matthew B., A. Michael Huberman, and Johnny Saldana. *Qualitative Data Analysis: A Methods Sourcebook*. 3rd ed. Thousand Oaks, CA: Sage Publications, 2014.

Milner, H. Richard. "Race, Culture, and Researcher Positionality: Working Through Dangers Seen, Unseen, and Unforeseen." *Educational Researcher* 36, no. 7 (2007): 388–400.

Morgenstern, Julie. *Organizing from the Inside Out: The Foolproof System for Organizing Your Home, Your Office and Your Life*. New York: Holt, 2004.

Muñoz, Vanessa Lopes. "'Everybody Has to Think—Do I Have Any Peanuts and Nuts in My Lunch?' School Nurses, Collective Adherence, and Children's Food Allergies." *Sociology of Health and Illness* 40, no. 4 (2018): 603–622.

Murphy, Kate. *You're Not Listening: What You're Missing and Why It Matters*. New York: Celadon Books, 2019.

National Institutes of Health. "Certificates of Confidentiality (CoC)—Human Subjects." *Policy & Compliance, Human Subjects, NIH Central Resource for Grants and Funding Information, U.S. Department of Health and Human Services*. Washington, DC. Accessed May 26, 2020. https://grants.nih.gov/policy/

humansubjects/coc.html.

Newman, Katherine S. *Falling from Grace: Downward Mobility in the Age of Affluence*. Berkeley: University of California Press, 1999.

Nippert-Eng, Christena. *Watching Closely: A Guide to Ethnographic Observation*. London: Oxford University Press, 2015.

Nordstrom, Carolyn, and Antonius C. G. M. Robben, eds. *Fieldwork under Fire: Contemporary Studies of Violence and Culture*. Berkeley: University of California Press, 1995.

Paik, Leslie. *Trapped in a Maze: How Social Control Institutions Drive Family Poverty and Inequality*. Berkeley: University of California Press, forthcoming.

Patchett, Ann. "The Getaway Car: A Practical Memoir about Writing and Life." In *This Is the Story of a Happy Marriage*, 19–60. London: Bloomsbury, 2013.

Pattillo, Mary. *Black on the Block: The Politics of Race and Class in the City*. Chicago: University of Chicago Press, 2010.

Pattillo, Mary. *Black Picket Fences: Privilege and Peril among the Black Middle Class*. 2nd ed. Chicago: University of Chicago Press, 2013.

Perlis, Theresa E., Don C. Des Jarlais, Samuel R. Friedman, Kamyar Arasteh, and Charles F. Turner. "Audio-Computerized Self-Interviewing Versus Faceto-Face Interviewing for Research Data Collection at Drug Abuse Treatment Programs." *Addiction* 99, no. 7 (2004): 885–896.

Peshkin, Alan. "In Search of Subjectivity—One's Own." *Educational Researcher* 17, no. 7 (1988): 17–21.

Phillips, Anna E., Gabriella B. Gomez, Marie-Claude Boily, and Geoffrey P. Garnett. "A Systematic Review and Meta-analysis of Quantitative Interviewing Tools to Investigate Self-Reported HIV and STI Associated Behaviours in Lowand

Middle-Income Countries." *International Journal of Epidemiology* 39, no. 6 (2010): 1541–1555.

Pink, Sarah, and Kerstin Leder Mackley. "Reenactment Methodologies for Everyday Life Research: Art Therapy Insights for Video Ethnography." *Visual Studies* 29, no. 2 (2014): 146–154.

Pollock, Mica. *Colormute: Race Talk Dilemmas in an American School*. Princeton: Princeton University Press, 2009.

Posey-Maddox, Linn. *When Middle-Class Parents Choose Urban Schools: Class, Race, and the Challenge of Equity in Public Education*. Chicago: University of Chicago Press, 2014.

Psych Page. "List of Feeling Words." Psychpage.com. Accessed May 31, 2020. http://www.psychpage.com/learning/library/assess/feelings.html.

Pugh, Allison J. "What Good Are Interviews for Thinking about Culture? Demystifying Interpretive Analysis." *American Journal of Cultural Sociology* 1, no. 1 (2013): 42–68.

Pzreworski, Adam, and Frank Salomon. "On the Art of Writing Proposals." *Social Science Research Council*, [1988] 1995 rev., accessed May 26, 2020. https://www.ssrc.org/publications/view/the-art-of-writing-proposals/.

Ragin, Charles C., and Howard Saul Becker, eds. *What Is a Case? Exploring the Foundations of Social Inquiry*. Cambridge: Cambridge University Press, 1992.

Rao, Aliya Hamid. *Crunch Time: How Married Couples Confront Unemployment*. Berkeley: University of California Press, 2020.

Rawls, John. *Lectures on the History of Political Philosophy*. Edited by Samuel Freeman. Cambridge, MA: Harvard University Press, 2008.

Ray, Victor. "A Theory of Racialized Organizations." *American Sociological Review* 84, no. 1 (2019): 26–53.

Reich, Adam, and Peter Bearman. *Working for Respect: Community and*

Conflict at Walmart. New York: Columbia University Press, 2018.

Reich, Jennifer A. *Calling the Shots: Why Parents Reject Vaccines*. New York: NYU Press, 2016.

Reich, Jennifer A. *Fixing Families: Parents, Power, and the Child Welfare System*. New York: Routledge, 2005.

Reyes, Victoria. "Three Models of Transparency in Ethnographic Research: Naming Places, Naming People, and Sharing Data." *Ethnography* 19, no. 2 (2018): 204–226.

Richards, Pamela. "Risk." In *Writing for the Social Sciences: How to Start and Finish Your Thesis, Book, or Article*, 3rd ed., edited by Howard S. Becker, 98–109. Chicago: University of Chicago Press, 2020.

Rios, Victor M. *Punished: Policing the Lives of Black and Latino Boys*. New York: NYU Press, 2011.

Ritzer, George, ed. *The Blackwell Encyclopedia of Sociology*, vol. 1479. New York: Blackwell Publishing, 2007.

Rivera, Lauren A. *Pedigree: How Elite Students Get Elite Jobs*. Princeton: Princeton University Press, 2016.

Rubin, Lillian B. *Worlds of Pain: Life in the Working-Class Family*. New York: Basic Books, 1976.

Sackett, Blair. "Ghosted: Disappearance in Qualitative Research in the Digital Era." Unpublished paper, University of Pennsylvania, 2021.

Sackett, Blair. "The Instability of Stable Poverty: Economic Shocks, Network Shocks, and Economic Insecurity in a Refugee Camp." Unpublished paper, 2021.

Sackett, Blair, and Annette Lareau. *Seeking Refuge, Finding Inequality*. Berkeley: University of California Press, forthcoming.

Salmons, Janet. *Qualitative Online Interviewing: Strategies, Design, and Skills*. 2nd ed. Thousand Oaks, CA: Sage Publications, 2015.

Sánchez-Jankowski, Martín. *Islands in the Street: Gangs and American Urban Society*. Berkeley: University of California Press, 1991.

Scheper-Hughes, Nancy. *Death without Weeping: The Violence of Everyday Life in Brazil*. Berkeley: University of California Press, 1993.

Sherman, Rachel. *Uneasy Street: The Anxieties of Affluence*. Princeton: Princeton University Press, 2019.

Shestakofsky, Benjamin J. *Venture Capitalism: Startups, Technology, and the Future of Work*. Unpublished book manuscript, University of Pennsylvania, 2021.

Shiffer-Sebba, Doron. "Trust Fund Families: Government Policy and Elite Social Reproduction." Unpublished paper, University of Pennsylvania, 2021.

Shklovski, Irina, and Janet Vertesi. "'Un-Googling': Research Technologies, Communities at Risk and the Ethics of User Studies in HCI." In *The 26th BCS Conference on Human Computer Interaction* (2012): 1–4.

Sierra-Arévalo, Michael. "American Policing and the Danger Imperative." *Law & Society Review* 55, no. 1 (2021): 70–103.

Simmel, George. "The Stranger." In *The Sociology of Georg Simmel*, translated by Kurt Wolff, 402–408. New York: Free Press, [1908] 1950.

Skeggs, Beverly. "Feminist Ethnography." In *Handbook of Ethnography*, edited by Paul Atkinson, Amanda Coffey, Sara Delamont, John Lofland, and Lyn Lofland, 426–442. Sage Publications, 2001. https://www.doi.org/10.4135/9781848608337.

Small, Mario L. "De-exoticizing Ghetto Poverty: On the Ethics of Representation in Urban Ethnography." *City & Community* 14, no. 4 (2015): 352–358.

Small, Mario Luis. "'How Many Cases Do I Need?' On Science and the Logic of Case Selection in Field-Based Research." *Ethnography* 10, no. 1 (2009): 5–38.

Small, Mario Luis. "How to Conduct a Mixed Methods Study: Recent Trends in a Rapidly Growing Literature." *Annual Review of Sociology* 37 (2011): 57–86.

Small, Mario Luis. *Someone to Talk To*. New York: Oxford University Press, 2017.

Small, Mario Luis. *Unanticipated Gains: Origins of Network Inequality in Everyday Life*. New York: Oxford University Press, 2009.

Smiley, Jane. "Five Writing Tips: Jane Smiley." *Publishers Weekly*, October 3, 2014. https://www.publishersweekly.com/pw/by-topic/industry-news/tip-sheet/article/64221-5-writing-tips-jane-smiley.html.

Snow, David A., Calvin Morrill, and Leon Anderson. "Elaborating Analytic Ethnography: Linking Fieldwork and Theory." *Ethnography* 4, no. 2 (2003): 181–200.

Srivastava, Prachi, and Nick Hopwood. "A Practical Iterative Framework for Qualitative Data Analysis." *International Journal of Qualitative Methods* 8, no. 1 (2009): 76–84.

Stacey, Judith. "Can There Be a Feminist Ethnography?" *Women's Studies International Forum* 11, no. 1 (1988): 21–27.

Stack, Carol B. *All Our Kin: Strategies for Survival in a Black Community*. New York: Harper and Row, 1975.

Steinbugler, Amy C. *Beyond Loving: Intimate Racework in Lesbian, Gay, and Straight Interracial Relationships*. Oxford: Oxford University Press, 2012.

Strauss, Anselm L. *Qualitative Analysis for Social Scientists*. Cambridge: Cambridge University Press, 1987.

Strunk, William, Jr., and E. B. White. *The Elements of Style*. 3rd ed. New York: Penguin, 2005.

Stuart, Forrest. *Ballad of the Bullet: Gangs, Drill Music, and the Power of Online Infamy*. Princeton: Princeton University Press, 2020.

Stuart, Forrest. "Code of the Tweet: Urban Gang Violence in the Social Media Age." *Social Problems* 67, no. 2 (2020): 191–207.

Tavory, Iddo, and Stefan Timmermans. *Abductive Analysis: Theorizing Qualitative Research*. Chicago: University of Chicago Press, 2014.

Thapar-Björkert, Suruchi, and Marsha Henry. "Reassessing the Research Relationship: Location, Position and Power in Fieldwork Accounts." *International Journal of Social Research Methodology* 7, no. 5 (2004): 363–381.

Timmermans, Stefan, and Iddo Tavory. *Surprise! Abductive Analysis in Action*. Chicago: University of Chicago Press, forthcoming.

Toobin, Jeffrey. "Rich Bitch," Annals of Law, *New Yorker*, September 29, 2008.

Tourangeau, Roger, and Tom W. Smith. "Asking Sensitive Questions: The Impact of Data Collection Mode, Question Format, and Question Context." *Public Opinion Quarterly* 60, no. 2 (1996): 275–304.

Tracy, Sarah J. *Qualitative Research Methods: Collecting Evidence, Crafting Analysis, Communicating Impact*. 2nd ed. Hoboken, NJ: Wiley Blackwell, 2020.

Tyson, Karolyn. *Integration Interrupted: Tracking, Black Students, and Acting White after Brown*. New York: Oxford University Press, 2011.

Tyson, Karolyn. "Notes from the Back of the Room: Problems and Paradoxes in the Schooling of Young Black Students." *Sociology of Education* 76, no. 4 (2003): 326–343.

Tyson, Karolyn, "When Trust Hurts." Unpublished book manuscript, University of North Carolina, 2021.

Urbanik, Marta-Marika, and Robert A. Roks. "GangstaLife: Fusing Urban Ethnography with Netnography in Gang Studies." *Qualitative Sociology* 43 (2020): 1–21.

Vaisey, Stephen. "The 'Attitudinal Fallacy' Is a Fallacy: Why We Need Many

Methods to Study Culture." *Sociological Methods & Research* 43, no. 2 (2014): 227–231.

Valian, Virginia. "Learning to Work." In *Working It Out: 23 Women Writers, Artists, Scientists, and Scholars Talk about Their Lives and Work*, edited by S. Ruddick and P. Daniels, 162–178. New York: Pantheon Books, 1977.

Vallejo, Jody. *Barrios to Burbs: The Making of the Mexican American Middle Class*. Palo Alto: Stanford University Press, 2012.

Van Maanen, John. *Tales of the Field: On Writing Ethnography*. 2nd ed. Chicago: University of Chicago Press, 2011.

Vaughan, Diane. *The Challenger Launch Decision: Risky Technology, Culture, and Deviance at NASA*. Chicago: University of Chicago Press, 1996.

Viscelli, Steve. *The Big Rig: Trucking and the Decline of the American Dream*. Berkeley: University of California Press, 2016.

Waters, Mary C. *Black Identities: West Indian Immigrant Dreams and American Realities*. Cambridge, MA: Harvard University Press, 1999.

Weber, Max. *Economy and Society: An Outline of Interpretative Sociology*. Edited by Guenther Roth and Claus Wittich. Berkeley: University of California Press, 2013.

Weber, Max. *The Theory of Social and Economic Organization*. Edited by Talcott Parsons. Translated by A. M. Henderson and T. Parsons. New York: Free Press, 1997.

Weininger, Elliot B. "School Choice in an Urban Setting." In *Choosing Homes, Choosing Schools*, edited by Annette Lareau and Kimberly Goyette, 268–294. New York: Russell Sage Foundation, 2014.

Weiss, Robert S. *Learning from Strangers: The Art and Method of Qualitative Interview Studies*. New York: Simon and Schuster, 1995.

Whyte, William F. *Street Corner Society: The Social Structure of an Italian*

Slum. 3rd ed. Chicago: University of Chicago Press, 1981.

Williams, Christine L. *Still a Man's World: Men Who Do Women's Work*. Berkeley: University of California Press, 1995.

Willis, Paul E. *Learning to Labour: How Working-Class Kids Get Working-Class Jobs*. Legacy ed. New York: Columbia University Press, 2017.

Wingfield, Adia Harvey. *Flatlining: Race, Work, and Health Care in the New Economy*. Berkeley: University of California Press, 2019.

Wolf, Margery. *A Thrice-Told Tale: Feminism, Postmodernism, & Ethnographic Responsibility*. Palo Alto: Stanford University Press, 1992.

Young, Alford. "Uncovering a Hidden 'I' in Contemporary Urban Ethnography." *Sociological Quarterly* 51, no. 4 (2013): 51–65.

Zerubavel, Eviatar. *The Clockwork Muse: A Practical Guide to Writing Theses, Dissertations, and Books*. Cambridge, MA: Harvard University Press, 1999.

Zimmermann, Calvin Rashaud. "Looking for Trouble: How Teachers' Disciplinary Styles Perpetuate Gendered Racism in Early Childhood." Unpublished paper, University of Notre Dame, 2020.

Zinn, Maxine Baca. "Field Research in Minority Communities: Ethical, Methodological and Political Observations by an Insider." *Social Problems* 27, no. 2 (1979): 209–219.